Ille Ochs

Im Käfig der Angst

Missbrauch in der heilen Welt

SCM
Stiftung Christliche Medien

Der SCM Verlag ist eine Gesellschaft der Stiftung Christliche Medien, einer gemeinnützigen Stiftung, die sich für die Förderung und Verbreitung christlicher Bücher, Zeitschriften, Filme und Musik einsetzt.

Aus Datenschutzgründen sind einige Namen geändert worden.

© der deutschen Ausgabe 2016
SCM-Verlag GmbH & Co. KG · Max-Eyth-Straße 41 · 71088 Holzgerlingen
Internet: www.scm-verlag.de · E-Mail: info@scm-verlag.de

Die Bibelverse sind, wenn nicht anders angegeben,
folgender Ausgabe entnommen:
Neues Leben. Die Bibel, © der deutschen Ausgabe 2002 und 2006 SCM-Verlag GmbH & Co. KG, Witten.

Umschlaggestaltung: Kathrin Spiegelberg, Weil im Schönbuch
Titelbild: shutterstock.com
Bild Umschlagrückseite: Alberto Lucas Pérez, www.unsplash.com
Satz: typoscript GmbH, Walddorfhäslach
Druck und Bindung: CPI books GmbH, Leck
Gedruckt in Deutschland
ISBN 978-3-7751-5728-5
Bestell-Nr. 395.728

INHALT

Vorwort von Peter Strauch 9
Liebe Leserin, lieber Leser, ... 12

I. Im Käfig meiner Angst 15
Eine heile Familie? 17
Mein Vater 22
    »Papis Mädchen« 23
    »Jesus ins Herz gemalt« 26
    »Onkel Karl« 28
Eine große Spielwiese 30
Leben in zwei Welten 31
Was ist nur mit mir los? 35
Der Panther 38
Zwischen Empathie und Gefühllosigkeit 39
    Das einsame Küken Kott-Kott 39
    Das eingeschlossene Gefühl 41
Sichere Orte 42
    Nachgeholter Abschied 42
    Mit dem Fernglas unterwegs 43
    Vis-à-vis mit Adele & Auguste 44
    Augenhöhe 46
Die Decke des Schweigens 47
Schuld und Schuldgefühle 49
Schulzeit 52
    Dazugehören 52
    Furchtbar sensibel? 54
    Die Hand auf der Schulter 57
    Im falschen Zug 57
    »Ist das deine Oma?« 59
»Oma Wetter« 59
Schritte vor der Tür 61

Verdrehte Sexualität	62
Vierbeinige Seelentröster	63
Hasso & Co	63
Der Hund muss weg	66
Der Hund – ein Bild für meine Seele	67
Weichenstellung	68
Die Flucht geht weiter	72
Das Clicker-Prinzip	77
Berufswahl	78
Immer gleich auf hundert	81
Wieder auf der Flucht	83
Verletzte Menschen verletzen Menschen	85
Ein kraftraubendes »Spiel«	86
Ich und die Gruppe	87
Theologische Ausbildung	89
Richtungswechsel	89
Erneuter Fluchtversuch	93
Verliebt, verlobt, verheiratet	94
Frau eines Pastors	97
Eine neue Qualität der Angst	99
Mein Kind-Engel-Erlebnis	104
Die Symptome kehren zurück	105
Eine neue Gotteserfahrung	107
Der Tod meiner Mutter	109
Licht und Schatten	110
II. Flügelschläge	**113**
Die Wende	115
Gefangen im Kofferraum	116
Die Farbe Blau	118
Erster Hinweis auf meinen Vater	119
Leiser Verdacht	121
Es verdichtet sich	123
Die Stoffpuppe	124
Die Entscheidung	125

Step by Step 126
Das innere Kind 129
Die Sache mit dem Gefühl 134
Emotionale Bindung 138
Verzerrte Gottesbilder 141
Der »falsche« Jesus 142
Ein entscheidender Tag 146
Die Beerdigung 148
Der Kampf meines Vaters 150
Spur des Segens oder Schneise der Verwüstung? 154
    Spur des Segens 154
    Schneise der Verwüstung 155
    Alles nur Fassade? 157
Wo beginnt sexueller Missbrauch? 158
Andere werden doch auch damit fertig 160
Traumatisiert und hochsensibel 162
Meine Scham – seine Scham? 164
Heilende Begegnungen 166
Verlorenes Urvertrauen 168

III. Flug in die Freiheit 171
Was trägt 173
    Ich will doch fliegen! 174
    Aus dem Boden in die Luft 176
    Der Boden des Vertrauens 177
    »Teste meinen Boden!« 178
Neue Wege 179
    Volkshochschule 181
    Willkommen im Klub 182
    Die Ausbildung 186
    Klientenkompetenz, Feedback und Sharing 186
    Ein weites Feld 188

IV. Wachsende Flügel 189
Entdeckungen 191

Achtsamkeit	191
Aufrichtung	192
Bedeutungsräume	195
Der intime Raum	196
Der persönliche Raum	197
Raum der Begegnung	198
Der öffentliche Raum	199
Das heilsame UND	206
Sinn und Unsinn von Vergebung	208
Gott anklagen?	209
Eine neue Freiheit	212
Zum Fliegen bestimmt	214
Vom Loslassen und Staunen	215
Zur richtigen Zeit am richtigen Ort	217
Ein besonderes Geschenk	219
Und jetzt ein Buch?	220
Schlusswort und Dank	223

ANHANG

Beratungsstellen für Traumabewältigung	225
Literaturverzeichnis	227

Allen Kindern gewidmet, die tief in ihrer Seele verletzt wurden und sich danach durchs Leben kämpfen.

Vorwort von Peter Strauch

Selten hat mich ein Buch so bewegt. Kein Wunder, werden einige sagen, schließlich ist die Autorin deine Schwester. Ich räume ein, zweifellos spielt das mit. Ille ist 11 Jahre jünger als ich, da fühlt man sich als großer Bruder besonders verantwortlich. Vieles von dem, was sie hier schreibt, habe ich nicht mitbekommen. Irgendwie lebte ich in einer anderen Welt, genoss die freikirchliche Gemeinde im Haus als große Familie, fand dort Möglichkeiten, meine Begabungen zu entfalten, durfte mich ausprobieren, auch in musikalischer Hinsicht. Ille hat das zwar ähnlich erlebt, aber nicht so positiv und unbelastet wie ich. Außerdem verließ ich bereits mit 18 mein Elternhaus und war danach nur noch sporadisch zu Hause. Meine »kleine« Schwester war damals gerade mal sieben Jahre alt, ihre Kinder- und Teenagerzeit habe ich also kaum miterlebt. Die Geschichte ihres Erwachsenwerdens, die Spannungen zwischen dem »verhätschelten« Nesthäkchen und dem missbrauchten Kind, dem Gefühl der Überlegenheit und der bedrückenden Minderwertigkeit, vor allem ihre innere Einsamkeit, von alldem ahnte ich damals nichts. Mich bewegt sehr, mit welcher Sensibilität sie in diesem Buch davon erzählt – nicht in grellen Farben, sondern mit behutsamen Zwischentönen, die uns auf die Verletzungen des Opfers, aber auch auf die Gespaltenheit des Täters blicken lassen, ohne dabei die harten Konturen der schrecklichen Tat zu verwischen.

Es mag beschämend sein, aber früher hatte ich keine Ahnung, wie zerstörerisch die Folgen eines sexuellen Missbrauchs sind. Als ich 1974 zum ersten Mal von der Tat meines Vaters erfuhr, war ich zwar geschockt, begriff aber nicht wirklich die Tragweite für die Opfer. Erst als klar wurde, dass der Missbrauch auch in unserer eigenen Familie stattfand, und als ich schmerzhaft miterleben musste, wie schrecklich die Folgen für die Betroffenen sind, begriff ich etwas von der zerstörerischen Wirkung einer solchen Tat. Meine Schwester berichtet offen und schonungslos darüber, zeichnet aber auch sorgfältig den Weg ihrer Heilung nach – nicht als Kopiervorlage für betroffene Leserinnen und Leser, sondern als Hilfe für Menschen, die selbst Opfer wurden und verzweifelt nach einem Ausweg suchen. Es ist aber auch ein Buch für solche, die eher hilflos danebenstehen und nicht selten gerade aus dem Gefühl der Hilflosigkeit heraus falsch reagieren. So kommt es immer wieder zur Bagatellisierung einer solchen Tat, manchmal auch zum stillschweigenden Wegsehen, was kaum weniger schlimm für die Opfer ist.

Aber meine innere Bewegung beim Lesen dieses Buches hat noch einen weiteren Grund. Hätte man mich als 18-Jährigen gefragt, was charakteristisch für unsere Familie ist, dann hätte ich von der Liebe Gottes erzählt. »Jesus liebt dich!« – mit diesem Satz sind wir als Kinder aufgewachsen, aber prägte er uns wirklich in der Tiefe unseres Herzens? Hat er unsere Eltern geprägt? Illes Buch macht deutlich, dass man mit Worten der Liebe und Gnade Gottes bestens vertraut sein kann, ohne dass unser wirkliches Leben davon berührt und durchdrungen wird. Aus der Pädagogik wissen wir, dass uns das Unausgesprochene stärker prägt als das gesprochene Wort. Das gilt auch und vielleicht gerade für fromme Elternhäuser. Dogmatische Sätze, die sich nicht mit Erfahrungen verknüpfen lassen, berühren uns nicht. Mehr noch, sie stoßen uns ab. Dabei müssen uns unsere Eltern nicht einmal mutwillig täuschen. Manchmal handelt es sich um eine Lebenslüge, die ihnen selbst nicht bewusst ist. Kinder haben ein untrügliches Empfinden für echte bzw. unechte Frömmigkeit.

Was unseren Vater betrifft, so haben meine Geschwister und ich nicht den Eindruck, dass er bloß vorgab, ein überzeugter Christ zu sein. Er glaubte wohl wirklich, was er an uns und andere weitergab. So hinterlässt er trotz allem auch eine Segensspur; angesichts der verheerenden Folgen für die Opfer wage ich das kaum zu schreiben. Aber wie sonst ist zu erklären, dass uns immer wieder Menschen beteuern, durch die Arbeit unseres Vaters gesegnet worden zu sein? Vermutlich war er eine in sich selbst gespaltene Persönlichkeit.

Ich weiß, wirklich erklären lässt sich das nicht. Und keine Frage: Unser Vater ist für seine Taten verantwortlich, wie auch jeder von uns verantwortlich ist für das, was er tut. Und doch hindert uns dieses Unerklärbare daran, allzu vollmundig aufzutreten, so als hätten wir den totalen Durchblick über das, was uns und unsere Mitmenschen im

Innersten bewegt. Auch die Ursache böser Handlungen ist oft schwer zu durchschauen, so wenig, wie unsere guten Taten immer gute Taten sind. David betet im 139. Psalm: »Erforsche mich Gott und erkenne mein Herz; prüfe mich und erkenne, wie ich's meine. Und sieh, ob ich auf bösem Wege bin, und leite mich auf ewigem Wege.«

So kann dieses Buch über das Thema »Sexueller Missbrauch« hinaus beim Auffinden unseres eigenen Weges und Verstehens eine wichtige Hilfe sein. Das geht nicht ohne Offenheit. Sie macht verletzbar und ist nicht ohne Risiko. Danke, Ille, dass Du den Mut hattest, dieses Buch zu schreiben.

Liebe Leserin, lieber Leser,

stellen Sie sich einen kleinen, noch jungen Vogel vor, der in einem engen Käfig kauert. Diesen Wohnort hat er sich nicht selbst ausgesucht. Nein, ein »Jemand« hat ihn gewaltsam dort hineingebracht. Dieser »Jemand« hat Grenzen überschritten, vielleicht einmal, vielleicht mehrere Male durch geistlichen, emotionalen oder sexuellen Missbrauch – vielleicht auch durch alles auf einmal – und hat den kleinen Vogel damit bis ins Mark getroffen, ihm tief in seiner Persönlichkeit und Würde eine schmerzende Wunde zugefügt.

Möglicherweise hat der kleine Vogel einmal zaghaft seine Stimme erhoben. Ein leises Piepen: »Hier stimmt etwas nicht.« Doch er wurde nicht gehört, man glaubte ihm nicht. Der kleine Vogel war tatsächlich ein Opfer, doch als solches fühlt er sich nicht, eher selbst wie ein Täter: schmutzig und schuldig. Und langsam beginnt er, sich mit seinem Käfigdasein zu arrangieren und wächst auf diese Weise, ohne es zu merken, in eine Opferhaltung hinein. »Alles ist ruhig, alles ist gut.«

Doch irgendwann, vielleicht erst nach Jahren – wodurch auch immer ausgelöst – richtet sich dieser Vogel in seinem Käfig auf, schlägt wild mit den Flügeln und krächzt, so laut er kann: »Ich sitze hier zu Unrecht, dieser Käfig gehört mir nicht. Ein ›Jemand‹ hat mich verletzt und mich meiner Bestimmung beraubt. Ich bin aber zum Fliegen bestimmt, und jetzt will ich es lernen. Ich will raus aus diesem Käfig, ich suche mir Hilfe.« Ein erster, wichtiger Schritt des Vogels in die Freiheit. Doch was passiert? Federn fliegen herum und machen Dreck, durch den Flügelschlag wird eine Menge von altem, längst vergessenem Staub aufgewirbelt. Das laute Krächzen schmerzt unangenehm in den Ohren.

Und spätestens hier springt das »Gemeindekarussell« an: Die »Verfolger« betreten die Bühne. »Wie kannst du es wagen, ›Jemand‹ so böswillig zu beschuldigen? Weißt du nicht, was du damit anrichtest? Damit schadest du nicht nur ihm, sondern der ganzen Gemeinde. Schließlich ist ›Jemand‹ seit Langem ein verantwortungsvoller Leiter …!« Doch auch die »Retter« bleiben nicht aus. Sie kommen mit

Kehrschaufel und Besen oder – noch schneller und wirkungsvoller – gleich mit dem Staubsauger und machen sich unverzüglich daran, den entstandenen Dreck zu entfernen. Dies tun sie mithilfe von Bibelversen und Ratschlägen: »Man muss auch vergeben können. Bring die Sache zu Jesus und vergib ›Jemand‹. Vielleicht war es ja auch gar nicht so gravierend, wie du jetzt glaubst, wir können uns das von ›Jemand‹ eigentlich gar nicht vorstellen.«

So oder ähnlich läuft es nicht selten ab. Und glauben Sie mir, ich verstehe die Argumente und habe sie sogar selbst schon gebraucht. Doch wenn wir uns ehrlich fragen: Was liegt diesen Rettern und Verfolgern wirklich am Herzen? Das Opfer? Wohl eher nicht. Der Täter? Auch nicht wirklich. Geht es nicht in Wahrheit um den Ruf der Gemeinde? Wie steht sie denn da, wenn das nach außen dringt? Liegt dann nicht alles in Scherben?[1]

Diese Vogelgeschichte schrieb ich für das im Jahr 2010 erschienene Buch »Das Gemeindekarussell« von Gerti Strauch. Darin geht es um krank machende Beziehungsmuster, wie wir sie häufig auch in unseren christlichen Gemeinden erleben, verdeutlicht an einem Interaktionsmodell, dem sogenannten »Drama-Dreieck« von Stephen Karpmann. Damals hatte mich meine Schwägerin Gerti gebeten, einen kurzen Artikel über das Thema »Missbrauch« zu schreiben. Ich hatte es in diese Vogelgeschichte eingebettet und damit eher allgemein gehalten. Weitaus schwerer fällt es mir nun, über mein eigenes Erleben zu schreiben. Denn die Geschichte des Vogels ist auch meine persönliche Geschichte.

Dieses Buch ist keine Abrechnung, das ist mir wichtig, weder mit dem Täter, in diesem Fall mit meinem Vater, noch mit den »Verfolgern« und »Rettern« aus meiner Vogelgeschichte. War ich doch selbst lange genug mit »dem Staubsauger« unterwegs. Es soll hingegen ehrlich und offen die ganze Tragik aufzeigen und nichts verharmlosen oder beschönigen. Missbrauch, ob religiös, emotional oder sexuell, hat gravierende Folgen, auch wenn sie nicht immer sichtbar sind.

---

[1] Gerti Strauch: Das Gemeindekarussell – Befreite Beziehungen leben. SCM R. Brockhaus Verlag, Witten 2010, Seite 64-65.

Andererseits möchte ich mit diesem Buch meinen Weg der Heilung und Aufarbeitung beschreiben, der immer nur durch die Wahrheit und niemals an ihr vorbeiführen kann. Und in der Tat, ohne Scherben wird es dabei nicht gehen. Da kann manches zu Bruch gehen. Scherben sind nicht schön, wir können uns an ihnen verletzen. Doch haben Sie schon einmal gesehen, welche ungeheure Leuchtkraft Glasscherben entwickeln können, wenn sich das Sonnenlicht in ihnen spiegelt?

Mein Buch ist vor allem an Menschen gerichtet, die ähnliches erlebt haben, damit zu Opfern wurden und deren Mund möglicherweise bis heute verschlossen ist. Gerade sie möchte ich ansprechen, ernst nehmen und ihren Schmerz würdigen. Denn das Schlimmste für Opfer insbesondere sexuellen Missbrauchs ist es, damit allein zu sein, nicht ernst genommen zu werden.

In meinem Blickfeld sind aber auch jene, die innerlich zerrissen sind, die am liebsten wegschauen möchten, weil sie es zwar einerseits für richtig halten, die Wahrheit ans Licht zu bringen, andererseits aber Angst vor den Konsequenzen – auch für sich selbst – haben. In vielen Gesprächen ist mir bewusst geworden, dass auch Menschen, die selbst keinen Missbrauch erlebt haben, dennoch Opfer sind, wenn ihnen Vorbilder genommen wurden, die sie als Kinder verehrten, wie das im Falle meines Vaters als Leiter vieler Kinderfreizeiten der Fall war. Auch sie brauchen Trost, weil in ihnen etwas gestorben, das kindliche Vertrauen von damals zerbrochen ist.

Zu welchen Menschen Sie auch immer gehören mögen, wenn Sie dieses Buch lesen, haben Sie meinen vollen Respekt. Denn ich weiß, es braucht Mut, sich einem solchen Thema zu stellen.

1. Im Käfig meiner Angst

Eine heile Familie?

»Du kommst aus einer wahrhaft heilen Familie!« Wie oft habe ich diesen Satz wohl gehört? Lange Zeit ist er mir Musik in den Ohren. Ja, er erfüllt mich geradezu mit Stolz. Denn ich glaube es ja selbst, noch mehr möchte ich glauben, dass es so ist.

Es muss in den Achtzigerjahren gewesen sein. Wieder einmal feiern wir einen der vielen Familiengeburtstage. Eltern, Geschwister und Kinder, alle sind versammelt, ein Bild der Harmonie. Da sehe ich das Treiben plötzlich vor mir wie einen Film. Und es kommt mir in den Sinn: Irgendetwas stimmt hier nicht. Es scheint alles gut, doch in Wahrheit ist da etwas faul. Ja, ich komme zum Schluss: Unsere Familie ist irgendwie krank. Ich spreche mit niemandem darüber, auch nicht mit meinem Mann.

Doch gehen wir zurück in das Jahr 1954. Als ich die familiäre Plattform betrete, sind die anderen bereits ein eingespieltes Team. Da ist zunächst mein ältester Bruder Peter. Er ist schon seit elf Jahren dabei. Mein Bruder Diethelm, sieben Jahre, und meine Schwester, sechs Jahre alt, gehören ebenfalls dazu. Deshalb werde ich auch bald von Verwandten und Bekannten »das Nesthäkchen« genannt. Zwar habe ich noch keine Ahnung, was dieses Wort bedeutet, glaube aber, dass es etwas Positives sein muss, da alle, wenn sie es erwähnen, ein freundliches Gesicht machen. Ich werde an einem Sonntagmittag um Punkt zwölf Uhr geboren. Zum Zeitpunkt meiner Geburt sollen sogar die Kirchenglocken geläutet haben, so wird es mir zumindest berichtet. Eine Zeit lang halte ich es tatsächlich für bare Münze, dass sie auch noch wegen mir geläutet hätten.

Mit meinem Namen Ilse-Ruth, den meine Eltern für mich ausgesucht haben, bin ich nicht sehr glücklich. Zum einen ist er für mich nur schwer auszusprechen, zum anderen werden spätere Lehrer immer wieder erstaunt nachfragen, da dieser Name so ungewöhnlich ist. Hinzu kommt, dass der erste Teil meines Namens nicht selten mit der besagten Ilse verwechselt wird, die »der Koch ins Ofenrohr steckte«. Irgendwann entsteht daraus der Name »Ille«. Habe ich ihn mir selbst gegeben? Genau weiß ich es nicht. Jedenfalls wird sich diese Kurzform später mehr und mehr durchsetzen.

Mit meinem ältesten Bruder Peter verbringe ich nur ganze sieben Jahre unter einem Dach. Dann verlässt er unsere Familie und beginnt ein theologisches Studium in Ewersbach. Zu diesem Zeitpunkt habe ich gerade mal mein erstes Schuljahr hinter mir. Daher empfinde ich unsere Beziehung auch nicht so sehr geschwisterlich. Eher ist er für mich eine Art zweiter Vater oder nahestehender Onkel, ein Erwachsener eben. Und ich bewundere ihn, vor allem, wenn er an unserem alten, ächzenden Harmonium sitzt und seinen Improvisationen freien Lauf lässt. Dabei kommt mir eine Erinnerung, die mich im Nachhinein amüsiert. Wenn Peter völlig in die Musik versunken am Harmonium – später an der Orgel oder am Klavier – sitzt, ist er ganz und gar seinem Spiel hingegeben. Das zeigt sich auch in seiner Körperhaltung, besser gesagt, in seinen Körperbewegungen. Dann ermahne ich ihn als kleine Schwester: »Wackle doch nicht immer so herum!« Zu der Zeit ahne ich ja noch nicht, wie sehr ich später einmal selbst »wackeln« beziehungsweise herumspringen und tanzen würde. Wie dem auch sei, ich bin stolz, ihn als großen Bruder zu haben.

Mit meinem zweiten Bruder Diethelm verbringe ich die längste Zeit. Im Rückblick empfinde ich ihn fast als meinen Krisenmanager. Als ich mit knapp zwei Jahren mit schweren Verbrennungen beider Hände monatelang im Krankenhaus verbringe, getrennt von meinen Eltern, die mich nicht besuchen dürfen, ist er es, der kommt und mir von der Tür aus zuwinkt. Selbstverständlich habe ich daran keine Erinnerung, aber es wurde mir so erzählt.

Mit dreizehn Jahren liege ich wieder im Krankenhaus zu einer Nachoperation meiner Hand. Als ich aus der Narkose aufwache, mit dröhnendem Kopf und extremer Übelkeit, steht Diethelm an meinem Bett und setzt mir ein undefinierbares Tier aus sehr weichem, biegsamem Leder, gefüllt mit irgendwelchen Kügelchen, aufs Bett: »Guck mal«, sagt er, »wenn du traurig oder wütend bist, wirfst du das Tier einfach auf den Boden. Dann sieht es ganz komisch aus, und du musst wieder lachen.« Bis vor einigen Jahren hatte dieses undefinierbare Wesen immer noch einen Platz bei mir, bis es ganz und gar unansehnlich wurde.

Tatsächlich ist Diethelm mir immer ein Zufluchtsort gewesen, jemand, an den ich mich mit meinem Weltschmerz wenden kann, vor allem in der Teenagerzeit. Er ist es auch, der mein Interesse für Dinge weckt, die mir von meinen Eltern nicht mitgegeben wurden, zum Beispiel meine Liebe zur Barockmusik. Ich sehe uns noch gemeinsam auf dem Sofa sitzen. Wir hören die Wassermusik von Händel, und er malt mir ein Bild vor Augen von großen Gärten, Frauen in bunten, prächtigen Kleidern und Männern mit weißen Perücken.

Eines Tages bringt er dann eine Schallplatte des Musicals *Hair* in deutscher Fassung mit nach Hause. Ich bin fasziniert, einerseits von der Musik, andererseits von den Texten und dem Flair der damaligen Hippiebewegung. In diesen Momenten spüre ich auch eine Abgrenzung unseres »Teams« zu meinen Eltern, mit denen wir uns über so etwas nicht austauschen können. Diethelm gibt mir auch hin und wieder Nachhilfeunterricht, in Mathe allerdings wenig erfolgreich.

Seltsamerweise habe ich gleichzeitig immer das Gefühl, ihn beschützen zu müssen, irgendwie verantwortlich für ihn zu sein. Meine Schwägerin Edelgard hat mir mehrfach eine Begebenheit erzählt, in der Diethelm auf einem Gerüst herumklettert. Ich bin ein kleines Mädchen und völlig verzweifelt. Flehe ihn an: »Komm sofort da herunter. Nachher fällst du, dann bist du tot, und ich krieg geschimpft.« Wenn ich mitbekomme, dass er von anderen kritisiert wird, mutiere ich bei aller Schüchternheit zur Löwin. »So sehr liebst du deinen Bruder?«, bemerkt einmal eine Frau aus der Gemeinde, als sie meinen ausgeprägten Beschützerinstinkt im Blick auf Diethelm bemerkt.

Dann wäre da noch meine Schwester Bärbel mit ihren langen, blonden Zöpfen. Es ist herrlich, eine Schwester zu haben – auch eine große. Allerdings wünsche ich mir immer noch eine kleine Schwester und beneide Bärbel sehr. Sie hat es gut, sie hat mich. Sie kann wunderbar spielen und erzählen, hat viel Fantasie. Oft bin ich mit ihr unterwegs, um ihre Freundin Monika zu besuchen. Dann werde ich in einer Ecke des Zimmers abgesetzt, zusammen mit einem kleinen Puppenhaus, mit dem ich mich beschäftigen darf. Es ist nicht immer angenehm für meine Schwester, mich im Schlepptau zu haben. Und sie hat manchmal ein schlechtes Gewissen deswegen. Doch mir macht es nichts aus, im

Gegenteil: Ich finde es schön, dabei zu sein und mit einem fremden Puppenhaus spielen zu dürfen. Denn ich weiß, meine Schwester hat mich lieb, auch wenn ich sie manchmal nerve.

Gerade erst sieben Jahre bin ich alt, da verlässt auch meine Schwester unser Zuhause, um eine sogenannte Pflegevorschule, ähnlich einer Hauswirtschaftsschule zur Vorbereitung ins Berufsleben in der Bleibergquelle bei Velbert zu besuchen. Von nun an bilden Diethelm und ich ein Zweierteam. Er ist der große Bruder, ich als seine kleine Schwester bin und bleibe das Nesthäkchen.

So sehr ich die Vorzüge des Nesthäkchendaseins genieße, fühlt es sich auch manchmal seltsam an. Da erinnere ich mich zum Beispiel an folgende Szenen: Ich sitze neben meiner Schwester im Auto. Soweit ich weiß, hat sie ein paar Tage Urlaub zu Hause verbracht und muss nun wieder zurück zur Bleibergquelle. Sie ist in Tränen aufgelöst, während mein Vater auf sie einredet. Ich sitze zwischen den beiden, verstehe nicht wirklich, um was es geht, fühle mich aber äußerst unbehaglich und zerfließe vor Mitleid. Ebenso erinnere ich mich an eine Szene, in der Peter mit todernstem Gesicht im Wohnzimmer steht. Er ist durch eine Fahrprüfung gefallen, was in seiner Situation einem Fiasko gleichkommt. Meine Eltern und ein Freund stehen um ihn herum. Es herrscht Weltuntergangsstimmung. Ich beobachte das alles aus einem gewissen Abstand, verstehe nicht, was die Erwachsenen gerade umtreibt, habe aber meine kindlichen Antennen weit ausgefahren und nehme die eigenartige Stimmung wahr. In solchen Situationen meldet sie sich manches Mal ganz leise in mir, die Frage, die mir später so vertraut sein wird: »Bin ich schuld an dieser seltsamen Stimmung?«

Meine Mutter möchte ich durch folgende Begebenheit beschreiben: Als sie bei einer ihrer Schwangerschaften sozusagen auf den letzten Drücker im Kreißsaal erscheint, fragt die Hebamme etwas ungehalten: »Warum sind Sie denn nicht früher gekommen?« Darauf antwortet meine Mutter: »Ich wollte nicht stören!« Damit ist fast alles gesagt. Meine Mutter bleibt am liebsten unscheinbar im Hintergrund, arbeitet hart, erfüllt ihre Pflichten als Ehefrau und Mutter. Sie dient im wahrsten Sinne des Wortes ihrer Familie und der Gemeinde, auf die ich noch zu sprechen komme. Was ich erst sehr viel später wahrnehme und was mich traurig macht, ist die Tatsache, dass meine Mutter eigentlich eine sehr kreative, künstlerisch begabte Frau war. Vor ihrer Heirat arbeitete sie als Kinderpflegerin in einem Ronsdorfer Kinderheim. Während dieser Zeit schrieb sie Gedichte. Ich weiß noch, wie erstaunt und überrascht ich bin, als ich meine Mutter auf einem Foto als junges Mädchen mit einer Gitarre entdecke. So vieles, was sie selbst ausmacht, was sie an Begabung in sich trägt, gibt sie mit ihrer Heirat auf, lebt es nicht mehr. All das zerbröselt nun mehr oder weniger in einer Fülle von notwendigen Aufgaben und Pflichten.

Als ich auf die Welt komme, ist meine Mutter bereits 42 Jahre alt. Sicher ist es nicht leicht für sie, noch einmal ein Kind großzuziehen. Einerseits erlebe ich sie als warmherzige, liebevolle Mutter, die mir ihre Zuneigung zeigt, mich tröstend in den Arm nimmt, mich lobt, wenn ich etwas geschafft habe. Andererseits ist sie kränklich, immer überfordert, ständig am Limit ihrer Kraft. Meine Mutter leidet an massiven Krampfadern. Später hat sie sogenannte »offene Beine«. Stoße ich versehentlich daran, stöhnt sie auf. »Sei schön lieb zu deiner Mutter!«, höre ich oft von Erwachsenen, oder: »Pass auf, dass du nicht an Mamis Beine kommst.« Doch ich bin ein kleines, quirliges Mädchen, möchte auf ihren Schoß klettern und dabei nicht immer auf der Hut sein müssen. Von Erwachsenen werde ich auch hin und wieder ermahnt: »Deine Mami hat so viel zu tun. Sei schön lieb zu ihr!«

Eigentlich wäre ich das sechste Kind meiner Eltern. Noch vor meinem ältesten Bruder Peter war meine Mutter schon einmal schwanger mit einem Zwillingspärchen. Der Älteste ist tot geboren, der Jüngere kurz nach der Geburt gestorben. Ich habe immer noch im Ohr, was mir zumindest eine Person aus unserer Gemeinde einmal sagte: »Wenn deine älteren Brüder überlebt hätten, würde es dich sicher nicht geben!«

Angesichts meiner vielen Schulprobleme – vor allem später auf dem Gymnasium – betont meine Mutter mehr als einmal: »Ich habe keine Kraft mehr für so etwas. Das wird mir alles zu viel!« Wenn sie völlig mit ihren Nerven am Ende ist, und das ist sie sehr oft, rutscht ihr sogar der Satz heraus: »Ich habe keine Kraft mehr für dich.« Deshalb versuche ich einmal, ihr mit kindlicher Logik das Leben zu erleichtern.

Meine Mutter hat ein festes Ritual. Jeden Mittag legt sie sich eine halbe Stunde ins Bett, um auszuruhen und für den Rest des Tages neue Energie zu tanken. Für uns Kinder heißt das, leise zu sein.

Einmal ist es wieder so. Meine Mutter schläft. Ich bin allein in unserer Wohnküche. Da kommt mir eine ausgezeichnete Idee. Ich habe zwei lange Zöpfe. Beim Durchkämmen und Flechten stöhnt meine Mutter nicht selten, vor allem wegen meiner Überempfindlichkeit, wenn es zieht. Um diesem Drama ein Ende zu setzen, hole ich mir die große Küchenschere aus der Schublade, öffne meine geflochtenen Zöpfe und beginne, mir meine Haare nach und nach abzuschneiden. Zugegeben, das Resultat ist nicht gerade ein Meisterwerk. Zwischen neu entstandenen Kratern baumeln ungleich lange Haarsträhnen. Doch ich bin mir hundertprozentig sicher: Mami wird sich riesig freuen. So kann ich es kaum erwarten, bis sie endlich aufsteht und mein Werk zu sehen bekommt.

Noch heute sehe ich es vor mir, das blanke Entsetzen auf dem Gesicht meiner Mutter, als sie in die Küche kommt: »Was hast du nur gemacht?« Ich verstehe die Welt nicht mehr. Warum freut sie sich nicht? Ich habe es doch nur gut gemeint.

Mein Vater

Februar 1991, die goldene Hochzeit meiner Eltern steht bevor, und ich mache mich daran, etwas Charakteristisches über die beiden aufs Papier zu bringen, das wir auf der Feier als Geschwister, Nichten und Neffen vortragen wollen. Doch diese Aufgabe gestaltet sich äußerst schwierig. Warum? Über meinen Vater könnte ich ein ganzes Buch voller Anekdoten verfassen, zu meiner Mutter fällt mir kaum etwas ein. Das typische Bild meiner Eltern. Im Vergleich zu meiner Mutter ist mein Vater so etwas wie ein schillernder Paradiesvogel – kontaktfreudig, lustig, unterhaltend, er fällt einfach auf.

Was seinen Beruf betrifft, könnte man ihn als fahrenden Bäcker oder als backenden Fahrer bezeichnen. Vor dem Krieg hat er Bäcker und Konditor gelernt. Später ist er als Kraftfahrer bei der Zulieferfirma *Bomoro* in Ronsdorf angestellt, backt aber in seiner Freizeit immer noch mit großer Leidenschaft. Doch er hat noch ein weiteres großes Interesse. Unsere Wohnung liegt über dem Gemeindesaal der *Freien evangelischen Gemeinde*, einer Freikirche mit überschaubarer Mitgliederzahl. Meine Eltern gehören nicht nur zu dieser Gemeinde, sondern erfüllen nebenbei auch den Posten als Hausmeisterehepaar.

Vor allen Dingen aber engagiert sich mein Vater als Leiter der Sonntagsschule (Kindergottesdienst) und führt regelmäßige Kinderfreizeiten in *De Helle*, einem Freizeitheim auf der Insel *Schouwen-Duiveland* in den Niederlanden durch. Davon ist unser Familienleben geprägt. Überhaupt sind Familie und Gemeinde aufs Engste miteinander verknüpft.

»Papis Mädchen«

Eines Morgens, ich bin bereits erwachsen, erwache ich aus einem seltsamen Traum. Ich lag auf einem Tisch, um mich herum waren einige Menschen versammelt. Nur eine Frau konnte ich identifizieren. Es war Waltraud, die Schwägerin meines Bruders Peter. Sie sagte zu den Herumstehenden: »Es ist einfach so. Sie ist nun mal sein absoluter Liebling.« Im Traum wusste ich: Mit »sein« ist mein Vater gemeint. Ihre Bemerkung erfüllte mich einerseits mit Stolz und einem wunderbaren Glücksgefühl und andererseits mit Angst und Ekel. Als ich wach werde, sind diese Gefühle noch präsent. Ich frage mich allerdings, warum ich im Traum auf dem Tisch lag. Da wird mir bewusst: Ich war ein Baby.

Diese widersprüchlichen Gefühle im Blick auf meinen Vater durchziehen mein ganzes Leben. Sie entsprechen der Realität. Auch mein Vater hat in dieser Zerrissenheit gelebt, dessen bin ich mir heute sicher.

Als Kind bin ich fest davon überzeugt, den besten Vater der Welt zu haben. Er lacht gern und viel und macht Späße mit mir. Spaziergänge mit ihm entpuppen sich als wahre Abenteuerreisen. Wir wandern durch die Wälder, mein Vater sucht nach einer Abkürzung. Nicht selten müssen wir anschließend über Zäune klettern oder durchs Unterholz robben. Sind wir zu Fuß oder mit dem Auto unterwegs, lässt er es sich nicht nehmen, noch hier oder dort vorbeizuschauen. Er hat es nie eilig, kann sich ganz und gar im Hier und Jetzt verlieren. Ja, er hat sich bis ins hohe Alter etwas Kindliches bewahrt. Das habe ich immer an ihm geliebt. Er unternimmt gerne Ausflüge, am liebsten spontan und ungeplant. Seine Reiselust zeigt sich auch in der Gestaltung meiner Kindergeburtstage. Oft machen wir an diesem Tag einen Ausflug mit dem VW-Bus. Hierzu lade ich meine Freundinnen ein. Meistens weiß ich selbst vorher nicht, wohin es geht. Doch wir lieben diese Unternehmungen. Denn langweilig wird es mit meinem Vater nie. In der Adventszeit versteht er es, eine vorweihnachtliche Spannung aufzubauen, die sich bis zu unserer Bescherung am ersten Weihnachtstag immer mehr steigert. Einmal schenkt er mir ein wunderschönes, selbst geschreinertes Puppenhaus.

Als ich etwas größer bin, darf ich mit ihm in »seinem Lastkraftwagen« fahren. Was für ein erhabenes Gefühl, hoch oben im Lkw zu sitzen und sich wie eine Königin der Straße zu fühlen. Zu dieser Zeit steht ein Kraftfahrer noch nicht wie heute unter einem immensen Stress. So findet mein Vater immer noch Zeit, irgendwelche Umwege in Form kleiner Nebenstraßen zu erkunden, um dann in irgendeiner Gaststätte einzukehren. Mit einem »ausgewachsenen« Lkw ist das kein leichtes Unterfangen und manches Mal so gerade noch erlaubt. Ich liebe diese unkalkulierbaren Fahrten. Kommen wir dann zurück und fahren in die Garagenhalle der Firma *Bomoro* ein, sehe ich sie, alle in Reih und Glied geparkt, die großen Ungetüme. Sie sehen so gewaltig aus, und ich bin hin- und hergerissen zwischen Bewunderung und Angst. Noch heute überkommt mich ein eigenartiges Gefühl, wenn ich auf einem Rastplatz halte und die parkenden Trucks vor mir sehe.

Ja, ich bin Papis Mädchen. Wenn wir beispielsweise seinen Arbeitskollegen begegnen, stellt er mich voller Stolz als seine Tochter vor. Mir ist es eher peinlich, denn ich bin extrem schüchtern. Diese Schüchternheit ist nun wiederum meinem Vater peinlich. So gibt er mir immer wieder klare Verhaltensmaßregeln auf den Weg. Ich solle doch bitte die Kollegen anschauen, wenn ich sie begrüße, mit einem festen Händedruck und nicht so lasch und vor allem nicht so piepsig sprechen. Mein Vater liebt mich, ist stolz auf mich und schämt sich gleichzeitig für mich.

Einmal schämt er sich so sehr, dass er mich wütend nach Hause zerrt. Diese Geschichte habe ich so oft von ihm gehört, dass ich nicht einmal weiß, ob ich mich wirklich an das Ereignis erinnere oder ob es nur die Erzählungen sind. Ich muss noch sehr klein gewesen sein. In Ronsdorf gibt es am Stadtrand ein Feuerwerk. Mein Vater hält mich auf dem Arm. Das Geballere geht los und nimmt, begleitet von den »Ooohs« und »Aaahs« der Zuschauenden, seinen Lauf. Doch anstatt die bunte Farbenpracht zu bewundern, schreie ich, von panischer Angst erfüllt, wie am Spieß. Mein Vater schämt sich vor den Leuten. Er gibt sich alle Mühe, doch ich lasse mich nicht beruhigen. So verlässt er wutentbrannt mit mir den Platz. Seinen Erzählungen nach hat er mich nicht geschlagen, aber vor allen Umstehenden angeschrien und wohl sehr grob angefasst.

Ich weiß nicht, wie viele Male er sich später für sein Verhalten entschuldigt. Jedes Mal, wenn er dies tut, hat er Tränen in den Augen. Mir ist es unangenehm, dass er diese Ereignisse immer wieder aufwärmt, die doch für mich eher belanglos sind. Da gibt es weitaus Schlimmeres, was er mir angetan hat. Und vielleicht ist ja auch für ihn diese Geschichte in Wahrheit eine vordergründige Reue für eine größere Schuld, die ihn quält.

Schon in meiner Kindheit, aber erst recht während meiner Pubertät, lerne ich: Mein Vater liebt mich vor allem dann, wenn ich fröhlich bin. Mit meinen depressiven Phasen, unter denen ich schon als Kind leide, kann er nicht umgehen. Und besonders in meiner Pubertät wird unsere Beziehung zunehmend schwierig. Nicht selten sagt er mir, wenn er nicht weiterweiß: »Du bist ein komisches Mädchen.« Andererseits ist er immer gleich zur Stelle, wenn es »brennt«. Ja, er würde um die halbe Welt fahren, um mich von irgendwo abzuholen, da bin ich mir sicher, mir Zuflucht geben, ganz gleich, was auch immer ich auf dem Kerbholz hätte.

Eine Szene ist mir noch deutlich vor Augen: Ich muss etwa zehn Jahre alt gewesen sein. Gemeinsam mit meinem Vater, meinem Bruder Diethelm und meinem Cousin Hans-Hermann, »Hansel« genannt, sitze ich am Abendbrottisch. Meine Tischmanieren lassen in dieser Zeit wohl zu wünschen übrig. Jedenfalls zeigt sich mein Bruder Diethelm von meiner Art zu essen ziemlich genervt und gibt es mir deutlich zu verstehen. Ich reagiere sauer auf diese brüderliche Ermahnung: »Lass mich in Ruhe«, entgegne ich schnippisch. Darauf ergreift nun Hansel das Wort und stellt sich meinem Bruder zur Seite. »Ja, Ille, ich beobachte dich jetzt auch schon eine Weile und muss zugeben, Diethelm hat recht.« In diesem Augenblick springt mein Vater für mich in die Bresche: »Lasst mir mein Mädchen in Ruhe!«, herrscht er sie an.

Auch hier begegnet mir wieder dieses zwiespältige Gefühl: Einerseits bin ich stolz, dass er mich verteidigt. Andererseits empfinde ich vor allem bei dem Begriff »mein Mädchen« eine gewisse Scham, ja sogar Ekel. Es ist mir unangenehm, in dieser Art vorgeführt zu werden.

»Jesus ins Herz gemalt«

Vor einigen Jahren traf ich eine ehemalige Freundin wieder. Lange hatten wir uns mehr oder weniger aus den Augen verloren. Wie es so ist, sprechen wir über »alte Zeiten« und kommen dabei auch auf meine Geburtstagsfahrten und auf unsere Erlebnisse in der Sonntagsschule zu sprechen: »Dein Vater hat mir Jesus ins Herz gemalt«, erzählt sie mir. Ja, das kann ich nachvollziehen. Damals tut er es durch Geschichten, die er beispielsweise in der Sonntagsschule erzählt, aber vor allen Dingen durch den geradezu kindlichen Glauben, den er lebt. Jesus ist so real in seinem und in unserem Familienleben, dass es keinen Moment in meiner Kindheit gibt, in der ich nicht von seiner Gegenwart überzeugt bin. Ich bin quasi mit ihm groß geworden. Jesus, mein großer unsichtbarer Freund, der zu mir hält, mich nicht enttäuscht, allerdings traurig wird, wenn ich ihn enttäusche und mich nicht so verhalte, wie er es möchte. Trotzdem vergibt er mir und bleibt treu an meiner Seite. Er ist wirklich mein fester Halt. Gott als Vater oder

Schöpfer spielt eher eine untergeordnete Rolle. Vom Heiligen Geist ist so gut wie gar nicht die Rede, zumindest nicht in meiner Erinnerung. Dieser Jesus fungiert im Leben meines Vaters aber auch manches Mal wie eine Schmerztablette oder wie ein Pflaster. Gibt es Schwierigkeiten, beispielsweise Spannungen, Meinungsverschiedenheiten, Trauer und so weiter, ist mein Vater immer schnell mit dem Beten bei der Hand. Das Gebet als Ausweg, um sich nicht auseinandersetzen zu müssen, auch das lerne ich von ihm.

In unserer Familie gibt es nach dem Abendessen regelmäßige Andachten. Mein Vater liest einen Text aus der Bibel oder aus einem Kalenderblatt mit einer Auslegung und betet zum Schluss. Ich gehe selbstverständlich davon aus, dass meine großen Geschwister diese Tischandachten mögen. Mir dagegen sind sie häufig eine Qual. Bei den langen Gebeten meines Vaters rutsche ich ungeduldig von einer Pobacke auf die andere und freue mich immer, wenn die Formulierung kommt: »Segne das gedruckte Wort und das Wort durchs Radio.« Ich verstehe zwar nicht die Bedeutung dieses Textes, weiß aber, dass bald darauf das erlösende Amen kommen muss. Besonders schlimm finde ich die Gebetsgemeinschaften, in denen wir alle ein freies Gebet formulieren. Dann sitze ich da in ängstlicher Erwartung, er könnte mich direkt auffordern zu beten. Sind wir als Familie unter uns, was recht selten vorkommt, geht es ja noch. Richtig peinlich und angstbesetzt wird es für mich, wenn Gäste mit am Tisch sitzen.

Einmal haben wir Gäste und gerade eine Mahlzeit beendet. Wir schließen den Abend mit einer Gebetsgemeinschaft ab. Mein Vater formuliert es dann so: »Wollen wir noch zusammen beten?« Ich beteilige mich nicht daran, schäme mich vor den Gästen, habe Angst vor meiner eigenen Stimme. Außerdem weiß ich nicht, was ich beten soll, zumindest nicht vor den Besuchern. Alle haben ihr Gebet gesprochen. Mir ist diese Stille ziemlich peinlich. Ich warte auf das erlösende Amen meines Vaters. Doch stattdessen fordert er: »Ilse-Ruth, du darfst auch beten.« Noch heute spüre ich die Röte, die mir ins Gesicht steigt. Ich schäme mich in Grund und Boden. Ich weiß nicht mehr, ob ich mit piepsiger Stimme ein Gebet gesprochen oder es ebenso piepsig abgelehnt habe. An was ich mich aber deutlich erinnere, ist die abgrundtiefe Scham, als alle die Augen öffnen, verbunden mit dem innigen Wunsch, unter den Tisch zu kriechen oder mich auf andere Weise unsichtbar zu machen.

Mein Vater ist ein sehr extrovertierter Mensch. Wo er geht und steht, kommuniziert er gern mit allen möglichen Leuten. Kombiniert mit seinem missionarischen Eifer kommt er immer schnell über seinen Glauben und über Jesus ins Gespräch. Das meine ich keineswegs negativ. Es ist nicht aufgesetzt, sondern sein wirkliches Anliegen, ganz nach dem Motto: »Wes das Herz voll ist, dem geht der Mund über.« Heute würde ich mich ebenfalls als eher extrovertiert bezeichnen. Jedenfalls wird es mir von anderen gespiegelt. In meiner Kindheit und Jugend sieht es aber noch ganz anders aus. Da bekomme ich vor lauter Schüchternheit kaum den Mund auf.

So sehr ich die Spaziergänge mit meinem Vater liebe, hasse ich es geradezu, wenn wir unterwegs bekannten Leuten begegnen. Dann präsentiert er mich als seine Tochter. Vor allem aber sein Missionseifer ist mir äußerst peinlich. Er versteht es tatsächlich, ganz gleich, um welche Gesprächsthemen es sich handelt, letztlich immer bei Jesus zu landen. Dabei ist mir heute durchaus bewusst, dass es nicht wenige Menschen gibt, die genau das an ihm geschätzt haben. Gleichzeitig macht es mir aber ein schlechtes Gewissen. Müsste es nicht bei mir genauso sein? Also versuche ich hin und wieder, ihm nachzueifern und damit meine christliche Pflicht zu erfüllen. Doch jedes Mal, wenn ich dies tue, wird es zum furchtbaren Krampf und wirkt sicher nicht gerade einladend.

»Onkel Karl«

»Na, Ilse-Ruth, freust du dich schon auf die nächste Hollandfreizeit?« »Jaaa«, kommt es lang gezogen und wenig euphorisch aus meinem Mund. »Na, Vorfreude sieht aber anders aus«, meint mein Gegenüber, ein alter Freund meines Vaters. Tatsächlich hält sich meine Vorfreude auf diese Freizeiten in Grenzen.

Klar, ich liebe das Meer – auch heute noch – mit seinen vielen »Gesichtern«, einmal ruhig und gleichmäßig dahinplätschernd und dann wieder als aufgepeitschte, tobende See. In meiner Kindheit fühlt sich das Meer für mich an wie eine Person, ein guter verlässlicher Freund. Es hört mir zu, ist immer da. Komme ich den Dünen näher, höre ich mehr und mehr sein Rauschen. Es erwartet mich auf der anderen Seite. Und auch heute noch bin ich überwältigt von dem Blick, wenn ich oben auf einer Düne stehe. Das Meer ist und bleibt mein schönster Rückzugsort. Nirgendwo komme ich so zur Ruhe wie bei langen einsamen Strandwanderungen. Doch ich liebe als Kind auch unsere holländischen Freunde, und ich mag *De Helle*, unser Freizeitheim, mit der umgebauten Scheune. Noch heute habe ich den ganz speziellen Geruch in der Nase. Es ist spannend, in alten Seemannsbetten zu übernachten, Nachtwanderungen mit Pechfackeln zu unternehmen, Ausflüge nach Zierikzee und Rotterdam zu machen, spannende Fortsetzungsgeschichten zu hören, bunte Abende, Sängerwettstreit und vieles mehr mitzuerleben. Doch Hollandfreizeiten heißen in unserer Familie lange vorher viel Stress und mühsame Arbeit. Viele Wochen vorher gibt es dann zu Hause nur noch ein einziges Thema. Außerdem ist es der Jahresurlaub meines Vaters. Das heißt: Einen wirklichen Familienurlaub kenne ich eigentlich gar nicht. Ich weiß, dass wir einmal als Familie auf der Insel Texel gezeltet haben. Doch da bin ich noch sehr klein, kann mich so gut wie gar nicht erinnern.

In den Freizeiten erlebe ich meinen Vater ganz anders. Da ist er der »Onkel Karl« für alle, irgendwie fremd und unendlich weit weg. Auch habe ich immer das Gefühl, mich besonders unauffällig benehmen zu müssen, um nicht zu stören, seinen »Auftrag« nicht zu behindern. Mag sein, dass sich das alles sehr negativ anhört. Aber so habe ich das nun mal damals empfunden.

Auf einer Freizeit, die schon lange zurückliegen muss, bekommt eine Teilnehmerin, die in einem Bett neben mir liegt, am Abend hohes Fieber. Ich gehöre noch zu den »Kleinen«, denn ich bin im großen Mädchenschlafsaal der umgebauten Scheune untergebracht. Es ist dunkel im Saal, die meisten schlafen bereits. Mein Vater kommt und trägt das fiebernde Mädchen auf den Armen ins Leiterzimmer. Ich bekomme es mit und spüre den tiefen Schmerz in mir: »Warum sie, warum nicht ich? Das ist doch mein Platz.« Am nächsten Abend bekomme ich ebenfalls hohes Fieber und werde von meinem Vater ins Leiterzimmer getragen. Doch es bricht keine Epidemie aus. Das Fieber bleibt auf uns beide beschränkt.

Im Nachhinein verbinden sich aber einige Fragen mit diesem Erlebnis. Wo haben eigentlich meine Eltern geschlafen? Denn wir Mädchen sind zumindest ein paar Tage zum Gesundwerden in diesem Zimmer geblieben. Ist es während dieser Zeit zu irgendwelchen Übergriffen gekommen? Nein, das glaube ich nicht. Denn in der Erinnerung daran sind meine Gefühle ausschließlich positiv.

Hier zeigt sich die Ambivalenz, in der ich mich als Kind befinde: die Sehnsucht nach seiner Nähe und die Angst davor, der Wunsch, Papis Mädchen zu sein, und der Ekel.

Eines aber wird sich in meinem weiteren Leben verfestigen: Die Krankheit kommt mir zu Hilfe.

Eine große Spielwiese

Der kleine Gemeindesaal im Erdgeschoss dient uns Kindern manches Mal als Spielplatz. Was spiele ich mit meiner Freundin? Natürlich Gottesdienst. Hierzu setze ich meine Puppen und Stofftiere auf die Stühle, und meine Freundin und ich halten einen Gottesdienst ab. Eine von uns predigt, die andere übernimmt das übrige Programm. Heimlich sause ich hin und wieder sogar mit meinen Rollschuhen oder meinem neuen Tretroller durch den Gemeindesaal. Das darf natürlich niemand mitbekommen. Nebenan liegt ein kleiner Nebenraum, schlicht und einfach »Stübchen« genannt, in dem sich ein offener Gashahn befindet. Wie oft habe ich ihn kurz aufgedreht und voller Erstaunen das Rauschen gehört, den Finger daran gehalten und den entweichenden Gasstrom gespürt. Irgendwann zeige ich diese Entdeckung mit Stolz meinem Bruder Diethelm. Der allerdings teilt meine Begeisterung nicht. Im Gegenteil, er warnt: »Das darfst du nicht machen, da können wir mit dem ganzen Haus in die Luft fliegen!« Danach reizt mich dieser

Gashahn umso mehr. Ich stelle mir vor, wie schön es sein muss, mit dem Haus durch die Luft zu fliegen. Gott sei Dank ist es zu »diesem Höhenflug« nie gekommen.

Doch auch, als ich älter werde, dient mir die Gemeinde, die inzwischen in ein großes, neu erbautes Haus umgezogen ist, als eine Art Spielwiese, ein Ort des Lernens und Ausprobierens. Mit zehn Jahren komme ich in die sogenannte Mädchenjungschar, die zu der Zeit von meiner zukünftigen Schwägerin Gerti geleitet wird. Schon mit 13 Jahren darf ich meine erste Andacht halten und einzelne Parts übernehmen. So wachse ich allmählich in eine Mitarbeiterschaft hinein und übernehme die Jungschar mit gerade mal 15 Jahren.

In einer Gemeindeversammlung darf ich über meinen Arbeitsbereich berichten. Ich sehe mich noch mit zitternden Knien hinter dem Mikrofon stehen. In der Hand halte ich ein DIN-A4-Blatt mit meinen Notizen. Doch meine Hände beben so sehr, dass ich meinen Text nicht lesen kann. So halte ich einen äußerst kurzen Vortrag in einem schwindelerregenden Tempo. Trotz meiner vielen Ängste und meiner Schüchternheit lerne ich, mich in der Öffentlichkeit zu zeigen und mich zu präsentieren. Dazu braucht es Leiter und Leiterinnen, die den Freiraum, die Ermutigung und vor allem die Erlaubnis geben, Fehler zu machen und sich auszuprobieren.

Im Nachhinein schätze ich diesen »Spiel«- oder besser gesagt Übungsplatz an meiner Gemeinde sehr. Später ist es dann vor allem der Jugendchor, geleitet von meinem Bruder Diethelm, in dem ich mich heimisch fühle. Wir unternehmen sogar eine Tournee durch Südschweden.

Leben in zwei Welten

»Eure Ilse-Ruth wird mal ganz anders als ihre Geschwister. Da müsst ihr aufpassen.« Diese Aussage einer Frau aus unserer Gemeinde, an meine Mutter gerichtet, klingt mir noch heute im Ohr. Wie alt werde ich wohl gewesen sein? Ich weiß es nicht, aber ich erinnere mich genau. Anlass für diese Aussage sind ein paar Stöckelschuhe, die eine Besucherin ausgezogen hat und in denen ich nun stolz herumlaufe. Woran ich mich auch erinnere, ist die anschließende, ängstliche Frage meiner Mutter: »Das stimmt doch nicht, oder? Ich muss mir doch keine Sorgen machen?«

In unserem Gemeindehaus gibt es keine abgeschlossenen Wohnbereiche. Vom Gemeindesaal springt man nur mal eben ins obere Stockwerk und landet durch eine nicht verschlossene Tür direkt in unserer Wohnküche. Nach dem Gottesdienst und auch zu anderen Zeiten sind Besucher deshalb ganz selbstverständlich. In der Gemeinde herrscht eine enge Intimität, fast wie in einer großen Familie.

Diese Vertrautheit hat sehr viel Positives. Man lebt in einem festen sozialen Gefüge. In einer Krise oder Notsituation sind Menschen da, die einem helfend zur Seite stehen. Andererseits birgt diese Vertrautheit auch die Gefahr der Grenzüberschreitung und Übergriffigkeit. So scheint es ganz selbstverständlich, dass Besucher aus der Gemeinde meiner Mutter hier und da ungefragte erzieherische Ratschläge geben. Manchmal hat diese auch darunter gelitten, wie sie mir später erzählt. Kein Wunder also, dass es ihr immer wichtig war, wie die anderen uns sehen, welchen Eindruck wir als Kinder bei ihnen machen. Hinzu kommt, dass in unserem Haus noch fünf weitere Leute leben. Da es keine abgeschlossenen Etagenwohnungen gibt, ist die Barriere, mal eben irgendwo hereinzuschneien, nicht sehr hoch. Einerseits empfinde ich diese Umgebung wie eine Insel der Geborgenheit. Fast alle Bewohner des Hauses, ebenso die meisten Gemeindemitglieder, werden mit »Tante« oder »Onkel« angesprochen.

Diese bunte »Spielwiese«, auf der ich aufwachse, umgeben von vielen vertrauten Menschen, ist gleichzeitig eine Art christliche Parallelgesellschaft, in der ganz klare, auch ungeschriebene Gesetze gelten von dem, was man tut und was nicht. Außerhalb dieses »frommen Ghettos« befindet sich die »Welt«, die so ganz anders und erlösungsbedürftig ist und doch von Gott geliebt wird.

Dieses »andere« fängt schon in unserem Haus an. Im obersten Stockwerk wohnt ein älteres Ehepaar, das dem christlichen Glauben eher distanziert gegenübersteht. Ich mag diese Leute und ihre ruhige, zurückhaltende Art, finde sie irgendwie geheimnisvoll. Wir grüßen uns, wenn wir uns im Flur begegnen. Das ist alles. Ich weiß wirklich nicht, ob wir außer dem Austausch von Grüßen noch weitere Worte wechselten. Der Mann ist leidenschaftlicher Pfeifenraucher. Auch auf der Toilette. Obwohl wir uns kaum kennen, teilen wir uns nämlich diesen sehr intimen Ort miteinander. Damals lag die Toilette auf dem Flur und wurde von mehreren Hausbewohnern benutzt. Ich liebe diesen süßlichen Pfeifengeruch, den unser Hausbewohner hinterlässt. Überhaupt ist die Toilette so etwas wie ein Zufluchtsort für mich, schon wegen des Alleinseins. Sie ist mit einer bunten Mustertapete ausgestattet, die meine Fantasie beflügelt. Auf dieser Tapete erfinde ich meine ganz eigene Welt, in der sich großartige Geschichten abspielen. Immer wieder kommen neue hinzu.

Dann wäre da noch der evangelische Kindergarten, den ich mit fünf Jahren besuche, bis ich mit sieben eingeschult werde, und der ebenfalls zur Außenwelt gehört, und das, obwohl es sich um einen evangelischen Kindergarten mit christlicher Prägung und Ausrichtung handelt. Der Weg zu diesem Kindergarten führt mich direkt an einer lutherischen Kirche vorbei. Obwohl gerade mein Vater den Pfarrern der Landeskirche immer sehr offen begegnet ist und den Kontakt zur Kirche gesucht hat, prägt sich in meine Kinderseele ein: Als Freikirche sind wir nicht nur anders, sondern auch ein wenig besser und richtiger. Aus diesem Grund passiert es tatsächlich, dass ich mit angehaltenem Atem schnell an der Kirche vorbeilaufe, um mich nicht womöglich mit irgendeiner Krankheit anzustecken. Sind es meine Geschwister oder meine Eltern, denen ich beiläufig von meiner Präventionsmaßnahme berichte? Jedenfalls wird mir erklärt, dass diese Maßnahme völlig unnötig sei. Von da an kann ich befreit und wieder normal atmend an der Kirche vorübergehen.

Allerdings birgt der Rückweg am Mittag eine wirkliche Gefahr. Nicht selten lauern mir dann drei, manchmal auch vier Jungen auf. Ich würde sie heute auf neun oder zehn Jahre schätzen. Sie ziehen sich ihre Pudelmützen übers Gesicht, springen plötzlich hinter einer Hausecke hervor und erschrecken mich »zu Tode«. Meistens drohen sie mir, mich beim nächsten Mal zu verkloppen, weiden sich geradezu an meiner Angst. Einmal kreisen sie mich ein, drehen mir den Arm auf den Rücken. Es tut nicht mal sehr weh. Viel schlimmer sind ihr Gelächter und ihr Machtgehabe. Es geht wohl auch anderen Kindern so, doch gerade ich scheine wegen meiner übermäßigen Ängstlichkeit ein beliebtes Opfer zu sein. Wenn ich mich richtig erinnere, erzähle ich weder im Kindergarten noch zu Hause von diesen Erlebnissen. Denn tief in mir ist dieses Gefühl, letztendlich selbst schuld daran zu sein.

Doch machen wir einen kurzen Sprung in die Gegenwart. Mein Mann und ich wohnen gerade direkt neben einem Kindergarten. Manchmal werde ich ungewollt Zeugin von Abschiedsszenen zwischen Müttern oder Vätern und ihren Kindern, die am frühen Morgen dort »abgeliefert« werden. Erst kürzlich höre ich einen kleinen Jungen herzzerreißend weinen und daneben die energische, ungeduldige Stimme des Vaters: »Und du gehst jetzt da rein, basta!« Meine Gefühle von damals kommen wieder hoch. Kindergarten- ebenso wie Schulzeit bleiben für mich ganz und gar angstbesetzt.

Frau Hahn, die Leiterin, von uns »Tante Hahn« genannt, ist eine mütterliche, warmherzige und gleichzeitig resolute Frau. Sie flößt mir sowohl Bewunderung als auch Respekt ein. Deshalb halte ich mich lieber an die »schwächeren« Erzieherinnen, zu denen ich mich flüchten kann. Bei Frau Hahn fühle ich mich immer ein wenig schuldig, so als hätte ich etwas ausgefressen und könnte jederzeit erwischt werden. In der Tat kommt sie mir manchmal wie ein strenger, den Hühnerhof bewachender Hahn vor. Ihren Augen entgeht nichts. Sie scheint mir bis ins Herz zu schauen. Und so empfinde ich immer eine gewisse Scham, wenn sie mich anspricht. »Sicher hat sie einen Grund, mit mir zu schimpfen. Sicher habe ich etwas falsch gemacht.« Ich fühle mich eigentlich immer fremd und falsch. Zwei- bis dreimal laufe ich aus dem Kindergarten fort, immer dann, wenn ich in Panik gerate, zum Beispiel, als ein Arzt kommt, um unsere Schulfähigkeit zu prüfen.

Als ich mit sechs Jahren eigentlich eingeschult werden soll, aber noch als zu schwach und außerdem kränklich beurteilt werde, verbuche ich auch das als selbst verschuldetes Versagen.

Was ist nur mit mir los?

Bin ich ein glückliches Kind? Irgendwie ja. Immerhin erlebe ich Geborgenheit, wachse auf, von Menschen umgeben, die mich lieben und es gut mit mir meinen. Ich fühle mich behütet. Die Gefahren drohen von außen, außerhalb dieses »Nestes«, in dem ich groß werde. Ja, ich habe eine glückliche Kindheit. Etwas anderes zu behaupten, wäre undankbar und unmoralisch. Davon bin ich als Kind fest überzeugt. Umso schwieriger ist es für mich, die Widersprüchlichkeit meiner Empfindungen und Erinnerungen zu verstehen.

Da ist unser gemeinsames Schlafzimmer, das wir uns als sechsköpfige Familie teilen. Ich selbst liege in einem Bett, das an der Wand zum Wohnzimmer steht. Fast an jedem Abend liege ich lange wach, höre nebenan die Stimmen der Erwachsenen und weigere mich einzuschlafen. Da ist dieses brennende, schmerzhafte Gefühl im Genitalbereich, manchmal auch ein furchtbares Jucken. Die Angst beginnt, sobald es anfängt zu dämmern. Die eintretende Dämmerung steigt wie eine Drohung auf die kommende Nacht in mir hoch, und die macht mir Angst. Ich gebe diesem undefinierbaren »Unheil«, das mich erwartet, auch einen Namen: »Böllemann«. Dieser Böllemann lauert mir auf, er kommt in der Nacht, immer dann, wenn es dunkel ist. Selbst später, als ich Orte besuche, an denen ich mich eigentlich sicher fühle, lässt die aufsteigende Dämmerung, der beginnende Abend, immer noch dieses unangenehme Gefühl in mir aufsteigen. In meiner Kindheit übernachte ich manchmal bei meiner Cousine Iris, der Tochter eines Bruders meines Vaters. Ich liebe es dort zu sein. Doch wenn ich zur Toilette gehe, die sich auch hier auf dem Flur befindet, muss sie mich begleiten und warten, bis ich fertig bin. Meine Angst, zwischendurch könnte plötzlich das Licht ausgehen, steigt in mir hoch, sobald ich den Flur betrete. Noch heute mag ich keine Beleuchtung, die von Zeitschaltuhren oder Bewegungsmeldern gesteuert werden. Meine beiden Brüder machen sich nicht selten lustig über meine Angst vor diesem mysteriösen Böllemann, ziehen mich damit auf oder jagen mir in Gestalt des Böllemanns einen Schrecken ein, wie Brüder eben sind.

Als Kleinkind – so hat man mir erzählt – habe ich häufig Fieberkrämpfe. Überhaupt bin ich ein kränkelndes Kind und habe auch später während meiner Schulzeit unzählige Fehlstunden.

Einmal kommt eine Heilpraktikerin zu uns ins Haus, und ein anderes Mal fährt meine Mutter sogar bis nach Hagen zu einem ihr empfohlenen Heilpraktiker. Dies tut sie auf ausdrückliches Drängen meiner Oma, die meine Mutter darauf aufmerksam macht, dass ich einige Marotten hätte, die auf irgendeine Krankheit schließen lassen. »Ilse-Ruth wäscht sich andauernd die Hände. Das ist doch nicht normal!« Der empfohlene Heilpraktiker schaut mich an und sagt: »Dir gefällt es wohl nicht auf dieser Welt?« Dieser Satz klingt mir noch sehr deutlich im Ohr. Doch ich kann nichts damit anfangen, weiß auf seine indirekte Frage nichts zu antworten. Sie bestätigt nur mein Gefühl, nicht normal zu sein. Irgendetwas stimmt eben nicht mit mir. Da kann man nichts machen.

Eine andere Situation ist mir vor Augen. Wir sitzen im Ronsdorfer Vereinshaus, dem sogenannten *Dürselenhaus*, in einer Veranstaltung. Wie alt ich bin, weiß ich nicht. Jedenfalls sitze ich zwischen meinen Eltern und bekomme plötzlich keine Luft mehr. Nein, es ist keine wirkliche Atemnot, aber es ist das Gefühl, nicht mehr atmen zu können, so, als reiche die Luft nicht aus. Mein Vater geht mit mir in den Flur, versucht mich zu beruhigen. Später stehen viele Menschen um mich herum, die mich bedauernd und mitleidig ansehen.

Diese Angst zu ersticken begleitet mich fast mein ganzes Leben und äußert sich sehr unterschiedlich. Manchmal habe ich Angst zu schlucken, oder ein Bissen rutscht einfach nicht hinunter. Im Erwachsenenalter nimmt es einmal ganz bedrohliche Züge an. Ich kann kaum noch etwas essen, brauche extrem lange, um einen kleinen Bissen hinunterzubekommen. Organisch ist aber in meinem Hals alles in Ordnung. Diese Phase dauert ein paar Wochen. Ich verliere viel an Gewicht und halte mich nur noch bei 48 kg auf. Glücklicherweise befinde ich mich zu der Zeit schon in einer Therapie.

Dann ist da noch meine leise, piepsige Stimme, die während meiner Schulzeit immer wieder von verschiedensten Lehrern angemahnt wird. Auch meine extreme Schüchternheit wird hier und da beklagt. »Ist die immer so still?«, fragt ein Lehrer während einer Vertretungsstunde die Klasse. Ein kollektives »Ja« ist die Antwort. Und eine Mitschülerin fügt noch hinzu: »Sie ist auch immer ganz aufgeregt, wenn sie nach vorne kommen muss.«

Um meinen Ängsten zu entfliehen, ziehe ich mich manches Mal in die Kleinkindphase zurück. So erinnere ich mich, dass ich mir von meiner Mutter eine Babyflasche mit heißem Kakao füllen lasse, die ich mit Genuss am Schnuller saugend auf dem Sofa zu mir nehme. Eigentlich bin ich viel zu groß dafür, doch meine Mutter spielt dieses Spielchen mit. Irgendwann kommt meine Schwester herein und macht eine abwertende Bemerkung: »Möchtest du wieder ein Baby sein?«, fragt sie mich. Und sie gibt mir deutlich zu verstehen, dass dieses Verhalten nicht normal und auch nicht gut sei. Damit überrascht sie mich nicht. Denn ich spüre es ja selbst, dass mit mir etwas falsch läuft. Im Grunde genommen schäme ich mich für mein Kleinkindverhalten. Schon als Kind leide ich an depressiven Phasen, und man sagt mir, ich sei so furchtbar schwermütig.

Mit 14 Jahren verliebe ich mich zum ersten Mal unsterblich in einen zwei Jahre älteren Jungen, den ich aus Hollandfreizeiten kenne. Als ich 15 bin, verliebt auch er sich in mich, und wir beginnen eine Freundschaft. Einerseits ist es eine richtig schön schnulzige Teenagerliebe, andererseits eine schwierige, komplizierte Beziehung, geprägt und belastet von meinen Ängsten und meiner Zerrissenheit. Ich mache es meinem Freund wirklich nicht leicht, weiche aus, verstecke mich hinter Ausreden und Scheinargumenten, um weitere Treffen zu vermeiden, und belaste ihn mit meinen dunklen, schwermütigen Gedanken. Letztendlich breche ich die Beziehung ab.

Im späteren Teenageralter – mit 16 oder 17 Jahren – fange ich an, mich mit einer Nadel in den Arm zu ritzen, ganz allein in meinem Zimmer, das ich zu dieser Zeit bewohne. Niemand bekommt etwas davon mit. Auch habe ich hin und wieder den Wunsch, tot zu sein. Dann wäre alles mit einem Schlag vorbei. Die meiste Zeit aber verbringe ich mit Tagträumen, dem Schreiben an eine imaginäre Brieffreundin namens Saori und dem Sammeln von Gedichten. Es sind Gedichte, die ich regelrecht aufsauge, in denen ich mich wiederfinde.

Einmal lese ich eines meiner Mutter vor, und sie sagt erstaunt: »Ich wusste gar nicht, dass du so etwas liest.« Im Stillen denke ich: »Nein, du weißt so vieles nicht.«

Mein Lieblingsgedicht ist *Der Panther* von Rainer Maria Rilke:

Der Panther

Im Jardin des Plantes, Paris

Sein Blick ist vom Vorübergehn der Stäbe
so müd geworden, dass er nichts mehr hält.
Ihm ist, als ob es tausend Stäbe gäbe
und hinter tausend Stäben keine Welt.

Der weiche Gang geschmeidig starker Schritte,
der sich im allerkleinsten Kreise dreht,
ist wie ein Tanz von Kraft um eine Mitte,
in der betäubt ein großer Wille steht.

Nur manchmal schiebt der Vorhang der Pupille
sich lautlos auf -. Dann geht ein Bild hinein,
geht durch der Glieder angespannte Stille –
und hört im Herzen auf zu sein.[2]

Rainer Maria Rilke, 6. 11. 1902, Paris

---

[2] Lebensgut, Ein deutsches Lesebuch für Höhere Schulen, 6. Teil,
 Herausgeber: Erich Kirsch, Andreas Bergmann – Paul Josef Breuer, Paul Rohbeck.
 Verlag: Moritz Diesterweg, 8. Auflage der Neufassung 1969.

In dieser Beschreibung finde ich mich ganz und gar wieder. Das Gefühl, in einem Käfig eingeschlossen zu sein, ist mir sehr vertraut. Doch tief in mir steckt eine ungeheure Sehnsucht nach Leben und Freiheit. Diese Sehnsucht ist ein wahres Gottesgeschenk, sie ist eine Kraft, die mich antreibt zu suchen, immer wieder durch meine Ängste zu gehen und mich schließlich auf einen Prozess der Heilung und Aufarbeitung einzulassen. Doch bis dahin ist es noch ein weiter Weg, und ich werde immer wieder mit dem Gefühl des Andersseins konfrontiert, nicht nur durch meine eigene Wahrnehmung, sondern auch durch Äußerungen meiner Mitmenschen. Sogar als ich schon in meinem Beruf als Krankenschwester arbeite, höre ich, wie eine Mitarbeiterin zu meiner Kollegin sagt: »Mit der stimmt doch etwas nicht. Die ist irgendwie komisch!«

Während meiner Teenagerzeit ist mir unser damaliger Pastor Christian Meier ein Zufluchtsort. Er nimmt sich viel Zeit für mich, hört sich meine Probleme an und gibt mir immer wieder zu verstehen, dass ich ein geliebtes Kind Gottes bin. Ja, er füttert mich geradezu mit einem positiven Gottesbild. Doch ich sage ihm längst nicht alles, verschweige ihm viele meiner gravierenden Symptome und Verhaltensweisen. Zu sehr schäme ich mich dafür.

Zwischen Empathie und Gefühllosigkeit

Das einsame Küken Kott-Kott

Ich glaube, mein Vater hat es irgendwo gewonnen. Sicher bin ich mir nicht, doch eines Tages kommt er mit diesem Buch nach Hause, einem Bilderbuch, geschrieben von Josephine Baker, mit wunderschönen Illustrationen von Piet Worm und dem Titel *Die Regenbogenkinder*.[3]

---

[3] Piet Worm, Josephine Baker, Jo Bouillon: Die Regenbogenkinder. Mulder-Verlag, Emmerich 1957.

Dieses Buch soll nicht eines, sondern das Bilderbuch meiner Kindheit werden. Immer und immer wieder lasse ich es mir vorlesen, vor allem von Tante Anna, einer Frau aus unserer Gemeinde, die uns häufig besucht. Später lese ich es selbst unzählige Male.

Die Erzählung handelt von einem holländischen Küken namens Kott-Kott. Es lebt auf einem Hühnerhof als viertes Kind seiner Hühnereltern und ist im Gegensatz zu seinen Geschwistern rabenschwarz. Nicht nur aus diesem Grund wird es von seinen Geschwistern gemobbt, sondern auch, weil es nur ein Auge hat und deshalb ein Kopftuch trägt.

Eines Tages bricht es aus dem Hühnerstall aus und macht sich auf die Suche nach seinem zweiten Auge, weil es glaubt, dass mit dem Finden seines fehlenden Auges alle Probleme beseitigt sind und es die Anerkennung bekommt, nach der es sich so sehr sehnt. Auf seiner Reise begegnet es vielen obskuren Gestalten, muss einige Gefahren überstehen und landet schließlich bei den Regenbogenkindern, von denen es trotz seines Andersseins vorbehaltlos geliebt wird. Letztendlich begreift es, dass es nicht sein zweites Auge braucht, um geliebt zu sein und das Leben genießen zu können.

Wie sehr habe ich mit Kott-Kott gelitten. Ich selbst bin Kott-Kott, fühle seine Einsamkeit und Angst vor Ablehnung und Zurückweisung. Auf einem Bild trippelt das Küken ganz allein auf einer großen, verlassenen Straße. Immer wieder tauche ich in dieses Bild ein und vergieße dabei viele Tränen. Dann stelle ich mir vor, wie ich das Küken treffe. Ich nehme es auf den Arm, bringe es an einen sicheren Ort und tröste es.

Bei unseren Umzügen ist dieses Bilderbuch leider verloren gegangen. Was für eine Überraschung und Freude, als mir drei meiner Nichten, Andrea, Christina und Kerstin, 2009 bei einem gemeinsamen Wochenende dieses Bilderbuch überreichen. Lange haben sie danach gesucht und es schließlich antiquarisch aufgetrieben.

Ein zweites Buch, das mich durch meine Kindheit begleitet hat, ist die Kinderbibel von dem Niederländer Anne de Vries[4]. Ganz beson-

---

[4] Anne de Vries: Die Kinderbibel. Friedrich Bahn Verlag, Konstanz 1963.

ders die Leidensgeschichte Jesu bis zu seinem Tod am Kreuz beeindruckt mich sehr. Immer und immer wieder lese ich sie und weine mit Jesus. Auch hier identifiziere ich mich mit seinem Schmerz, mit seiner Einsamkeit, dem Nicht-Gehört- und Verstandenwerden, mit seiner Außenseiterposition. In meiner Fantasie stelle ich mir vor, in dieser Zeit zu leben. Ich würde ihm zuhören, würde ihn trösten, würde ihn nicht im Stich lassen.

Das eingeschlossene Gefühl

Dass ich mich mit leidenden, schwachen und ausgegrenzten Menschen identifiziere, zieht sich auch durch mein weiteres Leben. Später in meinem Beruf wird es mir als empathische Fähigkeit ausgelegt. Und das ist es ja auch. Allerdings braucht Empathie Heilung der eigenen Verletzungen und eine klare Grenze zwischen dem Ich und dem Du.

Doch es gibt noch eine andere Seite, und die irritiert mich schon früh und erst recht in einem Alter, in dem ich beginne, mich selbst zu reflektieren. Ich leide mit alten Menschen, Erwachsenen und Kindern, sogar mit Tieren, denen Unrecht geschieht. Doch wenn ich etwas über sexuellen Missbrauch von Kindern höre, lässt mich das völlig kalt. Selbst wenn ich im Erwachsenenalter Berichte darüber im Fernsehen sehe, berührt es mich nicht. Ich fühle rein gar nichts. Nur mein Verstand sagt mir: Das ist nicht in Ordnung. Mein Gefühl aber ist eine erschreckende Gleichgültigkeit, nach dem Motto: Was soll's, ist doch normal oder wenigstens nicht so schlimm. Wie passt das zusammen? Ich ahne ja noch nicht, dass es mit meinem eigenen verdrängten Erleben zu tun hat.

Erst auf meinem Heilungsweg komme ich an diese Wunde heran. Heute wühlt es mich auf, zerreißt mir das Herz und macht mich wütend, wenn ich sehe, was Kindern angetan wird, und das nicht nur durch sexuellen oder gar rituellen Missbrauch, sondern auch durch Überforderung, indem man aus ihnen kleine Erwachsene machen will oder sie vor Entscheidungen stellt, denen sie in ihrer Entwicklung noch gar nicht gewachsen sind. Indem sie instrumentalisiert werden für unsere Ideologien oder wir in ihnen nur die Erwachsenen von Morgen sehen und sie nicht als das wertschätzen, was sie jetzt sind, nämlich wunderbare Kinder, die ein Recht auf Kindheit, auf Schutz und Würde haben. Kindesmissbrauch hat viele Facetten.

Sichere Orte

Nachgeholter Abschied

Wenn ich vom sicheren Ort spreche, meine ich damit Menschen, bei denen ich mich als Kind und auch später als Teenager vollkommen aufgehoben fühle, angstfreie Beziehungen, Personen, denen ich vertrauen kann, die es gut mit mir meinen, mein kindliches Vertrauen bestätigen.

Und Gott sei Dank gab es sie, die wirklich sicheren Orte, wenn auch nicht zu Hause oder zumindest dort nur begrenzt. Ein »sicherer Ort« in meiner frühen Kindheit ist mein Opa, der zweite Mann meiner Oma mütterlicherseits, denn ihr erster Mann ist im Krieg gefallen. Meine Großeltern wohnen in Wetter an der Ruhr. So sprechen wir auch immer von Oma und Opa Wetter im Gegensatz zu Oma und Opa Ronsdorf, den Eltern meines Vaters.

Wenn ich an meinen Opa zurückdenke, kommen herrliche Erinnerungen hoch. Er ist ein wirklicher Spielkamerad, hört mir zu, versteht mich und liebt mich einfach, wie ich bin. Eine vollkommen angstfreie Beziehung. Meine Oma, eine sehr resolute Frau, sicher durch ihre Kriegserlebnisse hart geworden – ihre erste große Liebe ist im Krieg gefallen – macht mir eher Angst. Sie liebt mich auch, das spüre ich. Doch wenn sie mit mir schimpft, und das kann sie sehr gut, fühle ich mich beschämt und eingeschüchtert. Aber nicht nur ich habe Angst vor ihr, auch mein Opa fürchtet sich vor ihrer resoluten Art. Als ich einmal etwas Verbotenes tue und die Folgen in Form eines zerbrochenen Einweckglases unübersehbar sind, zittert mein Opa ebenso wie ich vor ihrer Reaktion. So halten und trösten wir uns gegenseitig, in der Angst vor Strafe vereint, und brüten einen Plan aus, mit dessen Hilfe wir es ihr möglichst gefahrlos beibringen können.

Es muss 1963 gewesen sein. Wir wollen nach einem Besuch bei meinen Großeltern gerade die Heimreise antreten, haben uns bereits verabschiedet und sind auf dem Weg zum Auto. Plötzlich, so hat man es mir später erzählt, renne ich noch einmal zurück, falle meinem Opa um den Hals und drücke ihn liebevoll. Die Erwachsenen lachen: »Du siehst ihn doch bald wieder!« Doch ich habe Opa danach nie mehr gesehen. Es bleibt die letzte Begegnung. Kurz darauf erkrankt er schwer. Ich darf ihn nicht mehr besuchen, weil ich ihn in guter Erinnerung behalten soll. Sein körperlicher Zerfall könnte mich erschrecken. Das empfinde ich als ganz schlimm. Gerade jetzt, wo es ihm schlecht geht, möchte ich doch bei ihm sein.

Als Erwachsene, mitten in meinem Aufarbeitungsprozess, habe ich einen ganz besonderen Traum. Mein Opa ist plötzlich wieder da. Er besucht mich an meinem Bett. Ich selbst bin ein Kind. Wir erzählen und lachen und haben Spaß miteinander. Doch dann sagt er zu mir: »Ich muss jetzt gehen.« – »Ich weiß«, antworte ich, »und ich bin dir nicht böse.« Danach erwache ich mit einem unbeschreiblichen Glücksgefühl. Es ist so, als hätte ich im Traum den Abschied nachgeholt, der mir als Kind verwehrt blieb.

Mit dem Fernglas unterwegs

Als mein ältester Bruder Peter seine zukünftige Frau kennenlernt, bin ich gerade mal sieben Jahre alt und werde eingeschult. Mit seiner guten Wahl macht er auch mir ein Geschenk. Denn wenige Jahre später lerne ich die Eltern von Edelgard und ihrer Schwester Waltraud kennen und gewinne die gesamte Familie Höngen sehr lieb. Viele Wochen verbringe ich in den Ferien bei ihnen und fühle mich ganz und gar zu Hause. Tante Magdalene ist eine temperamentvolle, lustige und warmherzige Frau. Sie liebt Gesellschaftsspiele. So sitzen wir oft gemeinsam am großen Küchentisch und spielen *Elfer raus*. Dabei wird viel gelacht, und es geht hoch her. Onkel Carl wandert für sein Leben gern. Mit dem Fernglas um den Hals unternimmt er viele weite Ausflüge mit mir. Es wird nie langweilig. Nein, es ist immer spannend und lustig mit ihm. Meine spätere Schwägerin Edelgard hat aus Pappmaschee Kasperlepuppen gebastelt. Abends sitze ich mit ihr im Bett, und wir spielen Kasperletheater. Mit Waltraud mache ich ebenfalls lustige Spiele – auch auf der Straße –, und sie nimmt mich mit zum Einkaufen. Manchmal besuchen wir auch eine verwandte Familie, die einen Bauernhof in der Umgebung besitzt. Die vielen Tiere sind für mich der absolute Traum. Zum ersten Mal darf ich die Kühe von der Weide holen. Voller Stolz treibe ich sie zusammen und vor mir her in den Stall, vollkommen überrascht, dass sie mir gehorchen. Ich fühle mich groß und stark und äußerst wichtig.

Bei Onkel Carl ist es ähnlich wie bei meinem Opa. Auch er ist in seiner Ehe der Schwächere, wirkt manches Mal etwas unbeholfen, eher wie ein großes Kind. Und es passiert das Gleiche: Bei ihm fühle ich mich am sichersten. Ich verbünde mich mit ihm, fühle mich auch manchmal sogar stärker als er.

Vis-à-vis mit Adele & Auguste

Zwei alte Damen unserer Hausgemeinschaft in der Blombachstraße haben in meiner Kindheit eine so bedeutende Rolle gespielt, dass sie nicht unerwähnt bleiben dürfen. Um zu ihnen zu gelangen, muss ich nur einmal über den Flur laufen, und schon befinde ich mich in ihrem kleinen und gemütlichen Wohnzimmer.

Davon mache ich mehrmals am Tag Gebrauch. Ob es mir langweilig ist oder ob ich in meinen Augen wichtige Neuigkeiten zu verkünden habe, immer wieder husche ich mal eben über den Flur. Ich weiß nicht, wie viel Zeit ich mit diesen beiden alten Frauen, die ich Tante Dele und Tante Guste nenne, verbracht habe. Ob ich wohl immer willkommen war? Ich weiß es nicht. Auf jeden Fall haben sie mir dieses Gefühl gegeben, ganz gleich, wann ich auch auftauchte. Sie sind für mich ein Ort der Sicherheit, ein Zufluchtsort. Ich fühle mich bedingungslos von ihnen geliebt und angenommen. Allerdings sind sie auch ein wenig verwirrt. Dadurch wirken sie kindlich naiv. Und vielleicht ist es gerade das, was ich so sehr an ihnen liebe. Ich erzähle ihnen von dem, was ich erlebe, und schmücke es grenzenlos aus. Sie hören mir mit staunenden, großen Augen zu und glauben alles. Gerne spiele ich ihnen Streiche; manche Erinnerung daran jagt mir heute noch einen kalten Schauder über den Rücken. Ich verstecke mich, wenn sie gerade nicht im Zimmer sind, eigentlich immer unter der Nähmaschine. Wenn sie hereinkommen, mache ich mich durch Geräusche bemerkbar oder lasse einmal einen aufziehbaren Osterhasen durch das Zimmer hoppeln. Sie erschrecken sich jedes Mal furchtbar und schreien laut auf. Das Schöne ist, dass ich die Streiche beliebig wiederholen kann. Sie sind für die beiden immer wieder neu.

Einmal sitzen wir gemeinsam im Zimmer. Die Tanten lesen Zeitung, während ich in einem dicken Kinderbuch blättere. Es ist mucksmäuschenstill im Zimmer, nur die Wanduhr tickt laut ihren Rhythmus. Was würde wohl passieren, wenn es mitten in diese Stille hinein einen lauten Knall gäbe? Ich schlage mit voller Wucht das Lesebuch zu. Die beiden Tanten springen, soweit es ihnen körperlich möglich ist, aus ihren Sesseln auf und kreischen lautstark. Ich weiß noch, dass ich selbst erschrecke und mich schuldig fühle. »Tut mir leid«, sage ich, »das wollte ich nicht!« Kein Problem. Sie lachen wieder und lieben mich wie eh und je.

Einmal kommt es in einem der neueren Nachbarhäuser zu einem Wasserrohrbruch. Die Feuerwehr rückt mit einem großen Aufgebot an. Ich schaue mit den beiden Tanten aus dem Fenster. Dabei erzähle ich ihnen davon und schmücke die Geschichte auch hier wieder gewaltig aus, lasse sie weitaus gefährlicher erscheinen, als sie in Wirklichkeit ist. Die beiden weinen und sind völlig panisch. Heute denke ich, dass sie sich wohl in den Krieg zurückversetzt fühlten. Ich beruhige und tröste die beiden und fühle mich als »ihre Retterin« groß und stark.

Augenhöhe

Auch später bleibt es so, dass schwache Menschen mir Sicherheit geben. Wenn sie meine Hilfe brauchen, wachse ich manches Mal über mich selbst hinaus. Stark und sicher auftretende Menschen machen mir Angst, geben mir ein Gefühl von Unsicherheit. Ich ziehe mich zurück, verkrieche mich in mein Schneckenhaus oder aber bemühe mich mit aller Kraft, es ihnen recht zu machen, »unterwerfe« mich ihnen. Manipulative Menschen haben daher ein leichtes Spiel mit mir.

Viel später, in der Phase der Heilung wird mir bewusst, dass ich eine Begegnung auf Augenhöhe gar nicht kenne. Vielmehr kenne ich nur ein Oben und Unten. Unterstützt wird das Ganze durch ein extremes Schwarz-Weiß-Denken. Es gibt nur Richtig und Falsch. Nur einer kann recht haben. Zu Hause habe ich nie gelernt zu diskutieren, Meinungen auszutauschen, ja gar miteinander zu streiten. Harmonie war angesagt. Vertritt jemand eine andere Meinung als ich, fühle ich mich bedroht, bin total verunsichert. Entweder passe ich mich an – auf die Weise habe ich manchem zugestimmt, von dem ich nicht überzeugt war –, ziehe mich schweigend und beleidigt zurück. Oder aber ich raste aus und kämpfe wütend für meine Meinung, als ginge es um mein Leben.

Vor allem sind es Männer, die mir auch später immer wieder Angst machen. Sie sind in meinen Augen ohnehin diejenigen, die bis auf ein paar Ausnahmen schon aufgrund ihres Geschlechtes mehr Macht haben. Das Recht ist sozusagen naturgemäß auf ihrer Seite. Meine Angst, dass sie mich nicht ernst nehmen und über mich lachen könnten, meine Angst, von ihnen beschämt zu werden, ist riesengroß. Das zeigt sich auch später noch in bestimmten Verhaltensmustern.

Ich betrete zum Beispiel das Servicezentrum der Bahn, es gibt fünf Schalter, an denen Männer sitzen, am sechsten Schalter sitzt eine Frau. Die berät gerade einen Kunden. Andere Schalter sind frei. Ich warte, bis der Schalter, an dem die Frau sitzt, frei wird.

Selbst heute kann mir das noch passieren. Wie ein Automatismus zieht es mich zum Frauenschalter. Doch heute muss ich schmunzeln und gehe dann ganz bewusst zu dem männlichen Beamten.

Die Decke des Schweigens

Einen Ort habe ich in meiner Kindheit immer als sicher empfunden: die Wohnung meiner Tante Gerda, der jüngsten Schwester meines Vaters, und deren Mann Onkel Heiner. Dort fühle ich mich wohl. Sie selbst haben keine Kinder und genießen meine Besuche. Mit Onkel Heiner ist es immer lustig und unterhaltsam. Tante Gerda kann wunderbar kochen und bereitet für mich meine Lieblingsgerichte wie Pfannkuchen mit Salat zu. Außerdem höre ich sie liebend gern aus ihrer Kindheit erzählen, wie sie beispielsweise zur Erholung zu wildfremden Menschen geschickt wurde, weil sie häufig krank war. Wir haben viele Gemeinsamkeiten: unsere Anfälligkeit für Krankheiten, unsere hohe Sensibilität, auch Ängste und Traurigkeit, wie wir im Bergischen Slang so gerne sagen, »et arme Dier«. Mit Tante Gerda kann ich über viele meiner Befindlichkeiten sprechen. Sie versteht mich und kennt sie auch aus ihrer eigenen Kindheit. Ich fühle mich ihr sehr verbunden. Und eines ist für mich ganz besonders anziehend: Die beiden besitzen im Gegensatz zu meinen Eltern ein Fernsehgerät. So weine ich mit dem Fernsehhund Lassie, fiebere mit dem Pferd Fury, reise mit Jim Knopf und der Wilden 13 durch Lummerland und genieße in der Werbung die Mainzelmännchen. Manchmal liegen wir dabei zu zweit oder sogar zu dritt gemütlich auf dem Sofa. Ein wunderbares Gefühl der Geborgenheit.

Doch eines Tages, ich muss etwa zwölf Jahre alt gewesen sein, erweist sich dieser Ort nur als vermeintlich sicherer Ort. Tante Gerda ist an diesem Nachmittag nicht zu Hause. Ich verbringe die Zeit mit meinem Onkel. Wir liegen auf dem Sofa und schauen Fernsehen. Plötzlich beginnt er mich zu streicheln. Dabei berührt er auch immer wieder intime Orte. Ich finde das unangenehm und stoße seine Hand weg. Doch er tut es immer wieder. Schließlich wehre ich mich massiver. Er steht auf, geht zur Wohnungstür und dreht den Schlüssel herum. Nein, ich habe keine Angst. Er ist mein vertrauter Onkel. Aber ich verstehe nicht, was da gerade passiert und will eigentlich nur noch weg. Mein Onkel setzt sich neben mich aufs Sofa und beginnt, mit mir über »die werdende Frau« zu sprechen. Dabei kommt es auch immer wieder zu unangenehmen Berührungen. Mir ist das peinlich, und eine tiefe Scham erfüllt mich. Schließlich setzt er selbst dem Ganzen ein abruptes Ende und schickt mich nach Hause, allerdings nicht, ohne mich ausdrücklich zu ermahnen, mit niemandem – auch nicht mit meinen Eltern – über das Geschehene zu sprechen. Ich halte mich allerdings nicht daran. Denn von meinen Eltern habe ich gelernt: »Du darfst mit allem, was du erlebt oder getan hast, zu uns kommen, egal, wie schlimm es auch ist!« Ich erzähle ihnen also, was vorgefallen ist. Beide glauben mir. Das ist für mich das Wichtigste. Darauf folgt die Reaktion meines Vaters: »Dort gehst du nicht mehr hin, nur noch mit uns zusammen.« Das finde ich im Nachhinein gut und richtig. Allerdings hätte er meinen Onkel zur Rede stellen müssen. Was mich dann wirklich erschüttert hat, ist seine Aussage: »Du darfst auf keinen Fall Tante Gerda etwas von dem Geschehenen erzählen, sie würde es nicht verkraften!«

Aus heutiger Sicht frage ich mich natürlich, warum mein Vater dies so vehement entschieden hat. Sicher hing es mit seiner eigenen Schuld und der damit verbundenen Angst zusammen. »Was passiert, wenn dieses Fass geöffnet wird?« Andererseits fühlte er sich tatsächlich immer verantwortlich für seine jüngste Schwester. Häufig ging es darum, sie zu schonen und Probleme von ihr fernzuhalten.

Nun stellen Sie sich folgende Situation vor: Mindestens einmal, meistens mehrere Male in der Woche habe ich meine Tante und meinen Onkel besucht. Es war ein fester Bestandteil meines und ihres Lebens. Plötzlich – von jetzt auf gleich – komme ich nicht mehr. Die Besuche werden ohne einen Kommentar einfach abgebrochen. Mein Onkel weiß, warum, meine Tante nicht. Er sagt es ihr nicht. Vielleicht ahnt sie es? Jedenfalls fragt sie immer wieder nach und wirft es mir vor. »Du besuchst uns ja gar nicht mehr, willst wohl nichts mehr von uns wissen, hast keine Zeit mehr für uns!« Und ich sage nichts. Schweigend nehme ich ihre Vorwürfe entgegen, fühle mich schlecht und schuldig. Ja, ich fühle mich schuldig. Ich bin schuld. Das mir so vertraute Gefühl ist wieder da.

Erst sehr viel später, nach dem Tod meines Vaters, habe ich den Wunsch, mit ihr über die wahren Gründe zu sprechen und über meine eigene Trauer, sie nicht mehr besuchen zu dürfen, sie als wichtige

Vertraute meiner Kinderjahre verloren zu haben. Doch ich warte zu lange. Sie stirbt im Juli 2009.

Eines habe ich daraus gelernt: Die Decke des Schweigens, die wir benutzen, um Menschen zu schonen, ist keine wärmende, schützende Decke. Im Gegenteil, sie verursacht diffuse Ängste, stiftet Verwirrung, verletzt in Wahrheit noch mehr und verhindert Heilung und Versöhnung.

Schuld und Schuldgefühle

Es geschieht 2005 auf einem Seminar in Süddeutschland, das ich zusammen mit meinem Bruder und einem weiteren Mitarbeiter leite.

In einer Pause kommt eine Frau in den Vierzigern zu mir und bittet um ein seelsorgerliches Gespräch. Sie plage sich seit vielen Jahrzehnten mit einer Schuld herum, habe immer wieder Jesus um Vergebung gebeten, werde aber diese Schuld einfach nicht los. Als Mädchen im Alter von etwa acht Jahren (genau erinnere ich mich nicht mehr) habe ein Angestellter ihrer Eltern ihr Süßigkeiten geboten. Als Gegenleistung musste sie sich ausziehen und von ihm – überall – anfassen lassen. Sie sei auf diesen Deal eingegangen und fühle sich nun immer noch schuldig. Wie konnte sie nur so etwas tun? Während sie erzählt, wird mir bewusst, wie hier die Schuldfrage vertauscht wird. Sie war das Opfer und fühlt sich als Täterin. Ich frage sie, wer denn hier eigentlich schuldig sei und was Jesus ihr vergeben solle. Im Gespräch kommen wir der Wahrheit auf die Spur. Hier ist ein Erwachsener und da ein Kind. Der Erwachsene missbraucht das Kind auf schändliche Weise. Er allein trägt Schuld und Verantwortung, nicht das Kind. Doch diese Frau schleppt sich nun seit Jahrzehnten mit der Schuld des Täters herum und findet keine Entlastung. Wie tragisch und aussichtslos ist das und was für eine Verdrehung der Wahrheit? Hier und jetzt spricht sie es offen aus, gibt Schuld und Verantwortung an den Täter zurück, wo sie hingehören.

Nach ungefähr einem Jahr laufen wir uns auf einem Gemeindekongress zufällig wieder über den Weg. Sie kommt strahlend auf mich zu und sagt: »Ich bin frei, endlich! Mich trifft keine Schuld.«

»Du bist nicht schuld!« Wie oft müssen Kinder diese entlastenden Worte hören? Grundsätzlich nehmen sie bereitwillig die Schuld auf sich, wenn sie merken, hier stimmt etwas nicht. Sie übernehmen Verantwortung für die Krankheit der Mutter, das Ausrasten des Vaters, die seltsame Stimmung, die zwischen den Eltern herrscht und nicht zu greifen ist.

Eines Abends – ich bin noch im Kindergartenalter – komme ich mit meiner Mutter nach Hause. Mein Vater steht im Flur vor dem Gemeindesaal und ist intensiv mit einer Frau im Gespräch. Plötzlich spüre ich eine Veränderung bei meiner Mutter. Ihre Hand, die meine kleine Hand hält, nimmt einen festen Druck an. Ich spüre ihre Spannung, bekomme Angst. »Wird sie gleich mit mir schimpfen? Was habe ich falsch gemacht?« Oben in der Wohnung kommt es kurz darauf zu einer heftigen Auseinandersetzung zwischen meinen Eltern. Die äußert sich vor allem darin, dass mein Vater schimpft und meine Mutter ihn weinend um Vergebung bittet. (Wofür, frage ich mich heute?) Ich stehe daneben, völlig erstarrt, verstehe nicht, was da gerade passiert. Was habe ich angestellt, dass meine Eltern so wütend und traurig sind? Später, nachdem der Streit verklungen ist, nimmt mich meine Mutter auf den Schoß. Ich zittere am ganzen Körper. Meine Eltern sind erschrocken, nehmen erst jetzt wahr, was dieser Streit in mir ausgelöst hat, und tun nun das einzig Richtige, beteuern immer wieder: »Du bist nicht schuld! Du hast nichts damit zu tun!«

Stellen Sie sich vor, ein Kind wird von einem Erwachsenen, den es liebt und dem es vertraut, sexuell missbraucht. Es spürt, dass die vertraute Person sich verändert. Irgendetwas ist anders, stimmt nicht. Es tut weh, fühlt sich falsch an. Die oft anschließend ausgesprochene Warnung: »Du darfst niemandem erzählen, was wir hier gemacht haben. Das bleibt unser Geheimnis«, bestätigt das Kind in seinem Gefühl: »Hier stimmt etwas nicht und ich bin schuld daran.« Dieses Schuldgefühl entpuppt sich im weiteren Leben als treuer Begleiter und meldet sich in allen möglichen Situationen zu Wort. Es braucht noch nicht einmal einen Anlass dafür.

Ich muss etwa zehn Jahre alt gewesen sein. Wir spielen auf der Straße Federball, damals konnte man das noch, die jüngere Schwester meiner Schwägerin Edelgard und ich. Waltraud wohnt noch zu Hause, und ich genieße die Spiele mit ihr, während ich dort meine Ferien verbringe. Wir lachen und haben Spaß miteinander. Ich bin glücklich. Doch plötzlich – aus heiterem Himmel – legt sich eine schwere Decke auf meine Seele. Nein, Gott freut sich nicht mit mir. Er liebt mich nicht, kann mich nicht lieben. Ich fühle mich schuldig, breche in Tränen aus. Waltraud kommt zu mir gelaufen und nimmt mich in den Arm. Ich schluchze: »Ich komme nicht in den Himmel, ich bin zu schlecht!« Sie beruhigt mich: »Aber natürlich kommst du in den Himmel!« Ihre Worte trösten mich. Ebenso schnell, wie die Verzweiflung kam, ist sie nun auch wieder verschwunden. Ähnliche Szenen spielen sich – nicht nur in diesen Ferien – immer wieder ab.

Eine andere, wirklich tragische Situation: Inzwischen bin ich zehn Jahre älter und mache meine Ausbildung zur Krankenschwester in Elberfeld. Dort wohne ich auch, bin aber an Wochenenden bei meinen Eltern in Ronsdorf. Doch dieses Mal ist etwas anders als sonst. Ich spüre eine seltsame Atmosphäre. Insgesamt ist die Stimmung getrübt. Meine Eltern wirken abwesend und bedrückt. Schließlich halte ich es nicht mehr aus. In der Küche frage ich meine Mutter: »Was ist eigentlich los? Warum seid ihr so komisch?« Meine Mutter flüchtet zu meinem Vater ins Wohnzimmer. »Wir müssen es ihr sagen. So geht es nicht mehr weiter!« Ich bin zutiefst erschrocken. Was kommt denn jetzt? Wir setzen uns gemeinsam aufs Sofa, ich in angstvoller, angespannter Erwartung. Dann erzählt mir mein Vater unter Tränen, was er getan hat. Auf einer Kinderfreizeit in Holland hat er in einem Schlafraum zwei Mädchen durch intime Berührungen missbraucht. Die Mädchen haben es ihren Eltern erzählt, die wiederum haben aus mir nicht bekannten Gründen auf eine Anzeige verzichtet. Mein Vater ist darauf umgehend von aller Mitarbeit in der Gemeinde ausgeschlossen worden. Meine Geschwister wissen längst Bescheid.

Mich, als die Jüngste, wollte man wohl verschonen. Und wie reagiere ich auf dieses Geständnis? »Aber ich habe doch auch so viel falsch gemacht, Papi«, tröste ich ihn und falle ihm um den Hals. Auch hier – mit inzwischen 20 Jahren – versuche ich, meinen Vater durch ein eigenes Schuldeingeständnis zu entlasten, nehme es lieber auf mich, als mein positives Bild von ihm zu zerstören.

Kurz nachdem diese Ereignisse bekannt werden, wird mir eine Nachricht von unserem ehemaligen Pastor Christian Meier, der zu dieser Zeit nicht mehr in Ronsdorf ist, überbracht. Er sei immer noch für mich da, falls ich Hilfe brauche. Ich freue mich sehr über dieses Angebot, und doch, was die Beichte meines Vaters betrifft, möchte ich sie weit von mir wegschieben, mich lieber gar nicht erst damit befassen. »So schlimm kann es doch nicht gewesen sein«, beruhige ich mich selbst. Vielleicht ist da schon diese leise Vorahnung in mir: Wenn ich dort hinschaue, könnte es mich selbst betreffen, und der Schmerz könnte allzu groß werden.

Schulzeit

Dazugehören

Endlich ist es so weit, ich darf zur Schule. Dort erwartet mich eine junge, sehr verständnisvolle Lehrerin, zu der ich schnell Vertrauen fasse. Sie sieht und fördert unsere Stärken, und ich fühle mich wohl in ihrem Unterricht. Bei den Mitschülerinnen und -schülern sieht es da schon anders aus. Da empfinde ich mich eher am Rand, nicht wirklich dazugehörig, irgendwie fremd. Dieses Gefühl zieht sich durch meine gesamte Schulzeit. Außerhalb meines christlichen Umfeldes bin ich eher verunsichert. Wie verhalte ich mich richtig? Was wird von mir erwartet? Wenn ich es im Nachhinein betrachte, ist mir klar, dass ich auch gemobbt wurde. Doch erstens gab es zu dieser Zeit den Begriff *Mobbing* noch nicht, und zweitens hatte es damals bei Weitem nicht die »Qualität« von heute. Die Hemmschwelle ist seitdem enorm gesunken. Wehgetan hat es trotzdem. Meine Schulzeit habe ich von daher als eine äußerst anstrengende Zeit in Erinnerung, nicht nur wegen meiner extremen Schüchternheit und Ängste, nicht nur wegen meines Fromm- und Andersseins, sondern auch deshalb, weil ich immer bemüht war, ein einigermaßen annehmbares Bild abzugeben, um von meinen Klassenkameraden anerkannt zu werden.

Eine Mitschülerin Gabi zeigt Interesse an mir, und ich bewundere sie. Sie weiß, was sie will, wirkt sehr stark und hat die anderen schnell im Griff. Mit deutlicheren Worten: Sie tun, was sie sagt. Aus irgendeinem, mir unerklärlichen Grund mag sie mich. Ich finde Einlass in ihre Clique, und sie bezeichnet mich sogar als ihre Freundin. Natürlich bin sehr bemüht, ihr zu gefallen. Zu ihrem Geburtstag, der mit der Karnevalszeit zusammenfällt, werde ich eingeladen. Dort dürfen wir uns verkleiden, und es wird getanzt. In ihrem Haus herrscht eine völlig andere Atmosphäre als bei uns. Der Umgang mit ihrer Mutter ist eher kameradschaftlich. Außerdem gibt es einen Fernseher.

In meinem Kopf ist verankert, und ich vertrete es auch nach außen, wenn ich gefragt werde: »Wir dürfen keinen Fernseher haben, weil wir Christen sind. Wir dürfen nicht tanzen, weil wir Christen sind.« Obwohl diese Behauptungen so nie aufgestellt wurden, weder von meinen Eltern noch von der Gemeinde. Einen Fernseher gab es halt nicht, und Tanzen war schlicht kein Thema für uns. Ich selbst aber brauche eine Erklärung und habe mir diese zurechtgelegt.

Deshalb hat das Zusammensein mit Gabi durchaus einen Geschmack von Freiheit. Gleichzeitig befinde ich mich aber auf einem neuen, mir unbekannten Terrain und fühle mich wie eine Grenzgängerin, die ständig in der Gefahr steht, diese Grenze zu überschreiten. Mein schlechtes Gewissen meldet sich immer wieder.

Doch dann ist plötzlich etwas anders geworden. Ich werde krank und fehle sehr lange in der Schule. Als ich zurückkomme und freudestrahlend auf Gabi und die anderen zugehe, ignoriert sie mich, wendet sich einfach ab. Auch die Übrigen der Clique würdigen mich keines Blickes. Stattdessen tuscheln sie und lästern über mich, stehen plötzlich kichernd hinter mir und geben mir deutlich zu verstehen, dass ich der

Grund ihres Gelächters bin. Was ist da los? Ich verstehe es nicht. Was habe ich denn getan? Erst nach ein paar Wochen kippt die Stimmung wieder. Plötzlich scheint wieder alles normal zu sein. Ich gehöre wieder dazu. Sie reden mit mir, als sei nichts gewesen. Dieses »Spielchen« wiederholt sich immer dann, wenn ich für längere Zeit wegen Krankheit in der Schule fehle, und das ist oft der Fall. Das heißt für mich: Nach jedem längeren Kranksein habe ich panische Angst vor dem neuen Schulstart.

An einem Abend in der Adventszeit ist es wieder so. Ich habe mit Grippe im Bett gelegen. Nun bin ich gesund, und am nächsten Morgen soll es wieder losgehen. Meine Angst davor ist körperlich spürbar. Wie ein unverdaulicher Kloß sitzt sie mir im Bauch. Ich höre noch den Ratschlag meines Vaters: »Dann geh doch einfach ganz selbstverständlich auf sie zu!« Tja, wenn das so einfach wäre. Diese Selbstverständlichkeit, dieses Verständnis meines Selbst fehlt mir eben. Meine Sicherheit hängt an der Zustimmung und Anerkennung meiner »Freundin« und ihrer Clique. Wenn die fehlt, bricht alles weg.

Doch bei all meinen Ängsten habe ich sozusagen immer einen Trumpf in der Tasche, und der zieht sich durch meine Kindheit. Ich weiß und glaube, dass Jesus bei mir ist. Er begleitet mich in die Schule. Intensiv bitte ich ihn, dass Gabi und die Clique am nächsten Morgen anders reagieren. Auch meine Eltern beten dafür. Und tatsächlich, am nächsten Morgen begegnen mir die anderen mit freundlichen Gesichtern. Ich bin sehr erleichtert. Mit keinem Wort spreche ich ihr merkwürdiges Verhalten an. Zu sehr fürchte ich mich vor einer erneuten Zurückweisung. Ich gehöre wieder dazu, und die Welt ist zunächst in Ordnung!

Furchtbar sensibel?

Schon während der Volksschulzeit drücken mir meine Lehrer das Prädikat »sensibel« auf. Heute sehe ich diesen Begriff positiv. Damals aber empfand ich diese Bezeichnung negativ. Mal abgesehen davon, dass ich die Bedeutung dieses Wortes noch gar nicht kannte. Sensibel ist so etwas wie empfindlich, und das ist negativ. Mein Vater nennt mich nicht selten so, immer dann, wenn ich mich nach seiner Ansicht komisch verhalte, allzu weinerlich daherkomme, zu leise spreche, was ich grundsätzlich tue, bei einer Begrüßung mein Händedruck zu lasch ist oder ich den Leuten nicht ins Gesicht schaue usw. Vor allem auch dann, wenn ich auf Lautstärke oder andere Sinneseindrücke extrem reagiere, heißt es: »Du bist furchtbar empfindlich!« Die Antennen meiner Sinneswahrnehmung habe ich in alle Richtungen ausgefahren. Sie nehmen ungefiltert auf. So fühle ich mich allzu oft überfordert. Der Lärm tobender Kinder in der Pausenhalle, das Anstoßen eines Schülers, der an mir vorbeirennt, all das macht mir Angst. So ziehe ich mich in meine eigene Welt zurück und weiß, dass ich über manche Empfindungen nie sprechen kann. Ich frage mich ja selbst oft genug, ob ich eigentlich normal bin.

In der Volksschule gibt es ein Kellergeschoss mit Fenstern. Die Schächte sind mit einem Stahlgitter abgesichert. Ich trage zwei lange geflochtene Zöpfe, die mit bunt verzierten Zopfspangen zusammengehalten werden. Während einer Unterrichtspause verliere ich eine dieser Spangen. Sie rutscht durchs Schutzgitter, und ich kann sie nicht mehr erreichen. Ich bin von kindlicher Verzweiflung erfüllt, traue mich aber nicht, einen Lehrer oder den Hausmeister zu fragen, ob er mir unten im Keller das Fenster öffnet, was eine Kleinigkeit wäre. So sitze ich später ganz betrübt in meiner Klasse und bekomme vom Inhalt des Unterrichtes nichts mehr mit. Nein, ich bin nicht traurig über den Verlust der Spange, sondern, dass sie, die Spange, nun ganz allein und verlassen dort unten liegen muss. Ich identifiziere mich ganz und gar mit meiner Zopfspange, denn ich kenne das Gefühl der Verlorenheit und inneren Einsamkeit. Ist das normal, oder bin ich zu empfindlich?

Inzwischen habe ich das vierte Schuljahr abgeschlossen. Einige meiner Klassenkameradinnen – Mädchen sind dabei noch die Ausnahme – wechseln zu einer weiterführenden Schule. Auch Gabi ist dabei. Doch ich verschwende keinen Gedanken daran. Auch zu Hause ist das kein Thema. Es ist ganz selbstverständlich, dass ich die Volksschule zu Ende mache, um dann einen Beruf zu ergreifen. Erst dann, als nach dem fünften Schuljahr noch mal einige Schülerinnen auf eine Realschule wechseln, habe ich plötzlich den Wunsch, das Gleiche zu tun. Ich erinnere mich, dass es ein kleiner Kampf war und habe immer noch die Stimme meines damaligen Klassenlehrers im Ohr: »Ja, Ilse-Ruth, du schaffst das, wenn nur das Rechnen nicht wäre...« Meine Mutter hat tausend Bedenken, die sie mir gegenüber klar äußert. Sie hat Angst, dass ich nicht durchhalte, zu häufig krank oder überfordert sein könnte. Heute weiß ich, sie hatte vor allem Angst vor ihrer eigenen Überforderung. Im Nachhinein bin ich stolz, für etwas gekämpft zu haben. Mein Bruder Diethelm tritt – wie so oft – für mich ein. Er setzt sogar durch, dass ich aufs Gymnasium gehe, statt auf die Mittelschule. »Wenn schon, denn schon...!«, so lautet seine Devise.

Gerti Schmitt, die später meine Schwägerin wird, ist Schülerin auf dem Röntgengymnasium in Remscheid Lennep. Da die Anmeldefrist für einen Schulwechsel eigentlich schon überschritten ist, spricht sie mit dem Direktor und setzt sich bei ihm für mich ein. Ich werde angenommen. Von da an beginnt eine tägliche Reise zur Schule und wieder zurück, ein knapp halbstündiger Marsch zum Ronsdorfer Bahnhof, zehn Minuten mit dem Zug nach Lennep und von dort noch mal etwa zwanzig Minuten zu Fuß bis zum Gymnasium. Diesen langen Weg habe ich übrigens kaum als Last empfunden, eher als kleine Auszeit, die ich ganz für mich habe, in der ich meinen eigenen Gedanken und Fantasien nachgehen kann. Bald darauf lerne ich ein Mädchen kennen, das ebenfalls aus Ronsdorf kommt und das Röntgengymnasium besucht. Sie wird regelmäßig von ihrer Mutter zum Bahnhof gebracht und mittags wieder abgeholt. Ich freunde mich bald mit ihr an, und sie und ihre Mutter gabeln mich unterwegs auf dem Weg zum Bahnhof auf. Sicher, mittags bin ich erschöpft und dankbar für diese Mitfahrgelegenheit. Doch mir wird auch etwas genommen: die Zeit mit mir allein, die ich schon als Kind so sehr brauche. Mit diesem Bedürfnis fühle ich mich oft unverstanden. Und anstatt meinen Wunsch auszusprechen, wird so mancher Weg zum Bahnhof zu einem Versteckspiel hinter parkenden Autos entlang, um bloß nicht von meiner Freundin und deren Mutter entdeckt zu werden. So entwickle ich schon damals Vermeidungsstrategien, die das Leben recht mühsam und anstrengend machen.

Die Hand auf der Schulter

Erster Schultag: Wir befinden uns in einem Flur des Gymnasiums und werden auf zwei Klassen verteilt. Ein Lehrer liest die Namen vor, besser gesagt, er rattert sie herunter, und wir müssen uns zuordnen. Ich bin in höchster Anspannung und Erregung. Wurde da gerade mein Name aufgerufen, oder habe ich mich verhört? Ich bin mir nicht sicher. Wenn ich gemeint war, hätte ich mich jetzt zu der Gruppe dort zuordnen müssen. Doch ich bin wie gelähmt, bewege mich nicht von der Stelle. Der Lehrer hat längst weitere Namen aufgerufen. Ich bleibe stehen und rühre mich nicht. Wir Übrig-Gebliebenen bilden nun die Klasse A und beziehen den uns zugewiesenen Klassenraum. Eine Woche lang fällt nicht auf, dass ich mich in der falschen Klasse befinde.

Doch eines Morgens betritt der Direktor den Raum und nennt meinen Namen. »Eine Schülerin, Ilse-Ruth Strauch, ist in die falsche Klasse geraten«, sagt er und führt mich in die Parallelklasse. Dort stehe ich nun vor den mir völlig fremden Schülerinnen und möchte am liebsten im Boden versinken. Doch der Direktor bleibt an meiner Seite, legt mir seine Hand auf die Schulter und macht mich mit viel Herzenswärme der Klasse bekannt. Er nimmt es humorvoll, dass ich in der falschen Klasse war, lächelt mich von der Seite an und wünscht mir ein gutes Einleben in die neue Klasse.

Es ist nicht übertrieben: Noch heute spüre ich diese stärkende, väterliche Hand auf meiner Schulter. Vermutlich wusste er nicht, wie wichtig diese kleine Geste für mich war. Inzwischen lebt er schon lange nicht mehr. Doch ein ausdrückliches Lob und einen herzlichen Dank an alle jene Lehrer, die nicht nur ihren Job machen, sondern ihr Herz sprechen lassen, sei es durch kleine, unbedeutend scheinende Worte oder Gesten. Sie können ein ganzes Leben prägen.

Im falschen Zug

Ein langer Schulmorgen liegt hinter mir. Müde und erschöpft bin ich auf dem Weg zum Lenneper Bahnhof. Da sehe ich schon den Zug auf dem Gleis stehen. Ich nehme die Füße in die Hand und renne los, um ihn noch zu erreichen, habe es gerade noch geschafft! Ich bin im Zug, und schon setzt er sich in Bewegung. Doch zu meinem großen Erschrecken fährt er in die falsche Richtung. Panik ergreift mich. Was soll ich jetzt tun? Da sehe ich schon den Kontrolleur kommen. Ich habe furchtbare Angst, dass er mit mir schimpfen wird, weil ich schwarzfahre, denn für diesen Streckenabschnitt habe ich ja keine gültige Fahrkarte. Ängstlich und zitternd sage ich ihm, dass ich aus Versehen im falschen Zug sitze. Meine größte Angst ist in diesem Moment, dass er mir nicht glauben könnte. Nein, ich bin mir sogar sicher, er wird mir nicht glauben. Seine Reaktion überrascht mich. Er ist sehr freundlich und rät mir, am Hauptbahnhof Remscheid gleich dem Schaffner Bescheid zu geben und den nächsten Zug zurück zu nehmen.

In Remscheid angekommen, steige ich aus und will zunächst seinen Rat befolgen. Doch da ist sie wieder, diese Angst. Wie aus dem Nichts steigt sie in mir auf und wird riesengroß. Erwachsene Menschen machen mir Angst, Männer machen mir noch mehr Angst, Männer in Uniform machen mir erst recht Angst. Wo finde ich einen Schaffner, was soll ich ihm sagen, was, wenn er mir nicht glaubt?

Plötzlich habe ich eine glorreiche Idee, um dem Ganzen zu entkommen: Ich werde zu Fuß zurück nach Lennep gehen. Kein Problem, ich muss mich ja nur an die Schienen halten. Gedacht, getan, ich mache mich auf den Weg. Allerdings nehme ich die falsche Richtung. Ich laufe in Richtung Solingen. Wie lange bin ich unterwegs? Ich weiß es nicht. Inzwischen beginnt es zu dämmern. Irgendetwas stimmt hier nicht. Und schließlich wird mir bewusst: Ich bin in die falsche Richtung gelaufen. Alles wieder zurück. Inzwischen bin ich todmüde, und es ist mir auch egal, was der Schaffner sagt. Total erschöpft komme ich abends – es ist bereits dunkel – endlich zu Hause an. Meine Eltern haben sich große Sorgen gemacht, denn damals gab es ja noch keine Handys.

»Ist das deine Oma?«

Noch im ersten Jahr nach meinem Schulwechsel – 1966 – unternimmt das ganze Gymnasium zum 50. Jubiläum des Schulgebäudes eine Dampferfahrt auf dem Rhein. Auch unsere Eltern sind hierzu eingeladen. Meine Mutter begleitet mich. »Ist das deine Oma?«, fragt mich eine Mitschülerin. Mir ist es peinlich, denn es stimmt ja: Im Gegensatz zu den jungen und teilweise sehr attraktiven Müttern erscheint meine Mutter geradezu wie eine graue Maus, nicht nur alt, sondern auch »altbacken«, konservativ und »fromm«. Auf ihr Äußeres hat meine Mutter nie viel Wert gelegt. Das Geld ist knapp und das Aussehen der Kinder wichtiger. So schäme ich mich wegen meiner Mutter und schäme mich, weil ich mich schäme, denn sie ist doch meine Mutter, und ich liebe sie.

»Oma Wetter«

1963, wir ziehen um, fort aus unserer kleinen Dreizimmerwohnung im Gemeindehaus der Blombachstraße in den sogenannten Ascheweg, der aber in Wahrheit kein Ascheweg ist, sondern viel mehr aus zwei asphaltierten Einbahnstraßen besteht, die einen großen Parkplatz umgeben. Wir sind zu viert, meine Eltern, Diethelm und ich. Die beiden anderen Geschwister leben ja nicht mehr zu Hause. Wir ziehen in die Wohnung der Waagenfabrik Westa, die der Vater meiner damals noch zukünftigen Schwägerin Gerti zusammen mit seinem Bruder führt. Öfter schon habe ich dieses alte Backsteinhaus von innen gesehen, wenn wir dort zu Besuch waren. Immer ist es mir wie ein Palast vorgekommen, das Wohnzimmer mit der hohen Decke, die großen Fenster mit dicken schweren Samtvorhängen. Nun darf ich hier wohnen? Ich spüre die unbändige Freude darauf, aus unserer kleinen beengten Dreizimmerwohnung in dieses »Schloss« zu kommen. Wie sehr wünsche ich mir einen Rückzugsort, ein eigenes kleines Reich, das ich mir nach meinem Geschmack gestalten darf. Bis dahin habe ich ja noch im Schlafzimmer meiner Eltern geschlafen. Im Obergeschoss der neuen Wohnung gibt es auch zwei Zimmer, ein kleines und ein größeres, hinter dem sich noch ein winziger Abstellraum befindet.

Die Sache hat nur einen Haken: Meine Oma aus Wetter soll mit in unser Haus ziehen. Denn jetzt haben wir eine große Wohnung, und da sie inzwischen wegen ihres Alters immer mehr Hilfe braucht, bietet es sich an, sie bei uns aufzunehmen. Ich freue mich auf meine Oma, keine Frage. Trotzdem bin ich ein wenig enttäuscht. Mein Bruder Diethelm bekommt das kleine Zimmer, und ich teile mir das große mit meiner Oma. Aus der Traum vom eigenen Zimmer!

Es beginnt eine sehr schwierige Zeit. Denn wie ich schon erwähnt habe, ist meine Oma eine resolute, sehr dominante und auch etwas verhärtete Frau. Es kommt zu vielen Spannungen in unserem Zusammenleben. Mein Vater hat Probleme mit der dominanten Art, und meine Mutter versucht zu vermitteln. Hinzu kommt meine Tante, die jüngere Schwester meiner Mutter, die quasi bei uns ein- und ausgeht und ebenfalls eine sehr resolute, willensstarke Frau ist. Auch zwischen ihr und meinem Vater kommt es immer wieder zu Spannungen. Ich selbst bewege mich mit meinen beinahe zwölf Jahren langsam auf die Pubertät zu und teile das Zimmer mit meiner Oma. Ich fühle mich von ihr beobachtet und gegängelt. Andererseits koste ich durchaus die Vorteile aus, zum Beispiel, wenn ich krank bin. Dann sitzt sie an meinem Bett und erzählt spannende Erlebnisse aus ihrer Kindheit. Sie kann wunderbar erzählen, und ich liebe diese Zeiten mit ihr. Meine Oma ist eine tiefgläubige Frau, deren Glaube sich aber manchmal mit einem seltsam frommen Aberglauben vermischt. So warnt sie mich vor allem Möglichen, das Unglück bringen soll.

Einmal stehe ich vorm Spiegel. Sie kommt und droht mir: »Steh nicht so lange vor dem Spiegel! Wenn man zu lange in einen Spiegel sieht, kommt der Teufel dahinter hervor!« Zwar glaube ich ihr die Sache mit dem Teufel nicht, trotzdem bleibt ein ungutes Gefühl bei mir haften. Diese Aussage nährt meine Scham, die mich mein Leben lang begleitet hat, ebenso mein Schuldgefühl. Die Aussagen meiner Oma finden einfach einen guten Nährboden. Mit anderen Worten: Sie zurren etwas in mir fest, was in frühester Kindheit in mich eingepflanzt wurde. Sich schmutzig und schuldig zu fühlen, das ist mir vertraut und wird durch die Aussagen meiner Oma nun bestätigt und verfestigt.

Als ich älter werde und meine pubertären Auseinandersetzungen mit meinen Eltern habe, meldet sich meine Oma auch hier wieder zu Wort. Kurz vor dem Einschlafen sagt sie mir: »Weißt du nicht, was in der Bibel steht? Du sollst deinen Vater und deine Mutter ehren, damit du lange lebest auf Erden!« Ich höre heute noch den drohenden Ton in ihrer Stimme und sehe sie mit erhobenem Zeigefinger vor mir stehen.

Schritte vor der Tür

Als ich 14 Jahre alt bin, zieht mein Bruder Diethelm aus. Er verlässt das elterliche Haus und bezieht eine Studentenbude in Bonn. Ich bin traurig, dass er geht. Gerade während meiner Pubertät ist er mir ein wichtiges Gegenüber. Mit ihm kann ich mich wenigstens richtig fetzen. Da geht auch schon einmal das Glas in der Haustür zu Bruch. Gleichzeitig ist er mein großer Bruder, mein Vorbild, dem ich nachzueifern versuche. Und er ist auch derjenige, an den ich mich mit meinem Weltschmerz wenden kann. Er tröstet mich oder bringt mich zum Lachen. Nun verlässt er mich also, und ich bin traurig. Über diesen Verlust tröstet mich aber das frei gewordene Zimmer hinweg. Endlich beziehe ich mein eigenes Reich, einen kleinen Raum mit schräger Decke und sogar einem Waschbecken, zwei kleinen Fenstern mit breiten Fensterbänken und einem Ausblick auf die Fabrik und den Ascheweg. Ich bin begeistert. Meine Oma und ich sind immer noch unmittelbare Nachbarn, aber nun getrennt durch eine Wand. Zwischen unseren Türen liegt noch ein winziger, vom Treppenhaus abgetrennter Flur.

An einem Abend liege ich in meinem Bett und lese vor dem Einschlafen. Da höre ich ihre Schritte auf der Treppe. Das ist nichts Ungewöhnliches. Doch heute Abend ist etwas anders. Ich merke, wie ich beim Hören ihrer Schritte völlig erstarre, so, als würde mein Körper einfrieren. Es beginnt mit panischer Angst, in der ich schnell das Licht ausknipse, und es mündet in eine Erstarrung. Ich liege im Dunkeln und halte die Luft an. Nein, es droht keinerlei Gefahr. Ich weiß, meine Oma wird nicht ins Zimmer treten. Das hat sie noch nie getan. Sie respektiert meine Privatsphäre, seitdem ich »umgezogen« bin. Sie hat wohl mitbekommen, dass ich das Licht ausgeknipst habe. »Du kannst das Licht ruhig anlassen, ich habe es gesehen«, ruft sie durch die geschlossene Tür. In diesem Augenblick empfinde ich große Scham.

Dieses Muster erlebe ich öfter, auch noch als Erwachsene, sogar in meiner Ehe. Ich höre Schritte vor meiner Tür. Mein Mann kommt nach mir ins Bett, und mein Körper friert ein. Angst, Starre, Scham, so die Reihenfolge. Erst später während meiner Zeit der Aufarbeitung wird mir klar, dass es sich um das nächtliche Erleben meiner frühen Kindheit handeln muss.

1973 stirbt meine Oma. Inzwischen bin ich 19 Jahre alt. Zehn Jahre hat sie bei uns gelebt. Zum Schluss muss sie rund um die Uhr gepflegt werden. Meine Mutter erbringt Höchstleistungen. Vor allen Dingen, wenn man bedenkt, dass sich Bad und Toilette im Erdgeschoss befinden, während das Zimmer meiner Oma im zweiten Stock liegt.

Oma Wetter tritt auch später immer wieder in meinen Träumen auf, manchmal sogar heute noch. Sie spielt dort in der Regel keine positive Rolle und erscheint meistens als eine Art moralische Instanz, die mich ermahnt.

Verdrehte Sexualität

Bei unserem Hund namens Treff, der bei uns quasi zur Untermiete wohnt, fällt es mir zum ersten Mal auf. Wir kommen von einem Spaziergang zurück. Treff ist vor lauter Dreck kaum noch als Hund zu identifizieren. Deshalb beschließen wir, ihn zu baden, doch wo und wie bei einem so großen Hund? In unserem altertümlichen Keller befinden sich zwei massive Waschbottiche aus Stein, in denen früher die Wäsche gewaschen wurde. Einen dieser Bottiche hält mein Vater für geeignet. Ich darf dabei sein und zuschauen. Der Hund wird hineingehoben und steht bis zur Brust im Wasser. Ich sehe ihm deutlich an, dass es ihm ganz und gar nicht behagt und er am liebsten das Weite suchen würde. Er tut mir unendlich leid. Doch dann spüre ich plötzlich etwas, das mich irritiert und abschreckt. Als ich den Gesichtsausdruck des Hundes sehe, hilflos meinem Vater ausgeliefert, empfinde ich Lustgefühle. Ich bin entsetzt darüber und versuche sie wegzudrücken. Auch in der weiteren Zeit läuft es in meinen sexuellen Fantasien manchmal so ab, dass ich nur dann Lust empfinde, wenn ich dazu gezwungen werde, wenn es mit Gewalt geschieht und gegen meinen Willen. Ich schäme mich dafür, finde es geradezu abartig, rede mit niemandem darüber. Zu wem sollte ich auch gehen, mit wem sollte ich sprechen, da in unserem Haus Sexualität so gut wie gar nicht thematisiert wird.

Erst später in meiner Therapie lerne ich, diese Zusammenhänge zu erkennen und zu bearbeiten. An Treff werde ich dann den jetzt unausgesprochenen Satz richten: »Warum soll es dir mit meinem Vater besser ergehen als mir? Jetzt siehst du mal, wie das ist!« So bekomme ich hier eine leise Ahnung davon, wie sich durch Erfahrung sexueller Gewalt masochistische und sogar sadistische Charakterzüge entwickeln können.

Vierbeinige Seelentröster

Hasso & Co

Hunde haben von jeher eine Bedeutung in meinem Leben und spielen auch in meinem Heilungsprozess eine große Rolle.

Da wäre zunächst einmal Hasso, ein schwarz-weiß gefleckter Jagdhund. Er hat meinem Opa Ronsdorf, also dem Vater meines Vaters gehört. Nach dem Tod meines Opas hat ihn meine Tante Margret, die älteste Schwester meines Vaters, übernommen. Hasso und ich sind ein Herz und eine Seele. Wenn ich ihm mit meinen drei Jahren gegenüberstehe, begegnen wir uns sozusagen auf Augenhöhe. Ich habe keinerlei Angst vor ihm. Ganz im Gegenteil, ich betrachte ihn als meinen Freund, albere und tolle mit ihm herum, reite sogar auf ihm durch die Wohnung. Er lässt alles mit sich machen. Bin ich traurig, weine ich ihm meine Tränen ins Fell. Er ist wirklich ein treuer, verständnisvoller Kamerad, nimmt mich immer so, wie ich bin. Und ich bin sicher, er liebt mich genauso, wie ich ihn liebe. Noch heute habe ich manchmal den Geruch seines Fells in meiner Nase. Die ganze Wohnung meiner Tante hat nach ihm gerochen. Heute würde ich das sicher nicht mehr als so angenehm empfinden. In meiner Kindheit habe ich es geliebt. Es riecht eben nach Hasso, und Hasso ist mein Freund. Interessanterweise habe ich keinerlei Erinnerung an seinen Tod. Er ist einfach irgendwann nicht mehr da. Habe ich getrauert? Das habe ich mit Sicherheit, doch erinnern kann ich mich nicht.

Als wir von der Blombachstraße in das große Haus am Ascheweg ziehen, ist dort schon ein Bewohner vorhanden, ein Irischer Setter namens Treff, ein wunderschönes Tier mit einem leuchtend braunen Fell. Er war als Wachhund in der Firma und bleibt nun bei uns. Ich liebe ihn sehr und bin tieftraurig, als er schließlich eingeschläfert werden muss. Da findet mein Vater in der Zeitung eine Anzeige: »Welpe zu verschenken!« Wir fahren gemeinsam zu einer Familie in einem großen Mietshaus. Warum sie den Hund abgeben mussten, weiß ich nicht mehr. Auf jeden Fall fällt ihnen der Abschied ganz offensichtlich nicht leicht. Mohrle, so haben sie den schwarzen Spitzmischling genannt, macht auf den ersten Blick einen verängstigten und scheuen Eindruck. Deshalb fühle ich mich ihm sofort sehr nah und schließe ihn in mein Herz.

Neben der Fabrik befindet sich hinter einer langen Backsteinmauer ein Garten. Dort spiele ich viel mit Mohrle. Bald merke ich, dass er sehr gelehrig ist, und ich beginne, ihm alle möglichen Kunststücke beizubringen. Das macht uns beiden ungeheuren Spaß. Voller Stolz führe ich sie meinem Vater vor. Der hat sofort eine Idee, nämlich eine

Zirkusvorstellung mit Mohrle für die Kinder der Freien evangelischen Gemeinde zu veranstalten. Das Fest soll auf dem Hof des neu bezogenen Gemeindehauses in der Bandwirkerstraße stattfinden. Mein Vater, Mohrle und ich finden uns zu einer Generalprobe auf dem Hof ein. Gemeinsam haben wir einen kleinen Parcours aufgebaut. Mein Vater ist der Meinung, dass ich die Kunststücke ansagen soll, denn schließlich habe ich sie ja »erfunden«. Er werde diese dann mit dem Hund vorführen. Ich bemühe mich also, in ansprechender Form die Kunststücke anzukündigen. Es ist die Generalprobe! »Das ist viel zu piepsig. Das hört ja kein Mensch«, ermahnt mich mein Vater. Für meine Begriffe habe ich sehr laut gesprochen. Ich versuche mich zu steigern, schreie mir die Kehle aus dem Hals. »Zu leise«, bleibt die Überzeugung meines Vaters. Und dann erzählt er mir von seiner Zeit beim Militärdienst: »Da haben wir gelernt, unsere Stimmen zu gebrauchen. Bauch rein, Brust raus und den Mund auf!« Schon als Kind empfinde ich diesen Widerspruch, in dem sich mein Vater befindet. Einerseits spricht er vom schrecklichen Krieg, von der furchtbaren Zeit des Nationalsozialismus, und andererseits verherrlicht er geradezu diese Zeit beim Militär.

Mein Stolz und meine Begeisterung über die bevorstehende Zirkusvorstellung haben sich inzwischen verflüchtigt. Und auch die Stimmung meines Vaters hat ihren Nullpunkt erreicht. Hinzu kommt, dass Mohrle keine der antrainierten Aufgaben auch nur annähernd zufriedenstellend erfüllt. Frustriert verlassen wir auf acht Beinen den Austragungsort. Als meine Mutter sich zu Hause erkundigt, meint mein Vater: »Es war schlecht. Mohrle hat nicht pariert, aber auch mit Ille bin ich nicht zufrieden. Sie spricht einfach viel zu leise!« Beim gemeinsamen Abendbrot schlägt er mir vor, selbst die Ansagen zu übernehmen, während ich die Kunststücke mit Mohrle vorführe. »Das ist wohl besser, schließlich hast du sie ihm beigebracht.« In diesem Augenblick fühle ich mich richtig gut. Mohrle arbeitet nur mit mir. Ich habe es geschafft, ihn zu trainieren. Bei meinem Vater verweigert er sich. Ein eigenartiges Gefühl der Überlegenheit überkommt mich, nachdem ich mich gerade noch beschämt fühlte wegen meiner zu piepsigen Stimme. Heute glaube ich, dass Mohrle vor allem meine innere

Spannung wahrgenommen hat und deshalb blockiert war. Die feinen Antennen von Tieren faszinieren mich.

Der Hund muss weg

Keine Frage, meine Mutter ist überfordert mit der Betreuung des Hundes und der gleichzeitigen Intensivpflege meiner Oma. Ich selbst bin inzwischen schulisch sehr eingebunden, sodass mir nur wenig Zeit für das Tier bleibt.

Eines Tages rufen mich meine Eltern zu sich. Mein Vater erklärt mir sehr vorsichtig, dass es für alle, einschließlich des Hundes, das Beste sei, Mohrle einschläfern zu lassen. Ich protestiere nicht, warum? Meine Mutter tut mir leid, Mohrle tut mir leid. Außerdem fühle ich mich schuldig, weil ich mich nicht mehr genug um den Hund kümmern kann. Mein Bruder Diethelm wird damit beauftragt, ihn ins Tierheim zu bringen. Ich komme mit.

Ins Tierheim zum Einschläfern? Das ist schon seltsam. Ein Hund wird beim Tierarzt eingeschläfert, nicht im Tierheim. Hat mein Vater es nur so gesagt? Diethelm erklärt mir unterwegs, dass Mohrle vermutlich nicht eingeschläfert, sondern wahrscheinlich in andere – inzwischen dritte – Hände gegeben werde. Es sei nicht richtig, einen gesunden Hund zu töten.

Heute sehe ich das genauso. Doch damals empfinde ich ganz anders. Lieber würde ich tot sein, als verlassen zu werden, lieber nicht mehr leben, als diesen Schmerz zu empfinden. Ich sehe noch die Augen unseres Hundes hinter dem Käfiggitter. Er sieht uns sehnsüchtig hinterher. Ich fühle mich schrecklich, verrate meinen besten Freund und lasse ihn im Stich. In meiner Kinderseele ist da etwas gerissen, das mich manchmal heute noch schmerzt und wütend macht. Immerhin ist es ein Lebewesen, das eine Bindung mit dem Menschen aufgebaut hat. Dann wird es zu viel, hat ausgedient und wird einfach abgelegt wie ein alter Wintermantel. Nein, richtig ist das nicht!

Der Hund – ein Bild für meine Seele

Wir springen ins Jahr 1982. Inzwischen sind mein Mann und ich zwei Jahre verheiratet. Da lese ich in der Zeitung von einer Mischlingshündin, die acht Welpen geworfen hat. Die sind inzwischen acht Wochen alt und in liebevolle Hände abzugeben. Begeistert erzähle ich es Siegfried, genannt Siegi, meinem Mann. Doch dessen Begeisterung hält sich in Grenzen. Im Gegensatz zu mir hat er keinerlei Erfahrung mit Hunden und ist auch nicht sonderlich interessiert, diese nachzuholen. Ich überrede ihn schließlich, möchte unbedingt wieder einen Hund haben.

So kommt Bessy ins Haus, eine schwarze Mischlingshündin mittlerer Größe mit einem weißen Latz auf der Brust und weißen Spitzen an den Hinterpfoten. Endlich ein Hund, der wirklich mir gehört, für den ich die Verantwortung trage. Erzogen wird er nicht. Ich habe zwar Hundeerfahrung, aber keine Ahnung von Hundeerziehung. Liebhaben reicht, denke ich. Tatsächlich fliegt daran fast unsere Ehe auseinander, an einem temperamentvollen neugierigen Welpen, der sich über alles hermacht, was seinen kleinen spitzen Zähnen nicht standhält. »Der Hund kann nicht bleiben«, wettert mein Mann. Wenn er gehen muss, gehe ich auch, sage ich mir im Stillen und entziehe mich durch endlos lange Spaziergänge. Bessy kommt mir dabei zu Hilfe. Später werde ich zu diesem Zweck keinen Hund mehr brauchen. Bessy lebt noch fast 16 Jahre bei uns, und mein Mann entwickelt doch noch eine Beziehung zu ihr.

Irgendwann beginne ich, von Hunden zu träumen. Ein Traum wiederholt sich dabei immer wieder. Ich finde Bessy irgendwo, eingesperrt, verwahrlost, halb verhungert, habe sie einfach vergessen. Ich bin schockiert und fühle unendliches Mitleid mit ihr. Wie konnte mir das nur passieren? Über die Bedeutung der Träume mache ich mir keine großen Gedanken, bringe es nur damit in Verbindung, dass ich wieder gern einen Hund hätte. Doch dann lässt einer dieser Träume mich aufhorchen. Plötzlich steht im Traum, in dem ich wieder mal eine halb verhungerte Bessy gefunden habe, eine Freundin, bei der unsere Bessy im Garten begraben liegt. Sie scheint sehr besorgt: »Ille, du musst dich um deinen Hund kümmern. Vergiss ihn nicht!« Im Traum spüre ich die Dringlichkeit ihrer Worte. Es geht hier nicht nur um einen Hund. Es geht um mich selbst, und es ist lebenswichtig. Ich werde wach und plötzlich ist mir klar, dass es in diesen Träumen um meine eigene Seele geht, etwas Verletzliches tief in mir, um mein »inneres Kind«, von dem später die Rede sein wird.

Doch was bedeutet das nun konkret? Was muss ich tun? Für mich habe ich eine schnelle Lösung parat. Ich werde mir mehr Zeit für mich selbst nehmen, mehr Zeit zum Nachdenken, zum Beten und zum Entspannen. Ich darf mich einfach nicht mehr so leben lassen, von den Erwartungen der anderen, vom Zeitdruck, von den Dingen, die anstehen. Nein, ich habe noch keine Ahnung, was wirklich hinter meinen Hundeträumen steckt und dass es eigentlich um meine Bereitschaft geht, die Bereitschaft hinzugucken, wahrzunehmen, achtsam mit mir selbst zu sein. Doch da bin ich noch lange nicht.

Weichenstellung

Es muss irgendwann in den Achtzigerjahren gewesen sein. Ich besuche meine Eltern in Remscheid. Auf einem gemeinsamen Spaziergang mit meinem Vater kommen wir an einem Bauernhof vorbei, auf dem einige Hühner munter vor sich hinpicken. Die Wiese ist nicht eingezäunt. Leider hat unser Mischlingshund Bessy einen ausgeprägten Jagdtrieb, und schon ist es passiert. Bevor ich entsprechend reagieren kann, rennt Bessy laut kläffend auf die Wiese und macht Jagd auf die Hühner. Ein Huhn nach dem anderen fällt um und liegt regungslos da. Bald befindet sich keines der Hühner mehr in aufrechter Stellung. Ich bin schier entsetzt, male mir schon aus, wie ich zum Bauern gehe und den Verlust melde. Inzwischen hat unser Hund das Interesse verloren. Hühner, die sich nicht bewegen, üben keinerlei Reiz auf ihn aus. So kommt er zu mir zurück. Kurz darauf ereignet sich eine wundersame Wiederbelebung: Ein Huhn nach dem anderen taumelt zurück auf seine Füße und geht seiner Huhn-gerechten Beschäftigung nach, so, als sei nichts geschehen. Hühner sind eben keine Fluchttiere. Wenn Gefahr droht, fallen sie einfach um und stellen sich tot, bis die Gefahr vorüber ist. Eine klug eingerichtete Überlebensstrategie.

Wenn ein Mensch einer Gefahr ausgesetzt ist, hat er normalerweise zwei Möglichkeiten, dieser Gefahr zu entkommen: sich entweder der Gewalt entgegenzustellen, also zu kämpfen, oder der Gewalt zu entfliehen. Ein Kind, das von einem Erwachsenen missbraucht wird, ist diesem hilflos ausgeliefert. Es kann nicht fliehen, schon gar nicht kämpfen. Was bleibt also übrig? Es stellt sich tot, erstarrt innerlich, friert ein – auch eine Art von Flucht. Die Seele beamt sich weg, um zu überleben. Dieser Automatismus kann sich dann in späteren Situationen, sogenannten Triggern, wiederholen. Die Situation ist eine andere, aber die Gefühle von damals wie Ohnmacht, Ausgeliefertsein sind wieder da. Ich selbst habe diese innere Erstarrung oft erlebt, nicht nur als Kind, auch als Erwachsene, und selbst heute kenne ich sie noch, habe aber gelernt, damit umzugehen.

Zum Beispiel während einer Geschichtsprüfung in der 6. Klasse – damals Untersekunda – meines Gymnasiums. An diesem Tag sollte ich mit einigen anderen Schülern im Fach Geschichte geprüft werden. Wenn sich unser damaliger Geschichtslehrer über unseren Wissensstand erkundigen wollte, ließ er etwa vier ausgewählte Schüler und Schülerinnen in der ersten Reihe Platz nehmen. Er stellte die Fragen, und wer sie beantworten konnte, durfte sich melden. Eigentlich eine recht humane Methode, doch für mich eine große Herausforderung. Mit den Nebenfächern hatte ich generell meine Probleme, da hier vor allem mündliche Beteiligung gefragt war. Meistens war auf meinen Zeugnissen zu lesen: Mündliche Beteiligung mangelhaft. Warum? Ich musste mich zu Wort melden, meine Scham überwinden, laut sprechen, war den Blicken und den Ohren der anderen ausgeliefert.

An diesem Morgen bin ich aber trotz meines Schlafmangels und meiner Aufregung ganz zuversichtlich, denn ich habe mich gut auf die Prüfung vorbereitet. So melde ich mich gleich bei der ersten Frage und gebe die Antwort. Doch leider ist es die falsche, was mir sofort klar wird. Ich habe nicht richtig hingehört, bin zu aufgeregt. Mein

Lehrer hat auf irgendeine Weise deutlich gemacht, dass es eine falsche Antwort ist. Ich erinnere mich nicht mehr an seine Worte. Dagegen sehe ich seinen Blick noch vor mir und erinnere mich kristallklar an die Gefühle und Gedanken, die in mir aufkommen: »Es war die falsche Antwort. Es ist falsch. Ich bin falsch!« Scham, Scham, Scham. Ich erstarre, friere förmlich ein, melde mich nicht mehr, lasse alles Weitere an mir vorbeirauschen. Ich bin nicht mehr da, innerlich abgetaucht. Die Stimmen des Lehrers und der anderen Schüler klingen dumpf und unendlich weit weg. Ich fühle mich wie in einer Dunstglocke. Mein Lehrer, der mich schon länger kennt, da er mich auch in Deutsch unterrichtet und im Vorjahr mein Klassenlehrer war, macht mir keine Vorwürfe, will mir eine neue Chance geben.

Die nächste Prüfung kommt. Ich bereite mich noch intensiver vor. Es ist mir nicht mal eine Qual, denn ich interessiere mich für Geschichte. Am Morgen der Prüfung werde ich mit einem Panikgefühl wach. Was, wenn ich wieder versage? Nein, nicht noch einmal dieses Gefühl der Starre erleben. Ich ziehe mich an, gehe aus dem Haus und nehme kurzerhand einen anderen Weg. Den ganzen Morgen laufe ich ziellos in der Gegend herum, achte sorgfältig darauf, von niemandem gesehen zu werden. Also einsame Wege wählen, auf denen niemand zu erwarten ist. Zur gegebenen Zeit komme ich nach Hause und verhalte mich möglichst unauffällig. Am nächsten Morgen mache ich es wieder so. Doch am dritten Tag wird mir das ständige Herumlaufen zu anstrengend. Ich verstecke mich im Gebüsch der nahe gelegenen Parkanlagen, in einer gemütlichen kleinen Geheimecke, in der man es bei sommerlichen Temperaturen durchaus aushalten kann. Mir ist die Zeit nicht mal lang, denn ich beame mich fort in meine eigene heile Fantasiewelt, in die ich mich so oft schon geflüchtet habe. Die Geheimhaltung meiner täglichen Ausflüge wird allerdings immer schwieriger. Meine Schulfreundin Christa meldet sich ein paarmal telefonisch bei uns. Diese Telefonate laufen immer nach einem bestimmten Muster ab. Christa ruft an und bittet meine Mutter, mich sprechen zu dürfen. Meine Mutter reicht mir den Hörer. Ich verschwinde mit dem Telefon ins Schlafzimmer. Soweit nichts Ungewöhnliches. Doch jetzt lege ich schnell den Hörer auf, bevor Christa etwas sagen kann.

Auf die Dauer geht meine Vermeidungsstrategie nicht auf. Irgendwann fragt Christa meine Mutter, wie es mir gehe, da ich ja schon so lange krank sei. Es kommt zur Aussprache mit meinen Eltern und mit meinem Geschichtslehrer. Dieser gibt sich alle Mühe, mir eine neue Chance zu geben. Das Gespräch mit ihm ist allerdings ein Fiasko, zumindest fühlt es sich für mich so an. Ich bin stumm wie ein Fisch, stehe vor ihm in völliger Erstarrung und Scham. Er geht mit mir zum Schulleiter, der ebenso wie mein Klassenlehrer über mein Schulschwänzen informiert ist, und legt ein gutes Wort für mich ein. Außerdem will er mir eine neue und letzte Chance für die Geschichtsprüfung geben. Am Tag vor der Prüfung bin ich wieder in Panik. Sie legt sich wie eine dunkle, kalte Decke auf meine Schultern. Ich verbanne mein Geschichtsbuch in die hinterste Ecke, lerne nicht mehr, kaufe mir stattdessen eine Packung Zigaretten und rauche zwei davon auf Lunge. Vielmehr versuche ich es, denn mir wird sofort speiübel und ich bekomme Kopfschmerzen.

Am nächsten Morgen geht es mir bis auf ein leichtes Dröhnen im Kopf recht gut. Also rauche ich diesmal drei Zigaretten weitestgehend auf Lunge. Es kommt zum Schwindel und starkem Erbrechen. Meine Eltern melden mich krank. Ich darf zu Hause bleiben. Die Flucht in die Krankheit soll mir später noch sehr vertraut werden. Dann allerdings spielt mein Magen auch ohne Zigaretten verrückt. Meine Seele und mein Körper entwickeln sich zu einem »gut eingespielten Team«. Es kommt zu einem erneuten kurzen Gespräch zwischen meinen Eltern und dem Lehrer. Er bietet mir an, ein paar Fragen schriftlich zu beantworten. Doch ich müsse nicht, wenn ich nicht wolle. Und ich will nicht. Mittlerweile habe ich das Gefühl, nur noch von meiner Angst beherrscht zu werden. Wenn ich mich auf den Inhalt der Prüfung zu konzentrieren versuche, verschwimmt alles in einer brodelnden Masse panikartiger Erregung. Ich bin unfähig, einen klaren Gedanken zu fassen. Dieses Gefühl soll mir mit der Zeit immer vertrauter werden. Kurz zuvor hat mich mein Mathematiklehrer, der von meinem geplanten Schulabgang gehört hatte, noch ermutigt, bis zum Abitur weiterzumachen. Auf seine Frage, warum ich die Schule verlassen wolle, antworte ich: »Aus gesundheitlichen Gründen!«

Seit Langem geht es nur noch um Schadensbegrenzung. Das Bleiben auf der Schule ist jetzt keine Option mehr. Auch die Stimmen der Lehrer, die vor Wochen noch für mein Durchhalten plädiert haben, empfehlen mittlerweile einen Schulabgang mit dem Abschluss der Mittleren Reife. Und ich selbst? Ich bin hin- und hergerissen, fühle mich einerseits als Versagerin, andererseits will ich nur noch dieses Problemfeld verlassen. Gleichzeitig bin ich traurig und habe Angst, eine Chance zu verpassen. Von meinen inneren Auseinandersetzungen weiß niemand: »Ich möchte aufhören«, ist und bleibt meine stereotype Antwort.

Habe ich da gerade über mein weiteres Leben entschieden, aus Angst und Panik heraus?

Die Flucht geht weiter

Die Schule bin ich los, doch was fange ich nun mit meinem Leben an? In welche berufliche Richtung könnte es gehen? Mir ist klar, dass ich irgendetwas Soziales tun möchte.

Meine Tante Lisa, die viele Jahre in Bethel bei Bielefeld als Krankenschwester gearbeitet hat, ist mir immer ein Vorbild gewesen. Als Kind habe ich viel mit ihr unternommen, denn sie wohnte noch lange bei meinen Großeltern in Wetter an der Ruhr, wo ich nicht selten meine Ferien verbrachte. Ihre Leidenschaft für ihren Beruf und die Patienten, die sie pflegte, hat mich immer fasziniert. Seit einiger Zeit ist sie in einem kleinen privaten Altenpflegeheim beschäftigt. Wäre das nichts für mich, um überhaupt erst einmal etwas zu tun und mich beruflich zu orientieren?

Ich sage zu und fange im Oktober 1972 dort an. Wenn ich diese ca. drei Monate im Nachhinein bedenke, kann ich sie nur mit einem Wort beschreiben: Chaos! Ich werde versuchen, dieses Chaos ein wenig zu ordnen. Da ist zunächst die Gründerin des Altenpflegeheims, eine liebenswerte, ältere Frau. Ihre warme, mütterliche Ausstrahlung gibt mir ein Gefühl von Sicherheit. Ich fühle mich wohl in ihrer Nähe. Da ist ihr Mann; vor ihm habe ich Angst. Er spricht nicht mit mir, scheint mich aber zu beobachten. Bei den Mahlzeiten sitze ich mit ihm und den anderen Mitarbeitern am Tisch. Immer habe ich das Gefühl, mich seinen Blicken entziehen zu müssen. Nur ein Gefühl? Wohl eher nicht, denn eine Mitarbeiterin zitiert eines Tages eine Aussage dieses alten Mannes: »Die Kleine würde ich gerne mal vernaschen!« Das Ehepaar hat einen Sohn und eine Tochter, die mit ihrem Mann zusammen das Heim leitet. Die Bewohner des Heimes sind alte, darunter bettlägerige, zum großen Teil demenzkranke Menschen. Und es gibt noch eine Altenpflegerin, die mich später unter ihre Fittiche nehmen wird, nachdem meine Tante den Arbeitsplatz verlassen hat.

Stellen Sie sich ein kleines Nest auf dem Land vor, ein altes Haus, dunkle Räume, dunkler Flur, immerhin ein kleines Zimmer, das ich für mich allein habe. Die meisten der Bewohnerinnen sind geistig verwirrt. Ich fühle mich überfordert, habe Angst, die Herausforderungen nicht zu bewältigen, den an mich gestellten Erwartungen nicht zu entsprechen. Das mir allzu vertraute Gefühl stellt sich ein. Außerdem hänge ich meinem Abschiedsschmerz von der vertrauten Umgebung zu Hause und von der Schule hinterher, verbunden mit den an mir nagenden Zweifeln, ob ich richtig entschieden habe. War es nicht doch ein Totalversagen? Habe ich mir jetzt alles verbaut? Wie soll ich jemals mein Leben in den Griff bekommen?

In meinem Tagebuch von damals habe ich es schwarz auf weiß: Tatsächlich greife ich schon am dritten Tag nach meiner Ankunft zu meiner altbewährten Methode: Ich ziehe mich an, tue so, als wolle ich spazieren gehen. In Wirklichkeit bin ich wieder auf der Flucht, laufe quer über die Felder. Die grobe Richtung, in der die nächste Stadt liegt, kenne ich und bewege mich mit einigen Schlenkern darauf zu. Wie lange ich gebraucht habe, weiß ich nicht mehr. Es ist auf jeden Fall ein entsetzlich langer und mühsamer Weg. Ich komme total erschöpft in der Stadt an. Es dämmert bereits. Eigentlich habe ich vor, so lese ich in meinem Tagebuch, die Nacht in irgendeinem Gebüsch zu verbringen – für ein Hotel reicht das Geld nicht – und am nächsten Morgen mit dem Zug nach Hause zu fahren. Wie absurd! Jedenfalls ist letztlich meine konkrete Angst vor einer Nacht im Freien nun größer als die eher diffuse Angst, die mich immer zum Weglaufen antreibt. So laufe ich zum Bahnhof und rufe meine Eltern an. Meine Mutter ist inzwischen vom Heimleiter über mein Verschwinden informiert worden. Sie informiert nun wiederum den Heimleiter, der mich sofort vom Bahnhof abholt. An das Gespräch im Auto, falls es überhaupt stattgefunden hat, habe ich keinerlei Erinnerung. An was ich mich dagegen sehr gut erinnere, ist eine Aussprache mit meiner Tante Lisa. Kein Vorwurf über meine Flucht, keine Frage: »Warum bist du nicht zu mir gekommen?«, kommt über ihre Lippen. Nichts dergleichen, stattdessen nimmt sie mich in den Arm und spricht mir Mut zu. So erzähle ich ihr, dass ich schon mehrfach abgehauen bin, auch aus der Schule. Ihre Reaktion darauf werde ich nie vergessen: »Na und, ist das denn schlimm? Dann bist du eben weggelaufen.« Eine solche Antwort hätte ich von ihr nie erwartet. Ausgerechnet sie, die für mich immer ein großes Vorbild war, die ihr Leben meistert, zielstrebig durchs Leben geht und dabei immer sie selbst bleibt, unabhängig und auch – so empfinde ich es – manchmal eigensinnig. Ausgerechnet diese resolute Tante reagiert mit solchem Großmut und wertet meine Eskapaden nicht als Versagen. Wie gut mir das tut. Ich spüre es heute noch, dieses Gefühl, wertgeschätzt zu sein und zu bleiben, obwohl ich nach eigenem Empfinden dermaßen versagt habe.

Leider bleibt Tante Lisa nicht lange. Sie fühlt sich dort nicht besonders wohl. Schon bald geht sie zurück in ihr geliebtes Bethel. Ich dagegen bleibe und arrangiere mich allmählich mit den Gegebenheiten. Meine Vermeidungsstrategien hören allerdings damit nicht auf. Einmal schließe ich mich im Zimmer ein und ziehe von innen den Schlüssel ab, um meine Abwesenheit vorzutäuschen. Soweit ich mich entsinne, verbringe ich einen ganzen Tag eingeschlossen im Zimmer, bis der Heimleiter eine Vermutung hat und mit einem Zweitschlüssel die Tür öffnet. Warum ich das tue, ist mir selbst nicht klar. Ich weiß nur, was dem vorausgegangen ist: ein plötzlich auftretendes Gefühl von Ohnmacht und totaler Hoffnungslosigkeit. Ich fühle mich ausgeliefert und sehe keinerlei Ausweg, diesem Dilemma zu entkommen. Meine Vernunft schaltet sich aus, ich reagiere irgendwie.

Was ich während meiner Zeit dort auch kennenlerne, ist die angenehm betäubende Wirkung von Alkohol. Zum Abendessen gibt es Bier, das ist die harmlose Variante. Daneben wird nicht selten ein Gläschen Jägermeister getrunken, das süß schmeckt und in größeren Mengen ein herrliches Gefühl erzeugt. Die Altenpflegerin, von der ich anfangs erzählte, nimmt mich mit auf Kneipentour. Ich trinke Cola mit Rum, im Hintergrund hört man deutsche Schlager aus einer Musikbox. Nach einiger Zeit stellt sich jedes Mal dieses herrliche Gefühl ein. Es erscheint alles viel leichter und weniger aussichtslos.

An einem Abend – die Altenpflegerin ist ausgegangen – hänge ich in meinem Zimmer herum und versinke wieder mal in einem Strudel von Weltschmerz und Hoffnungslosigkeit. Ich gehe nach nebenan. Die Tür der Altenpflegerin ist nicht abgeschlossen. Und da sehe ich die Flasche in der Ecke stehen, noch zwei Drittel gefüllt, nein, es ist kein Jägermeister, irgendein Schnaps. Ich nehme die Flasche mit in mein Zimmer, probiere den ersten Schluck. Es schmeckt scheußlich. Trotzdem trinke ich weiter, bis ich die erste Wirkung spüre. Ich trinke weiter, so lange, bis die Umgebung immer mehr vor meinen Augen verschwimmt. Ich weiß nur noch, dass ich mit äußerster Kraftanstrengung auf allen Vieren mein Bett erreiche. Dieses dreht sich wie eine Schiffschaukel hin und her. Wo ist oben, wo sind unten, vorne und hinten? Ich weiß es nicht. Bald bin ich eingeschlafen. Als ich wieder zu mir komme, ist mir speiübel. Meine Nachbarin steht neben mir, zerrt mich aus dem Bett. Bis zum Waschbecken schaffen wir es gerade noch. Dann ergießt sich der gesamte Inhalt meines Magens ins Waschbecken. Das ist gut so, vermutlich wäre ich sonst mit einer Alkoholvergiftung ins Krankenhaus gekommen.

Nach diesem Erlebnis bin ich kuriert. Nie wieder einen derartigen Alkoholexzess erleben. Ich bin froh und dankbar, sehe es als Schutz Gottes, der seine Hand über mich gehalten hat.

Trotzdem rückt Gott für mich in dieser Zeit immer mehr in die Ferne. So wie ich bin, kann er mich nicht wirklich lieben. In der nahe gelegenen Stadt gibt es eine Freie evangelische Gemeinde. Dort besuche ich in der Anfangszeit noch den Jugendkreis. Der Sohn des Hauses fährt mich freundlicherweise dorthin. Doch bald schon habe ich keine

Lust mehr zu diesen Besuchen. Ich fühle mich wie in zwei Welten, in denen ich lebe. In der »christlichen« begegne ich meiner Trauer und meinem Schmerz. Da ziehe ich die Welt der Vermeidung vor. Besonders eindrücklich zeigt es sich in der Aussage einer Teilnehmerin des Jugendkreises, die mir an einem Abend sagt: »Du stinkst nach Bier!« Das ist mir peinlich, ich fühle mich schlecht. So ziehe ich die Konsequenzen, gehe nicht mehr hin.

Die Altenpflegerin nimmt mich unter ihre Fittiche. Dies tut sie sehr intensiv und bald spüre ich, dass sie auch sexuelles Interesse an mir hat. Ich will diese Verbindung nicht. Sie ist mir eklig, trotzdem wehre ich mich nur halbherzig, lasse mich auf vieles ein, aus Angst, diese Beziehung, die mir scheinbaren Halt gibt, zu verlieren, und dann ganz allein dazustehen. Einen Fluchtpunkt gibt es allerdings noch, den Sohn des Hauses. Er ist mir nicht unsympathisch und ich ihm anscheinend auch nicht. Ich verliebe mich in ihn. Als es ernst wird, bekomme ich Angst vor einer festen Bindung. Das Gefühl der Panik meldet sich wieder. Auch das wiederholt sich öfter in meinem Leben. Und auch hier lasse ich mich auf sexuelle Spielereien ein, von denen ich wahrnehme, dass ich sie eigentlich nicht will. Ich spüre meine Unfähigkeit, Grenzen zu setzen. Ja, ich kenne sie nicht mal, meine eigenen Grenzen. Wo fange ich an, wo höre ich auf? Wo beginnt der andere? Das alles werde ich erst viel später erkennen und einüben.

In dieser schweren Zeit gibt es aber auch wirkliche Zufluchtsorte, die ich nicht verschweigen will. Neben der alten ehemaligen Heimleiterin und Gründerin und deren Tochter, die quasi meine Chefin ist und immer ein offenes Ohr für mich hat, ist da noch der Pastor aus der Freien evangelischen Gemeinde, den ich aus früheren Zeiten in meiner Heimatstadt kenne. Ab und zu besuche ich ihn und seine Familie und erlebe ein Stück Geborgenheit. Ich erinnere mich gut an die Adventzeit, in der wir alle gemütlich zusammensitzen und er eine Geschichte vorliest. Das sind für mich heile Augenblicke, in denen ich mich vertraut und heimisch fühle. Mit meinem inneren Schmerz gebe ich mich allerdings nicht zu erkennen.

Das Clicker-Prinzip

Wenn unser dreijähriger Golden Retriever namens Itthai – ein ausgebildeter Therapiebegleithund – nicht weiß, was ich von ihm möchte, zeigt er ein amüsantes Verhalten. Er spult alles ab, was er bisher gelernt hat, alle möglichen Tricks, das volle Programm. Dabei legt er ein ungeheures Tempo vor, das sich immer mehr steigert. Er dreht völlig auf und zeigt ein fahriges, aufgekratztes, ja geradezu panisches Verhalten. Ein beeindruckender Auftritt, der mir die Frage signalisiert: »Was um alles in der Welt muss ich jetzt tun, damit ich als Bestätigung ein gesprochenes »Fein« oder das Geräusch des Trainingsclickers höre, um dann das Leckerchen zu bekommen?« Für einen Hund ist das völlig normal. Er reflektiert sein Verhalten nicht, sondern lernt ausschließlich durch Verknüpfung. Das Geräusch des Clickers – exakt im Augenblick des richtig ausgeführten Verhaltens – ist ein positives Signal. Es bedeutet: Gut gemacht! Und es folgt eine Belohnung.

Auch Kinder lernen durch Verknüpfung und brauchen positive Bestätigung. In der weiteren gesunden Entwicklung lernen sie dann, selbst zu reflektieren und zu analysieren, zwischen Richtig und Falsch zu unterscheiden und eigene Entscheidungen zu treffen, eben erwachsen zu werden.

Wenn ich im Nachhinein meine Schulzeit und vor allem meine Berufsausbildung anschaue, denke ich, dass diese Entwicklung bei mir gestört war. Natürlich bin ich auch zu jener Zeit durchaus in der Lage, eigene Entscheidungen zu treffen, befinde mich aber immer noch auf der Suche nach Bestätigung. Bleibt sie aus, bin ich zutiefst verunsichert. Fehlende Bestätigung oder gar Kritik kommen einer Infragestellung meiner Existenzberechtigung gleich. Das Grundgefühl »Ich bin falsch!« zieht sich auch durch meine gesamte Ausbildungszeit.

Berufswahl

Wieder zu Hause von meinem Praktikum im Altenheim habe ich noch keine Ahnung, in welche Richtung es weitergehen könnte. Irgendetwas Soziales? Ja, das wäre nicht schlecht. Mein ältester Bruder Peter ist seit 1966 Pastor in Hamburg-Sasel. Oft genug habe ich Ferien bei ihm und seiner Familie gemacht. Diese Stadt fasziniert mich sehr. Jetzt bin ich wieder dort. Ich wohne bei meinem Bruder und meiner Schwägerin, bin aber tagsüber oft mit meiner Schwester Bärbel unterwegs, die mit meinem Schwager Uwe ebenfalls in Hamburg lebt. Bärbel ist zu dieser Zeit mit ihrem ersten Kind schwanger und hält sich zur Bekämpfung ihrer Übelkeit am liebsten draußen an der frischen Luft auf. So sind wir Tag für Tag in Hamburg unterwegs und genießen die Stadt und unser Zusammensein sehr.

Eines Tages kommen wir am Krankenhaus »Elim« vorbei, das zum Diakonischen Werk des Bundes Freier evangelischer Gemeinden gehört. Gerade noch haben wir uns über meine weitere Zukunft unterhalten. Warum eigentlich nicht Krankenschwester werden und warum nicht gleich hier? Durch entsprechende Mädchenromane hatte ich immer schon gewisse Ambitionen, allerdings mit einer äußerst idealisierten Vorstellung von diesem Beruf.

Wie dem auch sei, meine Schwester ermutigt mich zu dieser spontanen Idee. So betreten wir das Krankenhaus und suchen die Leitung der Krankenpflegeschule auf. Der neue Kurs hat bereits angefangen. Trotzdem ist die leitende Schulschwester bereit, mich noch aufzunehmen. Nun geht alles sehr schnell. Unterlagen einreichen, Packen, Umzug nach Hamburg, Einzug ins Schülerinnenwohnheim. Die Klasse hat in Anatomie schon einige wichtige Grundlagen gelernt, doch eine Mitstreiterin nimmt sich meiner an und hilft mir, das Versäumte aufzuholen.

Eine schöne und schwere Zeit beginnt für mich. Schön, weil es viele freundliche, hilfsbereite, mir wohlgesonnene Menschen gibt. Schön auch deshalb, weil die Stadt kulturell viel zu bieten hat und wir das nutzen. Wir besuchen auch die sogenannte Gospel-Night in der

Freien evangelischen Gemeinde am Holstenwall, und wir gehen zum »Dom«, der Hamburger Kirmes. Die freien Wochenenden kann ich bei meinem Bruder und seiner Familie verbringen. Auch der Umgang mit den Patienten macht mir Freude. Schwer ist es deshalb, weil meine »treuen Begleiter« – Angst, Scham und Schuldgefühle – immer an meiner Seite sind. Ich habe ständig Angst, etwas falsch zu machen, den Erwartungen nicht zu entsprechen, als unfähig entlarvt zu werden. Meine resolute Stationsschwester gibt mir Anweisungen. Wenn ich sie nicht richtig verstehe, traue ich mich nicht nachzufragen, sondern tue lieber irgendetwas – ähnlich wie mein Hund Itthai – und sei es das Falsche. Zum Beispiel komme ich mit der altertümlichen Personenwaage nicht zurecht. Statt zu fragen, schreibe ich irgendein Gewicht auf. Die Stationsschwester reagiert: »Na, dann wollen wir diese Zahl mal glauben.« Ich fühle mich schlecht und schäme mich. Doch zuzugeben, dass ich mit etwas nicht zurechtkomme oder es nicht verstanden habe, käme für mich einer Bankrotterklärung gleich.

Inzwischen ist meine Schwester mit ihrem Mann in das neu erbaute Haus nach Sievershütten bei Kaltenkirchen gezogen. Auch mein Bruder Peter verlässt Hamburg und zieht nach Witten ins Ruhrgebiet. Eine Fahrt zu meiner Schwester mit öffentlichen Verkehrsmitteln ist eine kleine Weltreise. Ich habe keine Anlaufstelle mehr und fühle mich zunehmend verloren in dieser großen Stadt. Der bekannte Weltschmerz ist wieder da. Hinzu kommt, dass mir bei einem Besuch zu Hause in der vertrauten Umgebung bewusst wird, was ich aufgegeben habe. Ich sehne mich zurück.

Eines Tages ist es dann so weit. Ich packe heimlich meinen Koffer und mache mich mit dem Zug auf den Weg nach Hause. Selbst meiner Schwester und meinem Schwager sage ich nichts. Denn die würden mich davon abhalten. Meine entsetzten Eltern nehmen nach meinem Eintreffen sofort Kontakt mit dem Krankenhaus auf. Und ich fahre in Begleitung meiner Mutter schweren Herzens zurück nach Hamburg. Ein Gespräch mit einem für die Krankenpflegeschule zuständigen Arzt ist anberaumt. Es wird eine schreckliche Unterredung in eiskalter Atmosphäre, auf der einen Seite der Arzt hinter seinem Schreibtisch, ihm gegenüber meine Mutter und ich. Meine Mutter sitzt ängstlich und in sich zusammengekauert auf ihrem Stuhl. Ich schaue den Arzt nicht an, richte stattdessen meine ganze Aufmerksamkeit auf einen Schlüsselbund, den ich in der Hand halte. Nicht nur ich, auch meine Mutter fühlt sich wie ein kleines dummes Schulmädchen, wie sie mir später gesteht. Der Arzt erklärt uns, ihm sei zu Ohren gekommen, dass es in unserer Familie Depressionen gegeben habe und sich von daher ja auch mein Verhalten erklären ließe. Wie zwei gescholtene Kinder verlassen wir beide schließlich den Raum. Meine Mutter reist mit der an mich gerichteten Ermahnung, doch bitte bis zum Ende der Ausbildung durchzuhalten, wieder ab. Doch genau das tue ich nicht. Schon bald darauf bin ich mit ihr in einem Vorstellungsgespräch im *Bethesda*-Krankenhaus Wuppertal. Hier kann ich in den bestehenden Kurs wechseln. Allerdings sieht der Lehrplan völlig anders aus. Deshalb entscheide ich mich letztendlich nach einem knappen Jahr in Hamburg, hier in meiner Heimatstadt noch einmal ganz neu anzufangen – eine gute Entscheidung.

Doch auch hier ist die Lehrzeit neben allem Schönen sowie vieler liebenswerter Menschen um mich herum, seien es meine Mitschülerinnen, Unterrichtsschwestern, Ärzte und Patienten, eine angstbesetzte Zeit. Auch hier lebe ich in dem vertrauten Muster und entziehe mich durch Flucht, wenn mich die Panik überfällt. Jede noch so kleinste Kritik verunsichert mich, ja, zieht mir geradezu den Boden unter den Füßen weg. Gleichzeitig meistere ich die Herausforderungen, werde von den Patienten geliebt und bekomme Bestätigung. Auch Ärzte und Schwestern schätzen mich. Doch immer wieder falle ich in ein emotionales Loch. Eine der Schulschwestern sagt mir einmal: »Ach, Ilse-Ruth, warum machen Sie sich das Leben nur so schwer?«

In der ersten Zeit teile ich mir mit Doris ein Zimmer. Wir verstehen uns gut, tauschen uns über vieles und sehr Persönliches miteinander aus. Ich habe Vertrauen zu ihr. Sie ist warmherzig und mitfühlend. An einem Morgen erhalte ich einen Brief von ihrem Freund. Darin schreibt er sinngemäß: »Ille, du belastest meine Freundin mit deinen vielen Problemen und deinen depressiven Phasen. Ich habe Angst, dass sie das nicht verkraftet.« Ich fühle es noch heute: Eine eisige Starre durchzieht meinen ganzen Körper. Die Scham ist mit Händen zu greifen. Ich bin eine Belastung. Das kenne ich doch. Hat es nicht auch meine Mutter oft genug gesagt? Ja, das Leben mit mir ist anstrengend. Ich selbst empfinde es ja genauso.

Ingrid, meine folgende Zimmernachbarin, ist da ganz anders. Sie sagt, was sie denkt. Dabei war ihr Leben, zunächst in einem Heim und später in einer Pflegefamilie, ganz und gar nicht einfach. Ich dagegen bin doch in die Geborgenheit einer heilen Familie hineingeboren. Warum meistert Ingrid ihr Leben und ich nicht? Das macht mir ein schlechtes Gewissen. Ich mag Ingrid, bewundere und fürchte sie und ihre gradlinige, resolute Art. Sie hält nicht mit Kritik zurück und ist die erste Person, die mich lehrt, was Grenzen sind. Denn sie kann sie setzen – auch mir gegenüber. Sie macht mir deutlich, dass ich Tendenzen habe, mich an andere Menschen zu klammern. Es bringt sie auf die Palme, wenn ich ihr nach dem Mund rede, sozusagen in ihrem Fahrwasser mitschwimme. »Hab doch mal selbst eine Meinung«, sagt sie mir dann. Ich bin verletzt, fühle mich von ihr abgelehnt, weiß aber, dass sie recht hat.

Wir haben uns später nie ganz aus den Augen verloren. Sie zeigte immer Interesse an meiner Weiterentwicklung. Noch heute – sie lebt in Süddeutschland – haben wir sporadisch Kontakt miteinander. Ingrid war ein wichtiger Meilenstein in meinem Leben.

Immer gleich auf hundert

Kommen wir noch einmal auf meinen Hund Itthai zu sprechen. Er lehrt mich nicht nur vieles über Hunde und Menschen, sondern wirkt geradezu wie ein Spiegel auf mich. Stehe ich unter Strom, habe mich gerade geärgert oder befinde mich unter Zeitdruck und will noch mal eben schnell mit ihm Gassi gehen, benimmt er sich völlig anders als sonst. Er läuft hektisch hin und her, beginnt, in die Leine zu beißen, sich auf dem Boden zu wälzen usw. Am Anfang habe ich mich immer gefragt: Was ist bloß mit dem Hund los? Heute frage ich mich, was ist mit mir los? Denn meine Anspannung überträgt sich auf ihn. Und er sucht sich einen Weg, diese Spannung loszuwerden, sich abzureagieren. Erregung und Anspannung gehören zum Leben dazu und sind völlig normal. Wichtig ist aber, dass es immer wieder zur Entspannung kommt, die hohe Erregung wieder heruntergefahren werden kann. Traumatisierte Menschen leben oft in einem ständig erhöhten Erregungspegel. Ihre Seele und ihr Körper sind sozusagen immer in Alarmbereitschaft. Alles, was nun zusätzlich an erregenden Momenten auf sie einstürmt, kommt zu diesem erhöhten Erregungslevel noch hinzu. So habe ich es auch bei mir empfunden. Ich habe das Gefühl, mein Körper ist mit allen Fasern darauf ausgerichtet, die nächste Katastrophe rechtzeitig zu erkennen und entsprechend – mit Panik – darauf zu reagieren.

Im letzten Jahr der dreijährigen Ausbildung dürfen wir in das neu erbaute Schwesternwohnheim umziehen. Ich freue mich sehr und bin stolz, mein eigenes Zimmer mit Dusche, WC und sogar einem Balkon zu haben. Damit beginnt schon bald die heiße Phase der Examensvorbereitung. Wen wundert es, dass ich mit dem Näherrücken des Examens kaum noch schlafe und fast nicht mehr zur Ruhe komme. Diese innere Unruhe blockiert fatalerweise auch mein Gehirn und wirkt sich somit kontraproduktiv auf meine Examensvorbereitung aus. Schon als Kind hatte ich Schlafstörungen. Jetzt werden sie ganz extrem. Auf den Rat einer Schwester bekomme ich Valium-Tabletten, die den Patienten zum Schlafen und zur Beruhigung verabreicht wurden. Es gab sie als 2, 5 und 10 mg-Tabletten. Ich nehme die 10 mg und merke schon bald die wohltuende Wirkung. Schon auf dem Weg vom Krankenhaus zum Wohnheim spüre ich, wie einerseits mein Kopf schwer wird und sich andererseits ein wunderbares Gefühl der Leichtigkeit in Gestalt einer »Egal-Stimmung« breitmacht. Auch nach meinem Examen greife ich noch öfter zu dieser »Lösung«, nutze sie als einen neuen Fluchtweg, der weniger mühsam ist. Doch Valium macht abhängig, und ich bin sehr froh, dass ich rechtzeitig die Notbremse gezogen habe und nicht in die Sucht abgerutscht bin.

Am Morgen des mündlichen Examens drehe ich fast durch. Wir befinden uns wartend im Foyer der Krankenpflegeschule. Ich bin ganz und gar in Panik aufgelöst, kurz davor, mich einfach umzudrehen und davonzurennen. Die leitende Schulschwester kommt heraus und wird auf meinen alarmierenden Zustand aufmerksam. Ich muss furchtbar ausgesehen haben. Das bringt nun wiederum sie in Panik. Fieberhaft überlegt sie laut, was zu tun ist. Soll sie mir ein Beruhigungsmittel geben? Doch plötzlich geht eine junge resolute Frau dazwischen. Es handelt sich um eine angehende Schulschwester, die seit einiger Zeit bei uns ein Praktikum macht. Sie hakt sich bei mir unter, sagt der Schulschwester, dass wir kurz einen Spaziergang machen, und zieht mich aus dem Foyer nach draußen. Wir laufen in einem rasanten Tempo eingehakt durch den Krankenhauspark. Dabei erzählt sie mir ununterbrochen Examenswitze. Ich weiß wirklich nicht, ob diese Maßnahme in eine Liste wirksamer Methoden zur Bewältigung von Examensangst aufgenommen werden kann. Fakt ist: Sie hat mir geholfen. Durch das Lachen – teilweise mit Weinen vermischt – löst sich die Spannung. Ich kann wieder atmen und betrete anschließend den Klassenraum, in dem mich die anwesende Prüfungskommission erwartet. Übrigens hat mich das Verhalten dieser Praktikantin sehr an meinen Bruder Diethelm erinnert, der mich aus den vielen Ängsten meiner Kindheit (Zahnarzt, Schule usw.) mit Humor und Witz herausholte.

Ich bestehe mein Examen und bekomme eine Festanstellung in der Medizinischen Abteilung des Krankenhauses.

Wieder auf der Flucht

Ein freies Wochenende bei meinen Eltern liegt hinter mir. Bevor ich am Montagmittag meinen Dienst antrete, telefoniere ich mit meiner Stationsschwester. Sie stöhnt und erzählt mir von den vielen Neuzugängen mit ihren anstrengenden und aufwendigen Krankheitsbildern. Und da ist sie wieder, die Angst vor Überforderung, den Ansprüchen nicht gewachsen zu sein. Es beginnt wie ein kleines Rinnsal, das immer stärker und schließlich zu einer großen Fontäne wird. Hat meine innere Panik erst einmal dieses Ausmaß erreicht, schaltet sich die Vernunft aus. Ich reagiere nur noch. Und so verabschiede ich mich von meinen Eltern und setze mich in den Bus nach Wuppertal. Doch anstatt zu meinem Arbeitsplatz zu fahren, steige ich unterwegs aus und renne ziellos in der Gegend herum. Als sich mein Gehirn wieder einschaltet, wird mir bewusst, wie es sich für meine Mitstreiterin anfühlen muss und in welche Situation ich sie mit meinem Nichterscheinen bringe. Doch jetzt noch hinfahren mit so großer Verspätung? Was soll ich sagen, welche glaubwürdige Ausrede erfinden?

In meiner Not flüchte ich mich zu meinem Bruder Diethelm und erzähle ihm alles. Ich weiß nicht mehr, wie und warum es dazu kommt, aber er führt schließlich ein Telefongespräch mit der leitenden Oberschwester des Krankenhauses. Sie ist freundlich, macht mir keinerlei Vorwürfe, sondern ermutigt mich, sofort im Krankenhaus zu erscheinen und nach einem Gespräch mit ihr meinen Dienst anzutreten. Mein Bruder fährt mich bis vor die Tore des Krankenhauses. Ich steige aus, winke ihm. Nachdem er abgefahren ist, drehe ich mich um und nehme erneut Reißaus. Man stelle sich das vor: Damals bin ich schon 23 Jahre alt.

Die Angst überragt alles, so übermächtig ist sie. Denn inzwischen hat sie sich ja durch die entstandene Situation vervielfältigt. Es ist nicht mehr nur die Angst vor der Arbeit, sondern auch vor dem Gespräch mit der Oberschwester, der Begegnung mit den Kolleginnen und dem Erklärungsbedarf. Wie aber soll ich etwas erklären, was ich selbst nicht verstehe? Dann doch lieber flüchten, das Weite suchen ... Das Weite findet sich letztendlich wieder in Remscheid bei meinen Eltern. Ich höre noch meine Mutter, wie sie zu mir sagt: »Wie kann man sich nur so von seiner Angst leiten lassen?« Schließlich hat alles noch ein gutes Ende genommen. Ich sitze doch noch im »Heiligtum« der Oberschwester und höre sie sagen: »Anscheinend haben Ihre Eltern immer alles für Sie geregelt und Sie so zur Unselbstständigkeit erzogen.« Ich antworte nicht, denke nur: Ja, schon möglich. Aber eigentlich liegt es daran, dass ich nicht richtig ticke. Ich bin falsch!

Verletzte Menschen verletzen Menschen

»Hurt people hurt people«, so heißt es. Und ich muss sagen, das trifft zu. Wie viele Menschen habe ich wohl verletzt, wie viele vor den Kopf gestoßen?

Doch ich will von vorn beginnen. Ich habe schon erwähnt, dass ich lange Zeit – auch noch als Erwachsene – Menschen nicht auf Augenhöhe begegnen konnte. Selbst bei Freundinnen oder Kolleginnen, denen ich nicht ausweichen kann, ist es so. Entweder fühle ich mich ihnen unterlegen, dann passe ich mich an, binde mich an sie, übernehme ihre Meinungen und Verhaltensweisen, oder ich fühle mich ihnen überlegen. In diesem Fall bemuttere ich sie, helfe ihnen und/oder kommandiere sie herum. Im Nachhinein erkenne ich meine Strategie, die ich unbewusst entwickelt habe, aus dem einfachen Grund, weil sie funktioniert hat, und das über viele Jahre. Dominante Menschen, die übermächtig daherkommen, machen mir Angst, ich gehe ihnen aus dem Weg. Und dann sind da noch die Retter, starke Menschen, die sich um mich sorgen, mich anerkennen und wertschätzen, sich um mein Wohlergehen kümmern. In die verliebe ich mich, binde mich emotional an sie. Bei meinem Geschichtslehrer war es so. Wie oft habe ich mir in meinen Tagträumen vorgestellt, er wäre mein Vater? Wenn nun einer dieser Retter mich nicht beachtet und sei es nur, weil er gerade zu beschäftigt ist, bin ich am Boden zerstört.

In einem alten Tagebuch lese ich beispielsweise über unseren Pastor Christian Meier – nach einer Gemeindeveranstaltung – folgenden Eintrag: »Er hat mich nicht gesehen, nicht mal begrüßt, war nur mit anderen im Gespräch. Hat er etwas gegen mich?« Alles in Bezug zu sich selbst zu setzen, jede Regung, jede Bemerkung oder Nichtbeachtung, alles für oder gegen sich auszulegen, wie unglaublich anstrengend ist solch ein Leben? Manches Mal habe ich Menschen abgestraft, wenn sie mich nicht genug beachtet haben, indem ich ihnen dann bewusst aus dem Weg gegangen bin oder mich lauthals bei anderen über sie ausgelassen habe, sodass sie es hören konnten, versteht sich.

Ein kraftraubendes »Spiel«

Manchmal ist auch gerade dieses Abstrafen ein Weg, um die gewünschte Aufmerksamkeit und Zuwendung zu bekommen. Wir kennen es von Kindern. Aber auch für einen Erwachsenen kann es sich zu einem einträglichen Muster entwickeln.

1977, ich arbeite bereits als stellvertretende Stationsschwester auf der Inneren Abteilung des *Bethesda*-Krankenhauses. Ich weiß heute nicht mehr, um was es ging, aber von der Pflegedienstleitung kommt eine neue Anordnung, über die wir uns ärgern. Ich gehöre zu der Sorte, die sich lange Zeit nicht wehrt und den Ärger hinunterschluckt. Ist meine Wut allerdings stark genug, bringt sie das Fass zum Überlaufen. Sie entlädt sich wie ein unter Druck stehendes Ventil. An diesem Punkt bin ich jetzt. Die Pflegedienstleitung betritt unser Schwesternzimmer, und aller in mir aufgestauter Ärger trifft sie mit voller Wucht. Sie argumentiert dagegen, ich kämpfe. Weil ich mich unterlegen und ohnmächtig fühle, beginne ich zu schreien, in Tränen aufgelöst. Und plötzlich verändert sich etwas bei meinem Gegenüber. Die Frau bekommt Mitleid mit mir, versucht mich zu beruhigen, schenkt mir ihre Zuwendung. Sie wird zur Retterin. Es geht für mich längst nicht mehr um den sachlichen Tatbestand, den Auslöser, sondern um die Beziehungsebene. Wie sieht sie mich? Was hält sie von mir? Nimmt sie mich ernst? In diesem Augenblick umgibt sie mich mit Freundlichkeit, macht mir Komplimente im Blick auf meine Arbeit, ja, hofiert mich sogar ein Stück weit. Ich entschuldige mich bei ihr für meinen emotionalen Ausbruch, denn jetzt bin ich um Harmonie bemüht, möchte die neue Ebene aufrechterhalten. Tage danach erkundigt sie sich immer mal wieder über andere nach meinem Wohlergehen oder lässt mir Grüße bestellen. Doch irgendwann ebbt das Interesse ab. Alles steht wieder auf »normal«.

Glücklicherweise gibt es wieder einen Auslöser, den ich wie einen Rettungsanker nutze. Das Spiel geht von vorn los, allerdings mit einem Unterschied: Dieses Mal funktioniert es nicht. Mein Gegenüber macht nicht mit. Die Vorgesetzte durchschaut meine Absicht und bleibt auf Distanz. Jetzt entschuldige ich mich gleich, um mich wieder ins rechte Licht zu rücken und vielleicht doch noch ihre Sympathie zu gewinnen. Doch sie fängt meinen Ball nicht auf, spielt ihn zurück zu mir und sagt diesen krassen Satz:»Sie müssen Ihre Haltung ändern, sonst werden Sie krank!« Ich bin schockiert, wütend und vor allem beschämt. Aber ich weiß, dass sie recht hat. Nur wie, wie soll ich mich ändern? Wenn es so leicht wäre, ein Muster einfach abzustellen. Sie hat von einer anderen Haltung gesprochen. Ja, die brauche ich in der Tat. Ich brauche eine Haltung der Aufrichtung, denn dieses Verhalten ist meiner inneren Verkrümmung geschuldet.

Ich und die Gruppe

Auch wenn wir in einer Gruppe zusammensitzen, kann es passieren: Ich komme nicht vor, fühle mich am Rand, nicht beachtet. Ich mache es deutlich durch meinen Gesichtsausdruck.»Mir geht es schlecht«, bringe ich nonverbal zum Ausdruck. Manches Mal legt sich diese Stimmung, die ich verbreite, wie eine schwere Decke lähmend auf die ganze Gruppe. Um nicht missverstanden zu werden: Ich schreibe hier nicht von Ehrlichkeit und authentischem Verhalten in einer Gruppe, die ich für wichtig halte. Hier geht es wirklich um Ausübung von Macht. Ich mache die anderen verantwortlich dafür, dass ich mich nicht gut fühle.

Diese Strategie geht oft genug auf. Die anderen fühlen sich schuldig, trösten mich, versuchen, den Schaden wiedergutzumachen. Es tut gut, keine Frage, aber es hilft mir nicht, sondern unterstützt mein krankhaftes Muster, in dem ich lebe. Wäre in diesem Fall das Ignorieren die richtige Variante? Nein, das denke ich nicht. Es ist zwar nicht richtig, Menschen in ihrem Muster zu bestärken, indem wir dafür sorgen, dass es funktioniert. Damit lernen sie, immer mehr Macht auszuüben. Lassen wir sie aber einfach nur auflaufen, bestätigen wir ihr traumatisches Erleben und verstärken es sogar. Hier gibt es kein Patentrezept. Auf jeden Fall denke ich, dass die Wahrheit ausgesprochen werden muss. Ob in der Gruppe oder im Einzelgespräch, hängt vor allem vom Boden ab, auf dem die Gruppe steht. Ist es ein Boden des gegenseitigen Vertrauens? Ich vergesse nicht, wie mir jemand in einem Hauskreis sagte:

»Ille, du belastest uns mit deiner negativen Sichtweise!« Das tut weh, keine Frage, es hilft aber, sich damit auseinanderzusetzen.

Während meiner Zeit als stellvertretende Stationsschwester sitzen wir mit einigen Kolleginnen in einem gemütlichen Düsseldorfer Restaurant. Die Stimmung ist gut. Wir reden und lachen viel. Doch dann kommt es zum Streitgespräch, in dem ich bald eine Außenseiterposition einnehme. An den Inhalt der Diskussion kann ich mich nicht erinnern. Doch alle sind anderer Meinung als ich. Es fühlt sich nicht gut an. Ich bin am Rand, werde nicht ernst genommen, so nehme ich es wahr. Ich beginne für meine Überzeugung zu kämpfen und zwar so, als ginge es um mein Leben, habe inzwischen jede Sachlichkeit verloren. Dann stehe ich lautstark auf, der Stuhl kippt um, ich renne aus dem Lokal. Ohne meinen Mantel, ohne meine Tasche finde ich mich draußen wieder und fühle mich schrecklich. Warum habe ich so überreagiert? Wie peinlich ist das denn? Auf gar keinen Fall kann ich zurück ins Restaurant gehen. Aber was soll ich tun? Nach Hause fahren kann ich nicht. Ich bin mit dem Auto einer Kollegin gekommen. Außerdem ist meine Handtasche noch im Lokal geblieben. Tiefe Scham erfüllt mich. Ich bin verzweifelt, ja, verzweifelt. Vielleicht erscheint Ihnen das lächerlich, und irgendwo ist es das ja auch, eben der Situation nicht angemessen und ganz und gar unpassend für eine erwachsene Frau und stellvertretende Stationsschwester. Doch es sind die Gefühle von früher. Es ist der Schmerz von damals, dasselbe Gefühl der Ohnmacht und das Nichtgehörtwerden.

In vielen Träumen vor und nach diesem Erlebnis öffne ich meinen Mund, um zu schreien, und werde nicht wahrgenommen. Es kommt nichts heraus aus meinem Mund, kein einziger Ton. Die anderen hören meinen stillen Schrei nicht, sie nehmen mich gar nicht wahr. Genau dieses Gefühl ist es, das mich so überreagieren lässt. Hier stehe ich jetzt vor einem Schaufenster und starre mit leerem Blick hinein. Die bekannte innere Starre hat mich nun erreicht. Jetzt ist alles egal. Am besten wäre es, einfach tot umzufallen. Plötzlich höre ich eine warme, freundliche Stimme neben mir: »Ille, komm!« Karin, eine Schwesternhelferin, die quasi als Urgestein auf unserer Station arbeitet, nimmt mich in den Arm und lädt mich ein, mit ihr zurück ins Restaurant zu gehen. Ich spüre es noch heute, wie die innere Starre sich auflöst, so als würde wieder Blut durch meine Adern fließen. Soweit ich mich erinnern kann, sagt niemand etwas zu meinem Auftritt. Alles geht einfach normal weiter.

Später erzählt mir Karin, dass sie der Gruppe, die sich während meiner Abwesenheit über mein Verhalten empörte, gesagt hat: »Glaubt mir, sie selbst leidet am meisten darunter!« Wie recht sie hat! Nein, Karin ist keine Therapeutin, sie weiß nichts von Traumata, Triggern und Flashbacks. Sie lässt einfach nur ihr Herz sprechen und handelt intuitiv. So ist sie in diesem Moment für mich ein Engel.

Theologische Ausbildung

Richtungswechsel

Inzwischen hat sich mein Leben eingependelt. Ich bewältige meinen Alltag und erlebe viel Erfreuliches, vor allem im Umgang mit den Patienten. Doch gleichzeitig bleibt da in mir ein tiefes Loch, eine Unzufriedenheit, das Gefühl, trotz allem im falschen Leben zu sein. Wer bin ich wirklich, und lebe ich tatsächlich mein Leben? In dem System Krankenhaus fühle ich mich nicht wohl, stelle mir vor, in dem Beruf als Gemeindeschwester mehr Freiheit und mehr Zeit für die Patienten zu haben. Was für eine Illusion, wie ich viele Jahre später erfahren werde. Zumindest schlage ich diesen Weg ein.

Bald darauf ist alles in trockenen Tüchern. Ich bin vom Diakonischen Werk Bethanien in Solingen angenommen und habe schon eine feste Stelle in der Freien evangelischen Gemeinde Biedenkopf, die ich in kurzer Zeit antreten soll, da wird mir ein Strich durch die Rechnung gemacht. Meine Augenärztin diagnostiziert eine Netzhautentzündung. Es besteht die Gefahr einer Netzhautablösung. Das Auge wird mit Laserstrahlen behandelt, und ich laufe längere Zeit mit einem Augenverband herum. Selbstverständlich kann ich in dieser Situation meine neue Stelle nicht antreten. Natürlich habe ich mir das nicht ausgesucht. Was mich allerdings erstaunt, ist meine Erleichterung. Beinahe freue ich mich über diese Krankheit trotz ihres Risikos. Bei dem Vorstellungsgespräch in Biedenkopf habe ich mich nicht sehr wohlgefühlt, hatte in mir kein wirkliches Ja zu diesem Weg. Doch ich sagte mir: »Da musst du durch. Jetzt hast du diesen Weg eingeschlagen. Ein Zurück gibt es nicht, selbst wenn es der falsche Weg ist.« Warum? Weil ich Angst vor den Reaktionen jener Leute habe, die über meinen Neubeginn informiert sind. Wie werden sie reagieren, wie stehe ich dann da? Im Rückblick bin ich erschüttert, wie ich damals mit meinem Leben umgegangen bin. Mein Ruf und die Anerkennung anderer waren mir wichtiger, als in meinem Leben zu Hause zu sein. Doch die Krankheit ist mir nun zu Hilfe gekommen, sie hat mich sozusagen »gerettet«. Krankheit als Ausweg, das kenne ich doch! Nun wird also alles wieder auf null zurückgefahren.

Warum nicht einen ganz anderen Weg einschlagen, eine theologische Ausbildung zum Beispiel? Ich habe wieder Lust zu lernen, und ich habe Interesse, mehr Hintergrundwissen über die Bibel zu bekommen. Wieder einmal angeregt durch meinen Bruder Diethelm bekomme ich eine Zusage der Bibelschule Bergstraße bei Darmstadt, heute im Schwarzwald ansässig und unter dem Namen *Bibel-Studien-Kolleg* bekannt. Dort habe ich die Möglichkeit, einen acht Monate dauernden Kurzlehrgang für Basiswissen zu besuchen. Aus diesem Kurzlehrgang sollen allerdings vier Jahre werden, und das hat vor allem den Grund, dass ich dort meinen Mann kennenlerne.

Warum überhaupt eine theologische Ausbildung? Vielleicht erhoffe ich mir mehr Klarheit und Sicherheit in meinem eigenen Glauben zu gewinnen. Allzu häufig empfinde ich ihn eher belastend als befreiend. Da kann doch etwas nicht stimmen! Neulich erst fragte mich der Moderator eines Gottesdienstes, in dem ich zum Predigen eingeladen war: »Sie sind ja quasi mit dem Glauben groß geworden. Hatten Sie denn jemals ein punktuelles Erlebnis, das Sie als Beginn Ihres Glaubens bezeichnen würden?« Ich habe diese Frage verneint, denn ich bin überzeugt, dass dies bei mir nicht zutrifft, ganz im Gegensatz zu meinem Mann, der, im Katholizismus aufgewachsen, als Jugendlicher jeglicher Frömmigkeit den Rücken kehrt. Er wird kurz darauf regelrecht von der Präsenz Gottes überrascht. Dieses Erlebnis und seine bewusste Entscheidung für den Glauben krempeln sein komplettes Leben um. Bei mir sieht das anders aus.

Es muss 1968 gewesen sein. In Remscheid-Lüttringhausen gab es eine Evangelisationsveranstaltung in einem großen Zelt auf dem Schützenplatz. Das Musikteam, vier Kanadier, und vor allem der Redner imponieren mir und meiner Freundin sehr. Und wie von selbst kommt der Gedanke in mir hoch, wie es wohl wäre, ihn als Vater zu haben. In den schönsten Farben male ich es mir aus. Nach jeder Veranstaltung startet ein Aufruf. Wer sich zum Glauben an Jesus bekennen möchte, kann nach vorn kommen. An einem Abend entscheide ich mich, ebenso wie viele andere, aus der Menge herauszutreten und nach vorn zu gehen. Nein, es wäre falsch zu behaupten, es nur wegen des Verkündigers getan zu haben. Ich meine es wirklich ernst, glaube fest an Jesus und seine Vergebung. Trotzdem spielt meine Schwärmerei für diesen Mann eine nicht unwesentliche Rolle.

Anschließend werden wir in einen Raum des angrenzenden Hauses geführt. Dort begegnet mir auch meine Oma Wetter. Sie kommt auf mich zu, nimmt mich in den Arm und drückt mich fest. Hat sie das eigentlich sonst jemals getan? Ich erinnere mich nicht daran. Den Verkündiger treffe ich allerdings nicht, stattdessen empfängt mich eine Mitarbeiterin zu einem Gespräch. Zum Schluss bekomme ich noch Unterlagen mit auf den Weg, eine Anleitung zum Bibellesen mit Fragen, die ich beantworten soll. Es wird weiterhin für eine bestimmte Zeit ein Briefkontakt aufrechterhalten mit weiteren Textangaben und Fragen. Das Ausfüllen dieser Fragebögen gebe ich sehr schnell auf, es ist mir mehr eine Last als eine Hilfe. Ich möchte dieses Erlebnis und auch die Methode im Nachhinein nicht schlechtreden. Ich habe schon deshalb kein Recht dazu, weil ich genug Menschen kenne, für die genau diese Art ganz wichtig und entscheidend war. Doch Menschen sind verschieden, und meine Art ist es nicht. Viel bedeutender sind für mich kleine Erlebnisse und Begebenheiten, in denen Gott mir begegnet ist, in denen ich berührt und überwältigt wurde von seiner Liebe.

Da ist zum Beispiel das kindliche Aussprechen meines »Jesus, ich hab dich lieb!«, als ich in der Kinderbibel von seinem Sterben lese. Da ist ein anderer Moment, von dem niemand etwas mitbekommt. Ich bin im Teenageralter bei meinem Bruder Peter in Ferien, stöbere in seinem Bücherregal und stoße auf ein Buch, das mich vom Titel her anspricht: »Der Heilige Geist – Sein Wesen und Wirken« von R. A. Torrey.[5] Ich lese darin, verstehe längst nicht alles, bin aber fasziniert und spreche ein einfaches Gebet: »Danke, Heiliger Geist, dass du da bist, ich lade dich herzlich ein!« Eine ganz tiefe Freude erfüllt mich in diesem Augenblick.

Es folgen weitere Erlebnisse, von denen ich noch berichten werde. Es sind die Augenblicke, in denen Gott *mich* trifft, und weniger ich ihn, Situationen, in denen er mich berührt, in denen ich die Kraft seiner Präsenz erfahre. Meine Taufe, zu der ich mich mit 16 Jahren ganz bewusst entscheide, ist ein für mich unvergessenes Erlebnis.

Die theologische Ausbildung hilft mir aber auch deshalb, weil hier viel mehr als in meinem bisherigen Umfeld die Initiative und das Handeln Gottes betont werden. Auch in meiner Gemeinde wurde natürlich Gottes Liebe zu uns Menschen herausgestellt und dass wir seine Vergebung geschenkt bekommen. Und doch ist es charakteristisch für eine pietistische Frömmigkeit, gleichzeitig das eigene Handeln als Zeichen der Heiligung zu betonen, das sich dann für mich in diesen Leit(d)satz verfestigt, der meine gesamte Kindheit prägt: »Jesus freut sich, wenn ich es gut und richtig mache, und er ist traurig und enttäuscht, wenn ich etwas falsch mache.« Da ich mich aber immer irgendwie falsch fühle, muss Jesus sich zwangsläufig meinetwegen in einem permanenten Trauerzustand befinden.

Ebenso wird hier mein bis dahin gängiges Schwarz-Weiß-Denken auf eine harte Probe gestellt. Gegründet von der amerikanischen Missionsgesellschaft *Greater Europe Mission* hat die Bibelschule zu meiner Zeit durch den neuen Leiter Wilfried Reuter einen offeneren Charakter bekommen. Daneben unterrichten die unterschiedlichsten Dozenten

---

[5] R. A. Torrey: Der Heilige Geist – Sein Wesen und Wirken. Herold Verlag, Leun 1970, Seiten 11-34.

mit verschiedenen theologischen Ansätzen und Sichtweisen. So kann es passieren, dass ich in der einen Stunde eine Aussage höre, die für mich sehr klar und einleuchtend daherkommt, um in der nächsten schon wieder infrage gestellt oder gar widerlegt zu werden. Das fordert mein Denken heraus und zieht mir manches Mal den Boden meiner »Sicherheit« unter den Füßen weg. Doch Irritationen sind gut und heilsam. Ein fest zementierter Glaube braucht Verunsicherung.

Daneben haben die Klassengemeinschaft, das wertschätzende Verhalten auf Augenhöhe und der natürliche Umgang zwischen den Geschlechtern, wenn man von den Statuten absieht, etwas sehr Heilendes für mich.

Erneuter Fluchtversuch

Die Hauseltern Hannelore und Walter Krug sind im wahrsten Sinne des Wortes Eltern für uns alle. Ihre warmherzige, liebevolle Art schenkt uns großen Halt und das Gefühl, stets willkommen zu sein. Walter ist auch als missionarischer Leiter an der Bibelschule angestellt. Das heißt, er leitet, koordiniert und begleitet missionarische Einsätze.

Ich weiß nicht mehr, in welchem konkreten Zusammenhang sich das Folgende abspielte. Es ging um eine Veranstaltung mit Konfirmanden, in der ich einen Teil übernehmen sollte. Mit Walter habe ich einen Termin, um mit ihm das Programm zu besprechen. Da überfällt sie mich wieder wie aus heiterem Himmel die mir vertraute Panik. »Das schaffst du sowieso nicht. Du wirst die anderen und besonders Walter niemals zufriedenstellen. Sie werden enttäuscht sein und sich für dich schämen.« Und so fliehe ich wieder, dieses Mal nicht räumlich, sondern indem ich mich zurückziehe und zum verabredeten Termin nicht erscheine. Über andere lasse ich bestellen, dass es mir nicht gut gehe und ich deshalb nicht mitmachen könne. Wie es weiterging, weiß ich nicht mehr. Jedenfalls kommt es doch noch zum Gespräch zwischen Walter und mir. Und da passiert etwas, das mich überrascht und einen Schalter in mir umlegt: Walter reagiert ganz anders, als von mir erwartet. Ich rechne damit, dass er mich wegen meines Verhaltens kritisiert oder aber tröstet und beruhigt, so wie ich es bisher kannte. Stattdessen sagt er: »Warum sprichst du nicht mit mir? Warum lässt du mich stehen wie einen kleinen, dummen Jungen?« Statt mich zu tadeln, spricht er über seine eigenen Gefühle und macht deutlich, dass mein Verhalten ihn verletzt hat. Damit begegnet er mir auf Augenhöhe, eine neue wichtige Erfahrung für mich, die ich mich bis dahin nie wie eine Erwachsene, sondern eher wie ein unmündiges, hilfsbedürftiges Kind gefühlt habe. Dass sich ein erwachsener und gestandener Mann durch mich verletzt fühlt, ist für mich neu und überraschend.

Schließlich übernehme ich doch noch meinen Part mit den Konfirmanden und mache eine positive Erfahrung. Was ich sage, erreicht die Konfirmanden, eine Erfahrung übrigens, die ich auch später nicht selten machen werde. Beinahe entwickelt sie sich zu einem festen Muster. Vor einer Herausforderung steht die Angst. Wie ein Ungeheuer wird sie größer und bedrohlicher und endet nicht selten im panischen Fiasko. Ist die »Katastrophe« überstanden, liegt der Level nicht mehr so hoch. Ich kann eher loslassen und stehe nicht mehr unter dem immensen Druck, den ich mir vorher selbst gemacht habe.

Einige Zeit später springe ich sogar für meinen Bruder Diethelm ein, der – beim Bibellesebund beschäftigt – ein Referat über den Einsatz von Medien halten soll, aus irgendeinem Grund aber verhindert ist. Walter traut mir das zu, und ich nehme die Herausforderung an.

Diese Diskrepanz zwischen meinen vorausgegangenen Ängsten und dem entschlossenen Betreten neuen und unsicheren Terrains überrascht mich im Nachhinein immer noch. Mein Weg führt mich immer wieder durch die Angst hindurch.

Verliebt, verlobt, verheiratet

Neben den missionarischen Einsätzen müssen wir auch praktische Arbeiten erledigen. Ich werde für den täglichen Spüldienst eingeteilt. In meinem Team ist unter anderem ein junger Mann aus dem Jahrgang über mir. Siegfried, genannt Siegi, kommt wie ich aus Wuppertal – eine schöne Gemeinsamkeit. Doch auch sonst beginnt er mich zu interessieren. Er ist irgendwie erfrischend anders und passt so gar nicht in das Bild eines »frommen« Bibelschülers. Das gefällt mir und macht mich neugierig. Gleichzeitig erlebe ich bei ihm eine erfrischende Leidenschaft für Gott. Auch das zieht mich sehr an. Manchmal erscheint er – vielleicht durch sein Anderssein – auch ein bisschen verloren. Auch das ist ein Anziehungspunkt für mich. Und irgendetwas an ihm erinnert mich auch an meinen Vater. Doch ihm scheint es im Blick auf mich nicht anders zu ergehen. Und so nimmt alles seinen Lauf. Aus Interesse wird Liebe. Wir beginnen eine Beziehung, zu jener Zeit auf einer Bibelschule eine komplizierte Angelegenheit. Dazu gehören intensive Gespräche mit Dozenten, Spaziergänge unter strengen Auflagen mit einem eigens dafür abgestellten »Anstandswauwau« und vieles mehr. Allerdings gibt es Lücken im System, die wir nutzen. Wir treffen uns hier und da heimlich. Zwischendurch überfällt mich wieder die vertraute Angst. Es ist aber nicht nur die körperliche Nähe, sondern vor allem die Angst vor einer festen Bindung. Es ist immer diese Ambivalenz zwischen dem Wunsch nach Geborgenheit und der Angst vor Enge, Abhängigkeit und Hilflosigkeit. Als es bei einem heimlichen Treffen zu ersten Zärtlichkeiten kommt, werde ich plötzlich von einer Panik übermannt, mich auf eine falsche Beziehung eingelassen zu haben. Innerlich schreie ich regelrecht zu Gott, mir doch einen Ausweg aus diesen Ängsten und Unsicherheiten zu zeigen. Ich weiß noch, dass ich genau in diesem Moment einen unglaublichen inneren Frieden spüre. Er legt sich wie eine schützende Decke auf mich.

Wir bekommen tatsächlich eine Ausnahmegenehmigung, uns schon im April zu verloben und noch im Sommer zu heiraten. Man stelle sich vor, im Oktober 1979 beginne ich dort meine Ausbildung, zehn Monate später bin ich verheiratet. Wir beide würden allerdings im Nachhinein dieses Tempo nicht mehr vorlegen.

Im Haus einer kleinen Baptistengemeinde im nahe gelegenen Griesheim bekommen wir eine kleine gemütliche Zweieinhalb-Zimmer-Wohnung, die wir mit alten geschenkten Möbeln bestücken. Im Zentrum, sozusagen als Kernstück des Wohnzimmers, prangt ein monströser Ölofen aus alten Tagen. Täglich müssen wir ihn von

Hand mit einer Ölkanne aus dem Keller versorgen. Die Folgen: Unsere Wohnung riecht nach Öl, wir selbst riechen nach Öl. Und auch in der Bibelschule sind wir fortan an unserem penetranten Ölgeruch zu erkennen.

Unsere Ehe verläuft in der ersten Zeit mehr als problematisch. Da ist Siegi mit seiner tiefen Vaterwunde. Sein Vater, der einige Jahre zuvor an einer Lungenembolie starb, liebte den jüngeren Sohn, verwöhnte und verhätschelte ihn. Den älteren, Siegi, strafte er mit Verachtung und, was noch schlimmer ist, mit Ignoranz. Dem jüngeren brachte er beispielsweise Geschenke mit nach Hause, den älteren ließ er leer ausgehen. Und da bin ich selbst ebenfalls mit einer Vaterwunde, einem missbrauchenden Vater, der zu dieser Zeit zwar noch nicht in meinem Bewusstsein, aber durchaus in meinen Gefühlen und meinem Erleben präsent ist. Wir beide sind maßlos überfordert mit unseren unausgesprochenen gegenseitigen Erwartungen, einander die Verletzungen unserer Vergangenheit auszugleichen. Es kommt zu einer Übertragung. Oft habe ich Angst vor Siegi und kann es mir nicht wirklich erklären. Die Ambivalenz, die ich meinem Vater gegenüber empfunden habe, übertrage ich nun auf meinen Mann. Auch zu dieser Zeit habe ich schon hin und wieder angstvolle Träume, in denen Gefahr von Siegi ausgeht. Nicht selten verschwimmt noch im Traum dieses Bild und wird durch ein Bild meines Vaters ersetzt. Mich irritiert das sehr, weiß es aber nicht zu deuten.

Dass mein Mann und ich nach fast 36 Jahren immer noch zusammen sind, betrachten wir beide als ein unglaubliches Wunder und ein großes Geschenk. Aber erst viel später beginnen wir, unsere Beziehung zu bearbeiten. Zunächst ist der Abschluss dieses, unseres ersten gemeinsamen Lebensabschnitts an der Bergstraße im Odenwald äußerst ungewöhnlich.

Mein Mann hält gerade einen Jugendabend in dem unter unserer Wohnung liegenden Gemeinderaum. Ich sitze in unserer Wohnung und schaue eine Nachrichtensendung an. Da macht unser Hund Bessy Anstalten, einmal »austreten« zu müssen. Ich gehe mit ihm kurz in den Garten hinunter, schalte den Fernseher nicht aus, denn ich werde ja sofort wieder zurück sein. Als ich wieder unseren Hausflur erreiche, höre ich oben in der Wohnung seltsame Geräusche, so als würde jemand Porzellan zerschlagen. Einbrecher, denke ich. Doch im selben Augenblick kommt mir beißender Rauch entgegen. Ich kann unsere Wohnung nicht mehr erreichen. Der Weg ist mir durch die extreme Rauchentwicklung völlig versperrt. Inzwischen kommt mein Mann herbeigeeilt, der die Geräusche ebenfalls gehört hat. Mittlerweile dringt schwarzer Rauch aus allen Fenstern. Die Nachbarn alarmieren die Feuerwehr. Mit nichts als unseren Kleidern, die wir am Körper tragen, stehen wir in diesem Moment auf der Straße. Unsere kleine gemütliche Wohnung ist restlos ausgebrannt, nichts ist mehr zu gebrauchen.

Damals noch ohne eine Hausratversicherung, erleben wir neben einigen negativen und kritischen Bemerkungen unsagbar viel Hilfe und Unterstützung, teilweise durch Menschen, von denen wir es nie erwartet hätten. In verschiedenen Häusern bekommen wir Zuflucht, zuletzt bei meinem Bruder Diethelm und seiner Familie in Solingen. Wir leben insgesamt ein halbes Jahr mehr oder weniger aus Koffern, so lange, bis Siegi seine erste Pastorenstelle in Bad Laasphe, das zu Siegen-Wittgenstein gehört, antritt.

Ein solches Erlebnis brauchen wir beide sicher nicht noch einmal, doch missen möchten wir es auch nicht. Die Erfahrung, wie schnell mit einem Mal alles verloren ist, wie schlagartig sich eine Lebenssituation ändern kann, ebenso wie die Erfahrung der Solidarität und Hilfsbereitschaft hat uns und unser weiteres Leben tief geprägt.

Frau eines Pastors

Nein, eigentlich wollte ich nie einen Pastor heiraten. Zu sehr war mein vorheriges Leben von Gemeindeveranstaltungen bestimmt worden. Zu sehr hat sich in meiner Kindheit alles nur um die Gemeinde gedreht.

Und jetzt, im Jahr 1983, tritt mein Mann eine Pastorenstelle in den Freien evangelischen Gemeinden Bad Laasphe, Niederlaasphe,

Puderbach, Wallau und Breidenstein an, fünf Gemeinden in zwei Bundesländern: Nordrhein-Westfalen und Hessen. In dem schmucken Kurstädtchen Bad Laasphe fühle ich mich bald ausgesprochen wohl. Auch die Mitglieder der kleinen Gemeinde sind mir sympathisch. Schnell gewinne ich Freunde, engagiere mich in allen möglichen Bereichen. Vor allem die Arbeit mit Kindern hat mich immer begeistert und nimmt auch hier wieder den größten Teil meiner Zeit ein. Ich bekomme viele interessante Kontakte, beteilige mich an Kinderferienwochen der evangelischen Kirchengemeinde, erteile biblischen Unterricht (Konfirmandenunterricht), rufe eine Theater-AG ins Leben und mit meinem Mann zusammen eine offene Teestubenarbeit. Außerdem bieten wir Konzerte und Ähnliches in Zusammenarbeit mit der Kurverwaltung an. Ich werde Mitglied des Arbeitskreises für Frauenarbeit im Bund Freier evangelischer Gemeinden und bin nicht selten als Referentin auf Frauenfrühstückstreffen unterwegs. Meine Aufzählung beinhaltet längst nicht alle Bereiche, in denen ich tätig bin. Warum tue ich das alles? Einmal, weil es mir wirklich Freude macht. Ich liebe Kreativität und Vielfalt. Doch ich tue es auch, weil ich dem Anspruch einer Pastorenfrau gerecht werden möchte.

Natürlich rechnen wir auch damit, irgendwann – vielleicht schon bald – Kinder zu haben. Mein Wunsch wird immer größer. Eines Tages merke ich, dass in meinem Bauch etwas nicht stimmt. Es ist kein direkter Schmerz, aber ein unangenehmes Gefühl. Ich suche einen Internisten auf. Der schickt mich nach einer Ultraschalluntersuchung zum Gynäkologen mit dem Verdacht auf eine Schwangerschaft. Auf dem Weg zum Frauenarzt schwebe ich sozusagen auf rosa Wolken. Der stellt dann aber eine Zyste am linken Eierstock fest, die sofort operativ entfernt werden muss. Meine erste Frage, die ich gleich nach dem Aufwachen aus der Narkose stelle: »Kann ich noch Kinder bekommen?« Ja, ich kann. Doch es ziehen Jahre ins Land, ohne dass sich in dieser Hinsicht etwas tut. Genauere Untersuchungen ergeben eine Erschwerung, aber keine Unmöglichkeit einer Schwangerschaft. Auch in dieser Situation befinde ich mich in einer Ambivalenz. Einerseits ist der Wunsch nach einem Kind sehr stark, andererseits jedoch beruhigt mich dies ein wenig. Denn was wäre, wenn unser Kind mit ebenso vielen Schwierigkeiten durchs Leben ginge wie ich? Womöglich hätte es meine Wesenszüge, was wäre dann?

Über eine Adoption haben wir nie ernsthaft nachgedacht. Sicher liegt es daran, dass unsere Ehe zu dieser Zeit nicht einfach ist und wir auch Angst vor der Verantwortung haben. Was uns aber schmerzt, sind die Kommentare mancher Mitmenschen, die sich in Bemerkungen über unsere Kinderlosigkeit äußern. Besonders schlimm ist es, wenn Leute ihre Schlüsse ziehen, uns beispielsweise unterstellen, aus egoistischen Motiven keine Kinder zu wollen. Niemand hat das Recht, einem anderen Menschen Motive zu unterstellen, weil niemand in einen anderen hineinsehen kann. Und trotzdem tun wir es oft.

Eine neue Qualität der Angst

An einem Wochenende im Advent haben wir ein Musikteam zu Gast, gute Freunde aus unserer gemeinsamen Ausbildungszeit, die im Haus des Gastes ein Adventskonzert gestalten. Da erlebe ich es zum ersten Mal. Mitten in der Nacht wache ich mit Herzrasen auf. Ich habe das Gefühl, mein Herz will mir aus der Brust springen, alles wird zu eng, mein Körper ist ein Gefängnis. Ich gerate in Panik, renne nach draußen an die frische Luft und versuche zu realisieren, was da gerade mit mir passiert, bemühe mich ruhig zu atmen, doch die Luft scheint nicht zu reichen. Ich habe Todesangst. Dann ist es plötzlich vorbei, und ich begebe mich wieder zurück in mein Bett. Dort werde ich bald von einem starken Zittern erfasst, so als hätte ich Schüttelfrost. Ich klappere und das Bett mit mir. Mein Mann liegt friedlich schlafend neben mir, ich wecke ihn nicht.

Am nächsten Morgen erfahre ich, dass einer unserer Gäste wegen innerer Unruhe ebenfalls schlecht geschlafen hat. Da nur wir beide einen Weißwein getrunken haben, schiebe ich das nächtliche Erlebnis dem Wein zu, bringe die Flasche sogar in den Discounter zurück und sage, etwas könne damit nicht stimmen. Ich bekomme sie ersetzt.

Damit scheint der Fall für mich erledigt zu sein. Allerdings nicht lange, denn bald darauf wiederholen sich diese nächtlichen Ereignisse. Inzwischen erlebe ich die Panikattacken in fast jeder Nacht. Ein Teufelskreis beginnt. Ich habe Angst vor dem Abend, traue mich nicht einzuschlafen – ein mir aus der Kindheit nur allzu bekanntes Gefühl. Wenn ich wach werde, warte ich förmlich auf die nächste Attacke, die dann auch zuverlässig kommt.

Doch schon bald begrenzen sich diese Erlebnisse nicht mehr auf die Nächte. Auch am Tag, ganz plötzlich, wo auch immer ich mich gerade befinde, bekomme ich aus dem Nichts Herzrasen, Angstzustände, hohen Blutdruck, Zittern. Ob beim Aldi an der Kasse, in einem Bus oder auf einer Autofahrt, plötzlich muss ich raus, den Aldi verlassen, aus dem Bus steigen, mit dem Auto rechts ranfahren. Das verkompliziert mein Leben und auch das meines Mannes sehr. Hinzu kommen immense Herzrhythmusstörungen und Schwindelattacken. Manchmal habe ich das Gefühl, nicht mehr aufrecht stehen zu können, nach vorn überzukippen. Ich werde medizinisch durchgecheckt, doch nichts Pathologisches wird gefunden. Allmählich befürchte ich, verrückt zu werden. Die Ängste, mit denen ich bis dahin gelebt hatte, vor allem während meiner Kindheit und Jugend, waren nicht halb so schlimm. Sie waren konkret, bezogen sich auf etwas Bestimmtes, und ich konnte fliehen. Doch jetzt habe ich diffuse Ängste, kann nicht vor ihnen weglaufen. Sie kommen aus mir selbst. Ich kann sie nicht mal benennen, geschweige denn sie bekämpfen.

Glücklicherweise habe ich zu dieser Zeit einen sehr guten Hausarzt, der obendrein ein tief gläubiger Mensch ist. Ich weiß nicht, wie oft ich ihn aufsuche. Manches Mal renne ich in die Sprechstunde, ohne einen Termin zu haben, mit immer wieder neuen körperlichen Symptomen und diffusen Angstzuständen.

Einmal liege ich im Sprechzimmer und weine, weine, weine, kann nichts sagen, nichts erklären. Die Ehefrau des Arztes, die auch als Sprechstundenhilfe bei ihm arbeitet, tut nichts anderes, als bei mir zu sitzen und meine Hand zu halten. Keine Ratschläge, keine Lösungsvorschläge kommen aus ihrem Mund. Sie sitzt einfach nur da, wie gut das tut! In dieser Zeit erreichen mich keine Bibelverse, keine gut gemeinten

Worte, im Gegenteil: Aus manchen Gottesdiensten renne ich heraus, weil die Predigten wie Hammerschläge auf mich wirken. Auch freundliche Worte und Liebesbekundungen erreichen mich nicht mehr. Sie dringen nicht durch in meine Seele. Alles bedroht mich und klagt mich an.

Mein Arzt vermutet eine Depression. Ich bin geschockt und wütend. Depression hat für mich einen faden Beigeschmack. Es erinnert mich an die Bemerkung des Oberarztes im Hamburger Krankenhaus. Mein Gefühl wird hiermit bestätigt: »Du bist nicht richtig, mit dir stimmt etwas nicht. Also doch!« Dann fällt der Begriff Erschöpfungsdepression. Das klingt schon besser, damit kann ich mich abfinden. Ich habe einfach zu viel gearbeitet, mich selbst überfordert. Heute würde man Burn-out dazu sagen. Mein Arzt empfiehlt mir zunächst einen Kuraufenthalt und dann eine Therapie.

In dieser schweren Zeit meiner Depression und Ängste erlebe ich aber auch Zeichen der Liebe Gottes. Auch wenn mich Predigten, Bibelverse und gut gemeinte Worte nicht erreichen, kennt Gott immer noch andere, oft geheimnisvolle Wege. Da komme ich zum Beispiel gerade wieder vom Arzt, bin am Boden zerstört, weil sich der Antrag auf eine Kur so schwierig und anstrengend gestaltet und begegne einer älteren, mir bekannten Frau. Sie entdeckt mich, eilt mit einem großen, bunten Blumenstrauß auf mich zu und strahlt dabei, als habe sie auf mich gewartet: »Jetzt weiß ich, warum ich diesen Blumenstrauß kaufen sollte. Gott hat mir gezeigt: ›Geh in diesen Blumenladen und kauf einen schönen Strauß.‹ – ›Für wen?‹, habe ich ihn gefragt. ›Das wirst du dann sehen‹, hat er geantwortet. Und nun läufst du mir geradewegs in die Arme. Er ist also für dich!« Dieser »göttliche« Blumenstrauß erreicht mich, genauer gesagt, mein Herz tatsächlich. Es ist fast so, als hätte Gott ihn mit der Post geschickt, extra für mich.

Ich hatte schon mehrmals von einem christlichen Kurheim unter dem Namen *Hensoltshöhe* in Gunzenhausen gehört und schlage dieses nun meinem Arzt vor. Auch jetzt ist es für mich so ungeheuer wichtig, in ein christliches Haus zu kommen, denn nur dort fühle ich mich sicher. Die Kur wird nach einigem Hin und Her genehmigt. Mein Mann bringt mich also nach Gunzenhausen. Zunächst bin ich ein wenig geschockt. Ich sehe Diakonissen auf dem Gelände und im Haus. Alles wirkt ein bisschen altbacken und sehr »fromm«. Am ersten Nachmittag sitze ich trotz herbstlicher Kälte im Park auf einer Bank und frage mich: »Wie um alles in der Welt soll ich vier Wochen in dieser Ruhe aushalten?« In mir tobt es, quälend und unaufhaltsam wie ein rotierender Motor, der nicht abzustellen ist. Doch allmählich finde ich mich zurecht. Die vielen Anwendungen und Angebote und vor allem die ärztliche Betreuung helfen mir sehr. Daneben gehöre ich schnell zu einer kleinen Frauenclique, mit der ich lange Wanderungen unternehme. Wir lachen viel und albern herum, das tut gut und ist sehr heilsam. Gleichzeitig führen wir aber auch tiefe und ehrliche Gespräche. Diese Mischung aus Humor und Tiefgang ist etwas sehr Kostbares.

Nach vier Wochen werde ich mit dem Rat der Ärzte entlassen, mir etwas Eigenes zu suchen, einen eigenen Wirkungsraum, der nichts mit der Gemeinde und der Anstellung meines Mannes zu tun hat. Außerdem empfehlen sie mir ebenfalls, eine Therapie zu machen. Erstaunlich schnell bekomme ich Termine für eine *Psychoanalyse*, die ich allerdings schon nach kurzer Zeit wieder abbreche. Im Nachhinein denke ich, es war nicht die Art Therapie, die mir entspricht. Zwei schwarze Ledersessel befinden sich in einem sterilen Raum, dazwischen ein Tisch. Ein unnahbar scheinender Arzt sitzt mir gegenüber und wartet darauf, dass ich etwas sage. Es entstehen lange Zeiten des Schweigens. Oft ist nur das Ticken der Uhr zu hören. Sicher bin ich noch nicht so weit, das eigentliche Thema meines Lebens zuzulassen, geschweige denn, mich damit auseinanderzusetzen. Doch selbst, wenn ich es wäre, bräuchte es dafür einen geschützten Raum, einen tragfähigen Boden des Vertrauens, der hier ganz und gar nicht vorhanden ist. Erschwerend kommt hinzu, dass ich immer eine persönliche Abneigung des Therapeuten empfinde, wenn ich meinen Glauben erwähne, der nun einmal ein wesentlicher Bestandteil meines Lebens ist. Als ich endlich den Mut aufbringe, den Missbrauch meines Onkels zu benennen, reagiert er mit der Frage: »Und deshalb, meinen Sie also, haben Sie heute Schwierigkeiten?« Ich fühle mich unverstanden und abgekanzelt, bin wieder einmal erstarrt und warte nur noch das Ende dieser therapeutischen Einheit ab.

Glücklicherweise lerne ich später andere Therapieformen kennen, die keineswegs besser oder richtiger sind, mir aber eher entsprechen. Vor allem, und das ist noch wichtiger, werde ich eine tragfähige therapeutische Beziehung erleben. Den anderen Rat aus meiner Kur nehme ich ebenfalls in Angriff. Schon bald finde ich eine Stelle als Krankenschwester im Funktionsbereich *Endoskopie* und *EKG* des Kreiskrankenhauses Siegen-Wittgenstein. Diese Stelle fordert mich nach so langer Berufspause heraus und unterstützt meinen Heilungsprozess. Der einzige Wermutstropfen ist eine relativ weite Anfahrt nach Berleburg. Doch schon bald zeichnet sich eine andere Lösung ab. Eine Kurklinik, die direkt neben unserem Gemeindehaus und unserer Wohnung liegt, sucht eine Krankenschwester. Ich bewerbe mich und werde angenommen.

Und hier beginnt für mich eine ganz andere Tätigkeit, die mich allmählich auf das vorbereitet, was ich später einmal machen werde. Ich sitze in einem kleinen Schwesternzimmer und werde von den Kurgästen aufgesucht. Sie kommen, um den Blutdruck messen oder sich wiegen zu lassen, Medikamente abzuholen oder einfach ihre Sorgen loszuwerden. Der Kontakt und die Gespräche mit ihnen machen mir viel Freude. Vor allem ist es wunderbar, endlich Zeit für wirkliche Begegnungen zu haben.

Schon sehr bald kommt die Kurklinik, wie viele andere auch, in eine finanzielle Notlage und kann durch den Kurbetrieb allein nicht mehr aufrechterhalten werden. Man entschließt sich, eine sogenannte Krankenstation zur Anschlussheilbehandlung für Patienten nach orthopädischen und neurologischen Operationen einzurichten. Die Anfrage geht an mich, ob ich mir vorstellen könne, diese neu errichtete Station zu leiten. Diese Anfrage ist Balsam für meine Seele. Ich fühle mich geschmeichelt und wertgeschätzt. So etwas traut man mir zu? Mit allen Ängsten und Horrorszenarien, die in meinem Kopf herumgeistern, sage ich Ja. Mit einer Kollegin zusammen, die schon lange in der Kurklinik arbeitet und eine richtige Freundin geworden ist, richte ich die Station ein. Es macht unglaublichen Spaß. Doch dann folgt keine einfache Zeit. Eigentlich bin ich mit der Situation überfordert. Vieles war nicht wirklich durchdacht, zum Beispiel die Schwere der neurologischen Erkrankungen, auf die unsere Klinik nicht wirklich eingestellt war. Hinzu kommt das Anliegen der Verwaltung, die Kosten so gering wie möglich zu halten, das der Versorgung und dem Wohl der Patienten oft genug im Wege steht. Wieder einmal fühle ich mich überfordert, zerrissen zwischen den Patienten und der Verwaltung, zwischen dem Pflegepersonal und der Verwaltung und sitze sozusagen zwischen allen Stühlen. Am meisten leide ich darunter, dass mir immer weniger Zeit für die Patienten zur Verfügung steht. Oft genug denke ich daran, alles hinzuwerfen und meinen Posten zu räumen.

Einmal ist es wieder so weit, ich stelle meinen Platz infrage und bitte Gott um eine Bestätigung. Da betrete ich das Zimmer einer neuen Patientin. Sie fragt mich: »Sie sind hier die Stationsleitung, nicht wahr?« Und nachdem ich bejaht habe: »Ja, so ist das. Da stellt uns Gott an einen Platz und wir füllen ihn aus, mal gut, mal schlechter.«

Im Nachhinein möchte ich diese Zeit wirklich nicht missen – eine wichtige Station in meinem Leben.

Mein Kind-Engel-Erlebnis

Warum erzähle ich diese Geschichte? Sie hat mich einfach beeindruckt, mich unglaublich ermutigt und mir ein Wesensmerkmal Gottes gezeigt, das unseren Vorstellungen nicht unbedingt entspricht.

Ich unternehme, wie so oft, einen langen Spaziergang. Diesmal fahre ich nach Biedenkopf, nur wenige Kilometer von Bad Laasphe entfernt und stelle außerhalb der Stadt meinen Wagen ab. Auf meinem Rückweg führt mich der Weg am Aldi-Discounter vorbei. Der Kühlschrank zu Hause ist ziemlich leer, da könnte ich doch auf diesem Weg ein paar Lebensmittel einkaufen. Als ich den Aldi verlasse, trage ich eine schwere, viel zu volle Einkaufstasche an der Hand. Dummerweise habe ich die Entfernung, die zwischen dem Discounter und meinem geparkten Auto liegt, nicht annähernd richtig eingeschätzt.

So mache ich mich, ärgerlich über mich selbst, auf einen langen Weg. Die Tasche scheint immer schwerer und meine Arme beim ständigen Wechseln von links nach rechts und zurück immer länger zu werden. Plötzlich spricht mich eine freundliche Kinderstimme von der Seite an: »Kann ich Ihnen helfen?«, fragt diese, und bevor ich antworte, hat das schätzungsweise achtjährige Mädchen seine Hand am Henkel der Tasche, direkt neben meiner Hand. So gehen wir gemeinsam zum Auto. Von diesem Augenblick an erscheint mir alles recht merkwürdig. An meiner Hand spüre ich keinerlei Gewicht mehr. Darum versuche ich immer wieder, das Gewicht der Tasche zu mir hin zu verlagern. Doch es funktioniert nicht. Außerdem ist mein Mund wie zugeschnürt. Ja, ich bin geradezu sprachlos. Das ist ungewöhnlich, da ich mit Kindern sonst keine Berührungsängste habe und schnell mit ihnen ins Gespräch komme. Stattdessen erlebe ich die Atmosphäre als sehr ehrfurchtsvoll.

Inzwischen haben wir mein Auto erreicht, ich stelle die Tasche hinein und drehe mich zu dem Mädchen herum, um mich zu bedanken. Doch es ist nicht mehr da, weit und breit ist kein Kind zu sehen. Da ist keine Straße, keine Gasse, in die es hätte verschwinden können. Völlig irritiert fahre ich nach Hause. »Was war denn das gerade? Habe ich geträumt?« Zu Hause erzähle ich meinem Mann von diesem mysteriösen Erlebnis. Und der, ein eher nüchterner und bodenständiger Mensch, antwortet, als sei es das Natürlichste auf der Welt: »Das war dann wohl ein Engel!«

Die Symptome kehren zurück

Inzwischen leben wir schon seit zehn Jahren in Bad Laasphe. Manches ist leichter geworden. Mein Mann hat seit drei Jahren nur noch die Verantwortung für die zwei Gemeinden in Bad Laasphe und dem Vorort Puderbach. Und auch mir geht es recht gut. Die Panikattacken sind mehr oder weniger verschwunden. Und sollten sie doch hin und wieder mal auftreten, kann ich sie schon im Keim ersticken. Das habe ich inzwischen gelernt und mich durch entsprechende Bücher schlaugemacht. Ich versuche, mich nicht mehr hineinzusteigern, sondern ruhig zu bleiben oder mich abzulenken. Auch die Panikattacken nicht mehr als Katastrophe zu sehen, sondern sie stattdessen willkommen zu heißen, hilft mir, sie auf ein erträgliches Maß zu reduzieren.

1993 verändert sich unsere äußere Situation. Wir verlassen Bad Laasphe und treten eine neue Stelle in Krefeld an. Besser gesagt, mein Mann bekommt eine neue Pastorenstelle in der Freien evangelischen Gemeinde Krefeld am Niederrhein. Ein Wechsel ist nach zehn Jahren nicht ungewöhnlich. Für mich steht von vornherein fest, dass ich mir auch dort wieder einen Arbeitsplatz suchen werde.

Ich selbst liebe räumliche Veränderungen, ganz im Gegensatz zu meinem Mann, der eher zu den Bodenständigen gehört. Von daher fällt es mir auch leichter, den Ort zu verlassen. Ich nehme mir bewusst Zeit zum Abschiednehmen, gehe durch vertraute Straßen, besuche besondere Orte und Menschen, die mir nahestanden, kündige auch schon frühzeitig meinen Arbeitsplatz, um die Zeit des Abschieds bewusst zu erleben.

Das Gemeindehaus in Krefeld ist in einem der damaligen sozialen Brennpunkte gelegen. Dort wohnen wir auch, denn wir beziehen das Wohnhaus auf dem Hinterhof, das wir uns mit einem russlanddeutschen Hausmeisterehepaar aus Kasachstan teilen, äußerst liebenswerte Leute, mit denen wir uns gut verstehen werden. Unser Wohnviertel bildet ein wirkliches Kontrastprogramm zum idyllischen Bad Laasphe. Sofort fallen mir beim Einkaufen die vielen Kinder auf. Sie kommen aus aller Herren Länder, spielen Tag für Tag auf der Straße, teilweise spärlich bekleidet – auch im Winter – und wirken auf mich oft verloren. Mit ihnen werde ich noch meine Geschichte haben. Doch das kommt später.

Sehr schnell bekomme ich über eine Frau aus der Gemeinde einen Platz in der Mobilen Krankenpflege einer Sozialstation – nicht weit von Krefeld entfernt. Hier gehen alle meine »romantischen« Vorstellungen von Gemeindeschwestern, die ich aus meiner Kindheit im Kopf habe, verloren. Ich bin mit einem genauen Zeitplan, den ich minutiös einzuhalten habe, unterwegs. Jeder vorgegebene Handgriff muss dokumentiert werden. Zeit für ein Gespräch, fürs Anhören von Sorgen und Ängsten der Patienten? Fehlanzeige. Ich begegne Menschen in unsäglicher Einsamkeit und Nöten. Doch die Zeit reicht hinten und vorne nicht. Das macht mich zunehmend fertig. Die Bilder werde ich abends nicht los, sie verfolgen mich bis in meine Träume. Ich kündige nach nur einem halben Jahr. Es ist die richtige Entscheidung, das soll sich schon bald darauf bestätigen.

Mal abgesehen von der Tatsache, dass ich schon recht bald nach unserer Ankunft in Krefeld wieder operiert werden muss – dieses Mal müssen Gebärmutter, der verbliebene Eierstock samt Eileiter wegen eines gutartigen Tumors entfernt werden – überfallen mich auch meine altbekannten Symptome in Form von Panikattacken wieder massiver. Sie kommen und verschwinden, zeigen sich mal stärker, mal weniger stark.

In einer Nacht ist es besonders schlimm, ich erwache aus einem Albtraum, an dessen Inhalt ich mich nicht erinnern kann, und mein Puls rast wie verrückt. Alle erlernten Tricks, die Symptome einzudämmen, helfen nicht. Mein Mann nimmt mich in den Arm, redet beruhigend auf mich ein, versucht mich abzulenken. »Nein, nicht noch einmal alles von vorn«, denke ich. Wieder lasse ich mich durchchecken, wieder findet man nichts.

Eine neue Gotteserfahrung

Pfingsten 1995 fahre ich mit einigen Mitarbeiterinnen von *Stand Up –* damals noch *Initiative für Lebenshilfe und Erneuerung e. V.* aus Solingen zu einem Pfingstkongress der *Vineyard*-Gemeinden nach Bern in die Schweiz. Meine Schwägerin Gerti hat mich dazu ermutigt. Bisher hatte ich so gut wie keine Erfahrung mit charismatischer Frömmigkeit und begebe mich deshalb mit gemischten Gefühlen dorthin. Doch ich bin neugierig, und ich habe eine tiefe Sehnsucht nach Gott.

Was mir dort begegnet, kommt zunächst einem Kulturschock gleich. Bisher war ich immer der Ansicht, dass unsere Gottesdienste in meiner Freikirche recht lebendig sind, doch nichts gegen das, was mir hier begegnet: klatschende, jubelnde, lachende, kreischende und tanzende Menschen. Ich bin hin- und hergerissen zwischen Faszination und meinen »Das tut man doch nicht«-Gefühlen. Ja, manches stößt mich wirklich ab, anderes verunsichert mich, vieles aber fasziniert mich. Zum ersten Mal erlebe ich, was es heißt, Gott mit allen Sinnen anzubeten, zu tanzen, zu jubeln oder einfach nur in der Stille zu hören und zu empfangen. Diese »ausgefahrenen Antennen« auf Gottes Reden und Handeln beeindrucken mich sehr. Ich möchte nicht so viel über Gott, sondern von ihm selbst etwas hören. Für mich vollzieht sich eine entscheidende Wende, so etwas wie ein wirklicher Beginn auf dem Weg meiner inneren Heilung. Auch wenn ich mit manchem Probleme habe, bin ich dort ständig mit Gott im Gespräch: »Ich möchte dir begegnen, möchte alles empfangen, was du mir geben willst. Ich muss nicht alles mitmachen, muss nicht alles gutheißen.«

Und dann passiert es während einer Anbetungszeit, in der ich nur mit geöffneten Händen dastehe. Plötzlich fühle ich die Liebe Gottes ganz tief in mir. Bis dahin habe ich es geahnt, geglaubt, für wahr gehalten, dass Gott mich liebt. Hier und jetzt spüre ich es zum ersten Mal, so als würde Gott mein Herz und damit auch meine tiefsten inneren Wunden geradezu küssen. Ich fühle mich bedingungslos geliebt und angenommen. Was ich tue oder leiste oder wie ich von anderen gesehen werde, ja, selbst, wie ich mich selbst sehe, ist in diesem Augenblick unwichtig. Ich bin ein geliebtes Kind Gottes, nur das ist entscheidend. »So ist das also«, denke ich, »das, wonach ich mich immer gesehnt habe, so fühlt es sich an!« Von diesem sicheren Ort aus kann ich den Blick zu meinen inneren Verletzungen wagen, und der Weg der Heilung kann beginnen.

Ich besuche danach noch viele weitere Veranstaltungen dieser Art, Kongresse, Seminare, und eines lerne ich daraus: In allen Kirchen und Gemeinden verschiedenster Couleur gibt es Echtes und Unechtes, Freiheit und Gesetzlichkeit, Weite und Enge. Während mancher Anbetungszeiten vergieße ich viele Tränen. Nicht immer habe ich diese Liebe Gottes konstant gespürt. Danach werde ich noch Zeiten der Verzweiflung, Ängste und Wut auf Gott erleben. Und doch bin ich nie hinter dieses Erlebnis zurückgegangen. Eine Weichenstellung! Von da an verändert sich meine Gottesbeziehung. Gebet ist nicht mehr nur meine Christenpflicht, wie ich sie bis dahin oft empfunden habe, oder ein Mittel, um meine Sorgen abzuladen. Das ist es natürlich auch. Doch zur Hauptsache ist es einfach ein Sein in Gottes Gegenwart, ein Hören, Meditieren und Warten auf ihn.

Ich gehe anders durch die Straßen, spüre Gottes Liebe nicht nur zu mir, sondern zu den Menschen, die mir begegnen, segne sie in Gedanken. Ich lerne, mehr auf Gottes Impulse zu achten, als nur ein Programm abzuspulen oder einen Auftrag zu erfüllen.

Der Tod meiner Mutter

Fast zeitgleich mit unserem Neustart in Krefeld waren meine Eltern ins Altenheim Bethanien nach Solingen gezogen. Zuerst hatten wir ihnen eine leer stehende Wohnung in unserer Nachbarschaft angeboten, doch ihr Wunsch war es, nach Bethanien zu gehen. Was für eine gute Entscheidung, wie schwierig wäre es wohl geworden bei all dem, was noch folgen sollte.

Im Juni 1995, ich sitze gerade mit meinem Mann auf der Terrasse unserer Ferienwohnung in der Eifel, erreicht uns die Nachricht vom Tod meiner Mutter. Bis dahin hatte sie lange Zeit im Wachkoma gelegen, jetzt endlich durfte sie gehen.

Wir befinden uns mit unserer Familie und vielen Gästen in der freundlichen Friedhofskapelle. Mein Bruder Peter hält die Beerdigungsansprache und ich sitze da, höre ihm zu und bin von unendlicher Dankbarkeit und Liebe zu meiner Mutter erfüllt. Während Peter noch einmal die Eckdaten ihres Lebens beschreibt, bekomme ich eine regelrechte Hochachtung. Wie viel hat sie geleistet, wie sehr gekämpft, wie viele Ängste durchgestanden? Nun hat sie es geschafft. Sie ist am

Ziel ihrer Reise angelangt. Doch auch Trauer spüre ich. So vieles hätte ich sie gerne noch gefragt. »Was hast du gefühlt, damals in dieser oder jener Situation? Wie ist es dir ergangen? Warst du glücklich oder hast du dir manchmal ein anderes Leben gewünscht?« Eine andere, brennende Frage wird einige Jahre später hinzukommen: »Mami, hast du es gewusst oder auch nur vermutet? Und wenn ja, warum hast du nichts unternommen?«

Hier und jetzt ahne ich noch nicht, dass wir acht Jahre später eine ganz andere, dunklere und sehr herausfordernde Beerdigung erleben werden. Ich ahne noch nichts von dem Fass, das sich öffnen wird.

Licht und Schatten

Lange habe ich überlegt, ob die Ereignisse, von denen ich nun berichten will, wirklich relevant sind für ein Buch, in dem es um Missbrauch geht, habe mich ein paarmal dafür und wieder dagegen entschieden. Nun tue ich es doch, denn dieses Kapitel gehört einerseits zu meiner »Fluchtgeschichte« und ist andererseits, zumindest zum Teil auch eine Missbrauchsgeschichte, auch wenn es dabei nicht um sexuellen Missbrauch geht.

In unserem Stadtteil sind mir zuerst die vielen »verlorenen« Kinder aufgefallen. Ich habe den Wunsch, mit ihnen Kontakt aufzunehmen und das tue ich, beziehungsweise zunächst wir als Gemeinde. Ein sogenanntes Hof- und Straßenfest, zu dem wir unsere Multikulti-Nachbarschaft einladen, ist der Beginn meiner »Freundschaft« mit den Kids, von denen viele Muslime sind.

Nach einer offiziellen Kinderwoche beginne ich mit einem wöchentlichen offenen *Kidstreff*. Die Türen sind geöffnet, im unteren Bereich unseres Gemeindehauses gibt es verschiedene Beschäftigungsangebote wie Kickern, Basteln, Tischtennis, Gesellschaftsspiele und einiges mehr. Als Höhepunkt zwischendurch und bei den Kids besonders beliebt, gibt es eine Pause mit Kuchen oder Plätzchen und Saft.

Manchmal kochen oder backen wir auch gemeinsam. Doch das, was zwischen »den Zeilen« passiert, ist das Entscheidende, die Beziehung zu den Kids, menschliche Nähe und Wertschätzung. Von Anfang an habe ich den Wunsch, ihnen einfach nur Gastfreundschaft und einen Raum der Begegnung zu bieten. Zunächst bin ich noch mit den Kids allein. Doch es werden allmählich immer mehr, ich brauche unbedingt Unterstützung und finde sie in Mitarbeitern und Mitarbeiterinnen ganz unterschiedlicher Herkunft und Erfahrung. Besonders durch ein Ehepaar, das inzwischen in den Staaten lebt, lerne ich einiges. Sie bringen Struktur in die Sache, die nicht so sehr »mein Ding«, inzwischen aber bitter nötig geworden ist. Der Mitarbeiterkreis verändert sich, einige gehen, andere kommen hinzu. Und mehr und mehr schleicht sich etwas anderes, sehr Gefährliches ein. Machtspiele entwickeln sich, Manipulation und Abhängigkeiten bis hin zu einem Missionseifer, der missbräuchliche Merkmale aufweist. Ich weiß nicht wirklich damit umzugehen, fühle mich überfordert. Es treibt mich um, wühlt mich auf und beunruhigt mich zutiefst. Doch hole ich mir keine Hilfe, ja, ich komme nicht mal auf die Idee. Wir hätten einen Supervisoren gebraucht, der mit uns von außen draufschaut, um das entstandene »Knäuel« zu entwirren und »das teuflische Spiel« zu entlarven, das sich hier entwickelt. Die Situation beruhigt sich, als der Mitarbeiterkreis kleiner wird. Doch auch die Kids sind weniger geworden. Es hat ein regelrechter Kahlschlag stattgefunden. Da sind Scherben übrig geblieben, die schmerzen und nicht mehr zu kitten sind.

Eine Mitarbeiterin, eine gute Freundin, steht weiterhin an meiner Seite wie ein Fels in der Brandung. Unsere Lebensgeschichten sind äußerst verschieden. Im Gegensatz zu mir hat sie keinen christlichen Hintergrund. Drogen- und tablettenabhängig findet sie, als sie quasi völlig am Ende ist, zum Glauben an Jesus. Besser gesagt: Der findet sie. »Das war meine Rettung«, betont sie oft. Kein Wunder also, dass sie von dem innigen Wunsch beseelt ist, den Kids diesen Glauben zu vermitteln. Es ist ihr ein großes Herzensanliegen. Das kollidiert aber mit meiner Ausgangsvision, den Kids einfach nur meine Freundschaft anzubieten, ihnen mit der Liebe Gottes zu begegnen, ohne dabei einen Missionsauftrag zu verfolgen.

Mittlerweile bin ich extrem verunsichert, weiß nicht mehr, ob mein Eindruck von damals richtig war. Ich gebe schließlich die Leitung und Verantwortung an sie ab. Bin ich wieder auf der Flucht? Letztendlich geben wir den *Kidstreff* auf.

Etwa zehn Jahre später – ich bin in der Stadt unterwegs – entdecke ich sie und muss zweimal hinschauen, eine Frau, die mir noch aus jener Zeit bekannt ist, die Mutter einer fünfköpfigen deutsch-italienischen Familie. Die Kinder kamen regelmäßig, gingen sozusagen ein und aus. Sie selbst machte damals einen ausgezehrten, völlig erschöpften, fast heruntergekommenen Eindruck, ebenso die Kinder, sie lungerten auf der Straße herum. Später, so hörte ich, wurden einige von ihnen auch straffällig.

Die Frau, die ich hier sehe, will so gar nicht mehr zu dem Bild von damals passen, eine ausgesprochen attraktive Frau, hübsch gekleidet, dezent geschminkt, ein offenes, freundliches Gesicht. Unsere Blicke treffen sich. Wir lächeln uns an, gehen aufeinander zu.»Ach, sind Sie nicht die …?« – »Ja, die bin ich, auch ich hätte Sie fast nicht erkannt!« Eine Zeit lang unterhalten wir uns. Sie erzählt mir stolz von ihren Kindern, die inzwischen alle ihren Weg machen: Lehre, feste Anstellung. Plötzlich kommt ein hochgewachsener junger Mann um die Ecke, damals noch ein Kleinkind, das die vier älteren Geschwister immer im Schlepptau hatten. Natürlich kennt er mich nicht mehr, wie sollte er auch? Seine Mutter stellt mich ihm vor mit den Worten: »Das ist Ille, da seid ihr früher immer hingegangen, dort habt ihr Zuflucht gefunden.«

»Zuflucht«, was für ein wunderbares Wort! Dankbar über das unerwartete Geschenk dieser Begegnung gehe ich nach Hause. Nein, es läuft nicht alles glatt. Wir machen Fehler, treffen falsche Entscheidungen, oft genährt aus unseren eigenen Wunden. Wie gut ist es, wenn trotz allem etwas Gutes daraus wächst.

In der Küche wird gebadet

Mit meiner Mutter (Ruth) am Rhein – im Hintergrund Bruder Diethelm

Familie Strauch, von links: Peter, Mutter Ruth, Ille, Bärbel, Vater Karl, Diethelm

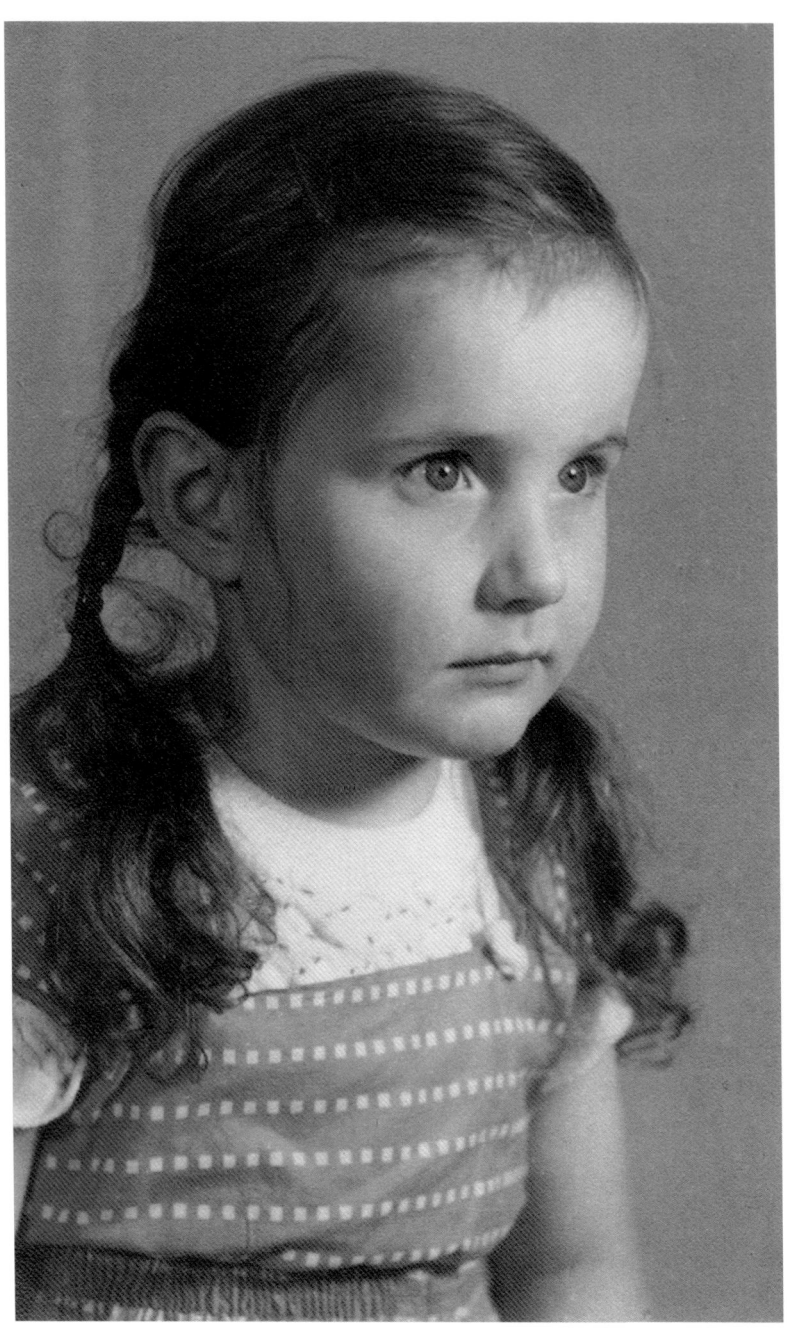
Ille

Mit ihrem besten Freund Hasso

Mit Schwester Bärbel

Mit Vater und Diethelm

Mit den Brüdern – links Diethelm, rechts Peter

Mit dem großen Bruder Peter, im Zelt

Mit Puppenfamilie

Ille spielt vornehme Dame

Illes Schulanfang 1961

Bei Tante Dole und Tante Guste

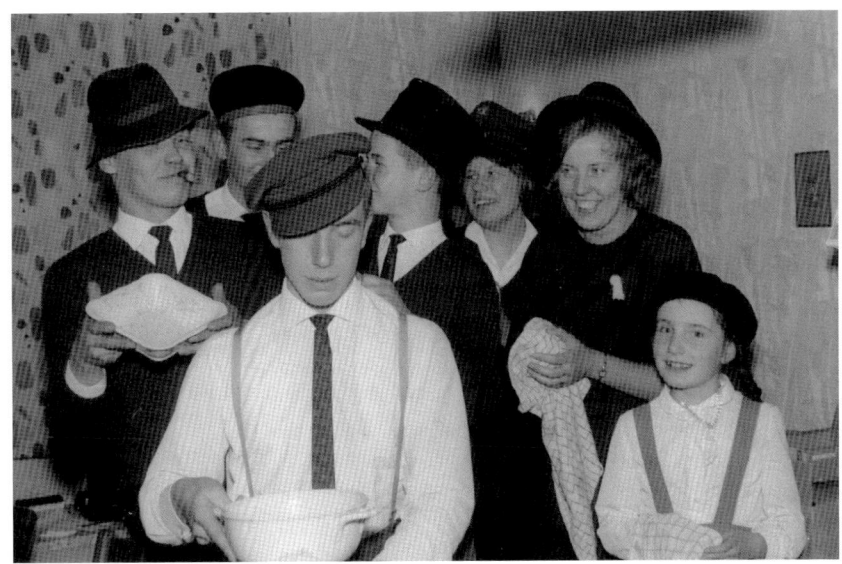

Lustige Familie beim Spülen

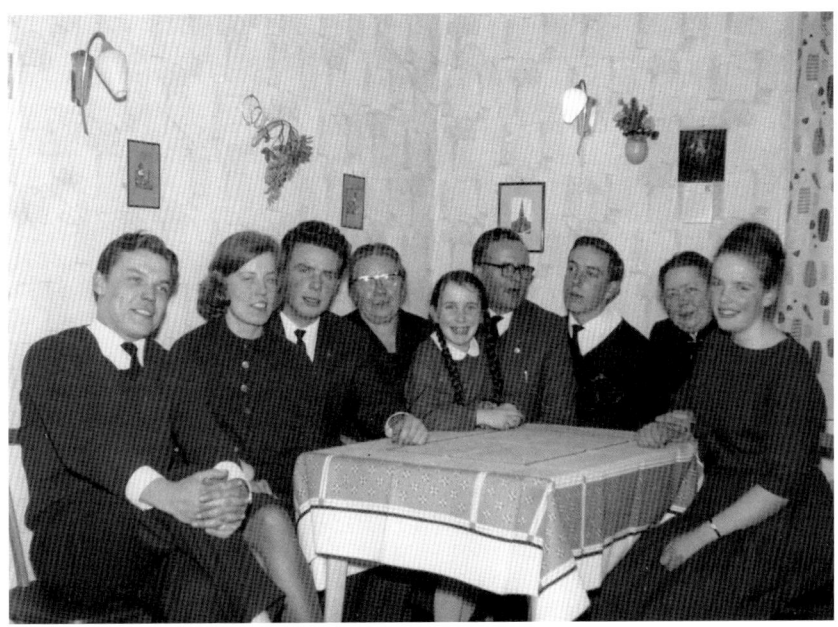

Familie auf der Eckbank, von links: Hansel (Vetter), Edelgard und Peter, Mutter, Ille, Vater, Diethelm, Muth (T. Magdalene), Bärbel

Mit großer Schwester Bärbel

Mit dem Vater unterwegs

In Österreich – Urlaub mit 13 Jahren

In Österreich – Urlaub mit 13 Jahren gemeinsam mit den Eltern

Karl Strauch in seinem Lkw

Ille passt nicht mehr in den Rahmen

Ille – Tanz auf dem Boden

Mit Tüchertanz

Familientreffen 2012, von links: Schwägerin Gerti, Diethelm, Schwägerin Edelgard, Ille, Bärbel, Peter, Schwager Uwe, Ehemann Siegi

Geschwistertreffen 2014, von links: Ille, Bärbel, Diethelm, Peter

Ille & Siegi 2013

11. Flügelschläge

Die Wende

Ende September 1998. Ich befinde mich auf einer christlichen Konferenz mit dem Titel »Frisches Wasser« im schweizerischen Thun, einer wunderschönen Stat am Thuner See.

Die Anmeldeformalitäten habe ich hinter mich gebracht. Da bis zum offiziellen Beginn der Konferenz noch Zeit bleibt, schaue ich mich auf dem Büchertisch um. Ein Buchtitel fällt mir sofort ins Auge: *Die zwei Bäume im Paradies*[6]. Ich weiß nicht, warum, aber allein der Titel löst irgendetwas in mir aus, so sehr, dass mir die Tränen kommen. Ich überfliege die Inhaltsangabe. Der Baum des Lebens steht für die *Gnade*, der Baum der Erkenntnis für das *Gesetz*. Ich steige nicht weiter in die Thematik des Buches ein, kaufe es auch nicht, denn mein Blick wird inzwischen von etwas anderem gefesselt. Neben vielen interessanten Büchern liegen dort bunte Tücher und Fahnen aus. Ich liebe Farben und habe schon Tänzerinnen mit Flaggen tanzen sehen. Das hat mich sehr angesprochen und in mir die Sehnsucht geweckt, ebenfalls mit bunten Tüchern und Flaggen Gott anzubeten. Also möchte ich hier und jetzt eine kaufen. Doch welche Farbe soll ich nehmen? Rot war schon als Kind meine Lieblingsfarbe. Das habe ich bis ins Erwachsenenalter beibehalten. So entscheide ich mich für eine rote Flagge. Doch in mir sagt eine Stimme: »Wähle blau!« Blau? Sicher, blau ist eine schöne Farbe, aber es ist nicht meine. Irgendwie finde ich sie eher kalt. Doch habe ich inzwischen gelernt, auf solche inneren Impulse zu hören. Ich kaufe also die blaue Flagge.

Auf diesem Kongress gibt es auch so etwas wie *Hörendes Gebet*. Eine kleine Gruppe, bestehend aus zwei oder drei Frauen und Männern, sitzt in einem kleinen geschützten Raum zusammen und bietet für eine Person ein segnendes Gebet an. Dabei wissen sie nichts über die Person, holen auch keine Informationen ein, sondern sind einfach still und bitten Gott, ihnen etwas Ermutigendes – einen Satz oder ein Bild – für die betreffende Person zu geben. Ich liebe diese Form des

---

[6] Rick Joyner: Die zwei Bäume im Paradies. Projektion J Verlag, Wiesbaden 1992.

Gebetes sehr, ob in der Rolle der Beterin oder der Empfängerin. Auf beiden Seiten bin ich die Hörende und Empfangende. Es liegt so viel Achtsamkeit darin, viel mehr, als wenn der oder die andere durch mein Gebet zugetextet wird.

Deshalb suche ich eine dieser Gruppen auf. Allein die ruhige Atmosphäre, abgeschieden vom Trubel der vielen Kongressbesucher, tut mir schon gut. Ich werde ermutigt, und viele Dinge sprechen in mein Leben hinein. Am Schluss will mir eine Mitarbeiterin noch ein in buntes Papier gepacktes Nugatherz schenken, die gibt es auf dem Kongress in allen möglichen Farben. Sie kramt in ihrer Tasche, findet aber keins. »Ich habe noch eins«, sagt ein anderer Mitarbeiter und hält ihr ein rotes Herz hin. »Nein«, widerspricht die Frau, »es muss ein blaues sein!« Schließlich findet sie noch ein blaues und lässt es mir zukommen. »Schon wieder blau«, denke ich, »mit dieser Farbe muss es ja wirklich etwas auf sich haben ...« Ich bin gespannt und warte ab, meine Antennen weit ausgefahren.

Gefangen im Kofferraum

Ein Teilnehmer, mit dem ich zusammen nach Thun gekommen bin, lässt mich nach einer gemeinsamen Mittagspause am Kofferraum seines Kombis zurück. »Schlag die Heckscheibe einfach zu, wenn du gehst«, sagt er mir. Ich sitze also mit baumelnden Beinen auf der Fläche des Kofferraumes und genieße den Rest meines Mittagessens. Während ich esse, wird die Luft allmählich recht frisch. Deshalb krabble ich ganz in den Kofferraum und schlage die Heckklappe zu, dummerweise aber von innen. Doch schon bald merke ich, dass sich diese von innen nicht mehr öffnen lässt. Ich bin also gefangen. Über der Rücksitzbank befindet sich eine Absperrung, ein straff gespanntes Netz. Ich habe mich selbst eingesperrt. Wie kann man nur so dumm sein, und was soll ich jetzt tun? Der Besitzer des Autos würde erst am Abend nach dem Kongress wieder zurückkommen. Ein Ehepaar kommt vorbei, schaut durchs Fenster und begreift meine Lage. Die beiden zeigen sich besorgt, sind aber ziemlich hilflos. Was sollen sie auch tun? »Können wir jemandem Bescheid geben?«, klingt die Stimme der Frau gedämpft durch die Scheibe. Ich winke ab. Denn wo sollten sie den Besitzer jetzt finden? Wohl gemerkt, wir befinden uns noch nicht in den Zeiten, in denen es ganz selbstverständlich ist, ein Handy bei sich zu haben. Schließlich nehme ich den Kampf mit der Absperrung auf. Ich quetsche mich mit äußerster Kraftanstrengung unter dem Netz hindurch nach vorne. Nass geschwitzt erreiche ich endlich den Fahrersitz und kann die Seitentür von innen öffnen. Während meiner Kriechaktion kommt mir ein Gedanke: Es ist fast wie bei einer Geburt: Ich will raus aus dem Geburtskanal. Ich will leben! Als ich endlich das Auto verlassen kann, bin ich mir sicher, dass dieses Erlebnis für mich wichtig war.

Ich suche eine Seelsorgerin auf und erzähle ihr von meiner »Geburtsaktion« und meinem Eindruck. In unserem Gespräch bricht alles aus mir heraus, die Angst meiner Mutter, mich mit 42 Jahren noch zu bekommen, ihre Angst vor der Überforderung, mich großzuziehen. Die Seelsorgerin ist eine sehr mütterliche Person, genau richtig für mich in dieser Situation. Die meiste Zeit liege ich in ihrem Arm und weine. Sie geht mit mir den Geburtsvorgang noch einmal durch. Und ich erlebe es noch einmal, auch körperlich: das Durchtrennen der Nabelschnur. Als die Seelsorgerin diesen Schritt mit mir geht, spüre ich den Schmerz.

Danach bin ich völlig geschafft. Hier fragt mich die Seelsorgerin, ob ich meiner Mutter vergeben möchte. Nein, ich bin ganz und gar nicht der Meinung, dass man immer gleich mit dem Begriff Vergebung kommen sollte. Ich sehe es durchaus kritisch, wenn Christen zu schnell von Vergebung sprechen, ganz nach dem Motto: »Vergib deiner Mutter, dann ist alles wieder gut.«

Doch in diesem Augenblick geschieht etwas in mir. Diese Frage nach der Vergebung lässt mich zum ersten Mal wirklich erkennen und aussprechen, dass meine Mutter an mir schuldig wurde und mir etwas vorenthalten hat. Bisher habe ich sie immer entschuldigt, Erklärungen für ihre Ängste und ihr Verhalten gesucht und gefunden. »Es muss ja auch schlimm für sie gewesen sein, in ihrem Alter und in ihrem Gesundheitszustand noch ein Kind zu bekommen.« Ja, sie hatte ihre verständlichen Gründe, und sie wurde schuldig an mir, beides ist richtig.

Die Farbe Blau

Auf diesem Kongress passiert sehr viel in meinem Inneren. Das meiste ereignet sich zwischen den Veranstaltungen. Gott ist im Gespräch mit mir. Ich erlebe ihn als einfühlsamen Seelsorger und spüre seine Liebe zu mir. In den Nächten habe ich viele, oft aufrüttelnde Träume.

Ein Traum ist sehr konkret und bleibt mir mit einer solchen Klarheit in Erinnerung, dass ich ihn gleich aufschreibe: Ich sehe vor mir einen weißen Hund mit großen, schwarzen Flecken. Beinahe sieht er so aus wie mein Freund Hasso aus Kindertagen. Doch vor diesem Hund habe ich panische Angst, Angst, dass er mich beißen könnte. Schließlich kommt ein anderer Hund ins Bild, der ist ganz weiß. Ich laufe sofort auf ihn zu und streichle ihn ohne jede Angst. Dieser Traum beschäftigt mich sehr. Was hat er zu bedeuten? Irgendwie ahne ich, dass es um den schwarz gefleckten Hund geht, vor dem ich mich im Traum fürchte. Ihn möchte ich mir genauer anschauen. Gleichzeitig bin ich irritiert und auch enttäuscht; glaubte ich doch, mein »zweites Geburtserlebnis« wäre der Schlüssel gewesen.

Nun sitze ich in einer der Abendveranstaltungen, bin ziemlich müde und erschöpft und höre deshalb nur mit einem Ohr zu. Doch plötzlich horche ich auf und bin hellwach, denn der Redner hält ein blaues Tuch in der Hand und sagt: »Für mich ist die Farbe Blau ein Bild für die Gnade Gottes.« Er hat zwar von sich selbst gesprochen, und doch bringt es in mir etwas zum Schwingen. *Gnade*, ein Begriff, mit dem ich quasi groß geworden bin. Fast bin ich ein wenig enttäuscht. Weiß ich wirklich nicht, was *Gnade* ist oder habe ich etwas nicht verstanden? *Gnade* steht für unverdientes Geschenk, die Liebe und Vergebung Gottes nicht als Belohnung meiner guten Taten oder der Erfüllung von Geboten, sondern einfach so, eben geschenkt. Dabei ist mir durchaus bewusst, dass gerade wir Christen, die wir so gern betonen, nur aus der Gnade zu leben, oft recht gnadenlos miteinander und auch mit uns selbst umgehen. Das Buch von den *zwei Bäumen im Paradies* fällt mir wieder ein, ebenso mein Traum vom schwarz gefleckten Hund. Hat das alles etwas miteinander und vor allem mit mir zu tun? Noch weiß ich es nicht, halte aber meine inneren Antennen weiter ausgefahren.

Erster Hinweis auf meinen Vater

Die Konferenz in Thun ist fast zu Ende. Ich habe nicht nur viele hilfreiche Impulse bekommen, sondern auch ein Stück Heilung erfahren. Nun sitzen wir in der Abschlussveranstaltung. Es wird gesungen, geklatscht, getanzt, viel Fröhlichkeit ist im Raum spürbar. Bei allem geht es um Gott, unseren gemeinsamen Vater.

In meiner späteren Arbeit mit Menschen werde ich erkennen, wie sehr wir auch den mütterlichen Gott brauchen, der er ja auch ist. Wir betonen ihn so sehr als Vater, doch Gott ist Geist, er ist weder Mann noch Frau. Als unser Schöpfer, von dem wir abstammen und dessen Ebenbild wir genannt werden, hat er beides in sich vereint. Auch die Bibel spricht von dem mütterlichen Gott. Gerade unsere Jahreslosung, die von den *Herrnhuter Losungen* für das Jahr 2016 ausgesucht wurde, macht die mütterliche Seite Gottes deutlich. *Ich will euch trösten, wie einen seine Mutter tröstet.*[7] (Jesaja 66,13; Luther) Manchmal brauchen wir eher die väterliche, manchmal eher die mütterliche Seite Gottes.

Hier und jetzt ist es plötzlich wieder da: dieses quälende Gefühl. Gerade habe ich mich noch an der Liebe Gottes zu mir gefreut. Nun spüre ich es wieder, was mir so oft zu schaffen macht, diese Sehnsucht, Gott als meinen Vater zu sehen und zu erleben und gleichzeitig dieses tiefe Misstrauen gegen ihn. Da sind Angst und Scham im Vordergrund und immer wieder das Gefühl, diesem Gott nicht zu genügen. Da gibt es eine tiefe Angst in mir, dass Gott, dem ich gerade noch vertraut habe, plötzlich ein ganz anderes Gesicht zeigen, ja, mich strafen oder verletzen könnte. Kann ich einem solchen unberechenbaren Gott denn überhaupt vertrauen?

Diese Ambivalenz, die ich in mir spüre, zerreißt mich geradezu. Ich sage es Gott, nein, ich schreie es innerlich heraus, ein stummer Schrei, den niemand sonst mitbekommt. »Warum, Gott, kann ich dich nicht wirklich als Vater spüren? Warum kann ich dir nicht vertrauen?« Im selben Augenblick sehe ich ein inneres Bild vor mir, das

---

[7] »Die Losungen 2016«, Herausgeber: Evangelische Brüder-Unität, 286. Ausgabe. Friedrich Rheinhardt Verlag, Lörrach/Basel

mich überrascht und doch auch wieder nicht. Ich sehe den Lkw, den mein Vater als Kraftfahrer lange Jahre gefahren hat. Mein Vater sitzt wie üblich im Führerhaus, so weit nichts Ungewöhnliches. Doch vor dem Auto sehe ich viele kniende Menschen. Sie knien nieder vor dem Lkw, vor meinem Vater und strecken die Arme nach ihm aus. Ich bin zutiefst erschrocken über dieses Bild. Was tun diese Menschen da? Bitten sie meinen Vater um Hilfe oder beten sie ihn gar an? Nach meinem Empfinden scheint Letzteres zuzutreffen. Und es stimmt ja, mein Vater wurde und wird immer noch – auch dreizehn Jahre nach seinem Tod – von vielen Leuten regelrecht verehrt. Nicht wenige sehen in ihm den »Vorzeigechristen«, und das meine ich nicht mal negativ, ein Vorbild eben und einen geistigen Vater. Aber was hat das mit meinem Gottesbild zu tun?

In diesem Moment ziehe ich für mich einen Schluss: Mein Vater war ein Vater für viele. Ich selbst hatte das Gefühl, ihn immer teilen zu müssen. Manches Mal war ich richtig eifersüchtig, wünschte mir, mit meinen Eltern in Urlaub zu fahren, anstatt den Jahresurlaub meines Vaters jedes Mal mit ca. 80 Kindern und Mitarbeitern zu teilen. Aber reicht das aus für derartige Probleme mit dem Vaterbild Gottes? Wie dem auch sei, ich gebe mich damit zufrieden. Und in meiner typisch erlernten Frömmigkeit vergebe ich meinem Vater, dass er mir diesbezüglich etwas schuldig geblieben ist. Tatsächlich glaube ich damit sei es erledigt, nun könne mein Gottesbild genesen, etwas Neues habe begonnen. Mit diesem deutlichen Hinweis auf meinen Vater und der Anerkennung meiner eigenen Vaterwunde ist tatsächlich ein erster Schritt getan. Doch die Art und das Ausmaß dieser Wunde habe ich noch nicht erkannt.

Nur wenige Tage nach meiner Rückkehr aus Thun führt mich mein Weg durch eine kleine Nebenstraße in Krefeld, die ich sonst so gut wie nie benutze. Dort sehe ich im Schaufenster eines Geschäftes für Haushaltswaren und Kunstgewerbe einen kleinen Hund aus Porzellan sitzen, der sofort meinen Blick fesselt, denn es handelt sich um einen weißen Hund mit schwarzen Flecken. Er trägt ein rotes Band mit einem goldenen Herzen um den Hals und hat goldene Ohren. Eigentlich finde ich ihn ziemlich kitschig, doch das spielt in diesem

Augenblick keine Rolle. Ich bin fasziniert von ihm, und es treibt mich förmlich in diesen Laden hinein. Ich frage die Verkäuferin nach dem Hund im Schaufenster. »Ach, Sie meinen den Hund aus Thun«, antwortet sie. Schnell holt sie ihn her und setzt ihn auf die Verkaufstheke. Tatsächlich, an der Unterseite des Hundes klebt ein Etikett: *Original Thun.*

Ist das nun Zufall? Nein, das glaube ich nicht. Für mich ist es eine der faszinierenden Fügungen Gottes, der mich kennt und weiß, dass ich ein sehr visueller Typ bin und Symbole brauche. Der Preis dieses Hundes ist erschwinglich, so kaufe ich ihn.

Seitdem sitzt er auf meinem Schreibtisch und trägt den Namen *Grace (Gnade).*

Leiser Verdacht

Manchmal meldet sie sich ganz leise zu Wort, diese Frage in mir: »Könnte mein Vater auch mich sexuell missbraucht haben?« Ein kurzer aufkeimender Gedanke, der aber sofort wieder verschwindet. Erstens habe ich keine konkrete Erinnerung daran, und zweitens wehrt sich alles in mir massiv gegen diese Vorstellung. »Das würde er mir niemals antun, nein, niemals.« Die Sache in der Hollandfreizeit kann nach meiner Überzeugung nur eine einmalige Entgleisung gewesen sein, nicht mehr und nicht weniger, etwas anderes lasse ich schlicht nicht zu.

Seit meinem Erlebnis in Thun verändert sich allerdings etwas. Ich kann diese Position nicht mehr so vehement vertreten. Immer mal wieder kommt ein leiser Verdacht in mir auf. Ich habe viele interessante Träume, die mich verunsichern. Mehrere Male sehe ich mich im Traum in eine dunkle, unendlich tiefe Grube steigen. Ich habe Angst und bin erschrocken über diese Tiefe und Dunkelheit, doch das Beruhigende ist, ich trage einen Schutzhelm. Im Traum spüre ich: Ich kann es wagen, hinunterzugehen, denn ich bin geschützt. Manchmal muss ich auch in einen Zug steigen, auch ein Traum, der mich immer wieder heimsucht. Ich will auf einem Bahnsteig in den ICE einsteigen und merke plötzlich, es ist der falsche Zug. Zuerst muss ich viele Treppen hinunter auf einen tiefer gelegenen Bahnsteig gehen. Dort steht ein Zug mit einer alten Dampflok. In diesen muss ich einsteigen. Es ist mein Zug. Er bringt mich ... wohin?

Oder ich bin zu Fuß in einem langen, dunklen Tunnel unterwegs, in dem es immer tiefer hinuntergeht. Interessant ist es, dass ich meistens mit einem guten Gefühl aufwache. Obwohl ich im Traum große Angst habe, weiß oder vielmehr ahne ich, dass sich dahinter etwas Positives, etwas Befreiendes verbirgt. Manchmal erschrecken mich auch Albträume, aus denen ich schweißgebadet aufwache. Ich befinde mich zum Beispiel auf dem Geländer des sogenannten Gässchens, eine schmale, mit Kopfsteinpflaster ausgestattete Gasse, die von der Blombachstraße in die Stadt hinunterführt. Auf diesem Geländer haben wir als Kinder oft herumgeturnt. Ich sitze im Traum also auf diesem Geländer. Plötzlich wird das Geländer zu einer scharfen Säge, die mich von unten nach oben in der Mitte durchsägt. Messerträume und Messerbilder habe ich viele. Immer stechen sie unten in die Scheide, gehen unendlich tief hinein, verursachen einen heftigen Schmerz und trennen mich in zwei Hälften.

Diese Träume hinterlassen bei mir Ekel, Verunsicherung und Angst. Vor meinen Erlebnissen in Thun habe ich sie immer schnell beiseitegeschoben. Doch das ist inzwischen nicht mehr so einfach. Die Sehnsucht nach Leben und Freiheit und mein »Gnadenhund« schenken mir schließlich den Mut, mich mehr und mehr für eine Wahrheit zu öffnen, die ich noch nicht kenne, aber leise erahne.

Es verdichtet sich

Seit 1995 wohnt mein Vater allein im Altenheim *Bethanien* in Solingen. Als meine Mutter noch bei ihm lebte, habe ich die beiden gern besucht. Selbst zu der Zeit, als meine Mutter schon im Wachkoma liegt, erlebe ich eine intensive Zeit mit ihr an ihrem Bett. Ihre geöffneten Augen scheinen ins Leere zu starren, trotzdem habe ich das Gefühl, sie schauen mich an. Ich glaube, ich hatte noch nie so zärtliche Gefühle für meine Mutter wie in dieser Zeit. Es ist eine ganz eigene Art der Kommunikation. Mein Vater ist zwar auch anwesend, bleibt aber eher im Hintergrund, da sich alles bei den Besuchen – auch von seiner Seite – um meine Mutter dreht.

Seit er aber allein ist, fällt es mir ungeheuer schwer, ihn zu besuchen. Es geht mir nicht allein so. Auch meine Geschwister tun sich schwer damit. Zunächst ist mein Vater noch viel unterwegs, sogar mit dem Fahrrad oder aber zu Fuß. Häufig schneit er mal eben bei meinem Bruder Diethelm und seiner Familie hinein, die in der Nähe wohnen. Ich muss ehrlich gestehen, dass ich jedes Mal froh und erleichtert bin, wenn er beim Besuch meiner Verwandten nicht auftaucht. Andererseits habe ich immer wieder ein schlechtes Gewissen, wenn ich in Bethanien bin. Ich müsste doch zumindest kurz bei ihm reinschauen. Tue ich es, ist es unangenehm, und ich bin erleichtert, wenn ich wieder gehen kann. Tue ich es nicht, geht es mir auch schlecht, weil mich mein Gewissen mahnt: »Er ist doch dein Vater!« Wie gesagt, meinen Geschwistern geht es da ganz ähnlich, auch ihnen fällt es nicht leicht, mit meinem Vater umzugehen. Was ist das nur, frage ich mich.

Einmal bin ich mit einer meiner Nichten auf einem Waldspaziergang unterwegs. Plötzlich erscheint von Weitem ein alter Mann. Er sieht aus wie mein Vater. »Ist das Opa?«, fragt meine Nichte. In diesem Augenblick stockt mir der Atem, mein Körper erstarrt, mein Herz krampft sich zusammen. Dieses furchtbare Gefühl, das ich von früher kenne, ist plötzlich wieder präsent. Danach kommt die unendliche Erleichterung, er ist es nicht, sieht dem Opa nur ähnlich. Dieses Erlebnis lässt eine große Frage in mir zurück. Was war das denn gerade? Das kann doch nicht normal sein?

Und wieder treten Träume auf, die jetzt konkreter werden. In diesen Träumen habe ich Angst vor meinem Vater, Angst vor sexuellen Übergriffen, bin beispielsweise als Kind auf der Toilette und höre meinen Vater kommen. Ich halte in Panik die Toilettentür zu, denn sie lässt sich nicht abschließen. Manchmal bin ich selbst auch erwachsen und muss ein kleines Kind vor ihm schützen.

Die Stoffpuppe

Die Zeit vergeht, die Demenz meines Vaters nimmt zu. Seit mehreren Tagen ist er mit einer Puppe unterwegs. Diese Stoffpuppe hatte schon in der Wohnung meiner Eltern ihren festen Platz auf dem Sofa, und auch hier im Altenheim sitzt sie oben auf der Sofalehne. Seit einiger Zeit wird nun diese Puppe von meinem Vater ausgeführt. Überall in *Bethanien* ist er mit ihr unterwegs, behandelt sie sehr liebevoll, spricht mit ihr und stellt sie den Leuten vor, denen er unterwegs begegnet. So weit, so gut. Doch eines Nachmittags, als ich wieder einmal meinen Vater besuche, komme ich überraschend ins Zimmer.

Da liegt er mit der Puppe im Bett. Er freut sich, mich zu sehen, gibt mir die Puppe in den Arm. Sie ist dermaßen deformiert, warm und feucht, dass es mich ekelt. Am liebsten würde ich schreiend aus dem Zimmer rennen. Doch ich tue es nicht, setze mich stattdessen auf das Sofa und lege die Puppe ab. Während mein Vater im Badezimmer verschwindet, wirbeln mir die Gedanken wie wild durch den Kopf. In meinem inneren Aufruhr fange ich an zu beten: »Jesus, wenn diese Puppe wirklich etwas mit mir zu tun hat, dann zeig es mir doch bitte. Ich will, ich muss es wissen. Ich halte diese Ungewissheit nicht mehr aus, kann nicht nur mit einem Verdacht leben.« Kurz darauf kommt mein Vater aus dem Bad, setzt sich neben mich und nimmt wieder die Puppe auf den Schoß. Er schaut mich an und sagt: »Das kleine Mädchen heißt Ille und es sieht genauso aus wie du!«

Die Entscheidung

Eines Morgens erwache ich aus einem seltsamen Traum, der in mir ein regelrechtes Glücksgefühl zurücklässt. Ich fahre mit einem Wagen rückwärts durch die Blombachstraße, in der ich meine frühe Kindheit verbracht habe. An unserem Haus, das gleichzeitig das Gemeindehaus ist, streue ich Blumen und bin dabei unsagbar glücklich und zufrieden. Inzwischen geht das Jahr 2000 seinem Ende entgegen. Ich sitze in einer kleinen Runde mit mir vertrauten Menschen von *standUp* zusammen. Während einer Gebetszeit habe ich ein inneres Bild. Ich sehe vor mir eine riesengroße, schwere Eisenplatte. Sie ist an allen Seiten fest vernagelt. Plötzlich kann ich unter diese Eisenplatte sehen und erkenne die Blombachstraße, genau die Stelle vor unserem Haus, an der ich in meinem letzten Traum die Blumen gestreut habe. Jetzt sehe ich, wie das Kopfsteinpflaster sich öffnet und ein gähnendes, schwarzes Loch sichtbar wird. Ich befinde mich über dem Loch und kann hineinsehen. Es ist unendlich tief und schwarz. Doch dann strömt Wasser von oben in dieses Loch, klares, sauberes Wasser fließt unaufhörlich hinein. Es wird etwas Verborgenes, das zugedeckt und vernagelt war, aufgedeckt und gereinigt, denke ich. Und in diesem Moment nehme ich eine leise, zarte Stimme in mir wahr: »Ille, möchtest du hinschauen? Dann tue es, tue es jetzt! Dahinter erwarten dich nicht die Verzweiflung, nicht das Chaos, sondern die Freiheit.« Wie gut ist dieser Augenblick gefügt, wie fantastisch geplant. In diesem kleinen Kreis fühle ich mich sicher und spreche es nun offen aus: »Ja, mein Vater hat mich in früher Kindheit sexuell missbraucht.« Ich lasse die Wahrheit zu. Ich schaue ihr ins Auge, kämpfe nicht mehr dagegen und betrete den Weg der Aufarbeitung und Heilung. Ganz gleich, wie lange er auch dauern wird, ich möchte ins Leben!

Step by Step

Was ist nun der nächste Schritt? Natürlich erzähle ich es als Erstes meinem Mann. Wir sprechen viel darüber. Probleme, die wir in unserer Ehe hatten und noch immer haben, können wir uns nun besser erklären. Allerdings nehme ich zwischen uns einen deutlichen Unterschied wahr. Bei meinem Mann spüre ich Wut und Zorn auf meinen Vater, ich dagegen fühle nichts. Bis jetzt habe ich es nur realisiert und für wahr erklärt, doch sehe ich es immer noch aus einer gewissen Distanz.

So lässt sich auch folgende Begebenheit erklären: Mein Vater feiert seinen 83. Geburtstag. Schon lange haben wir geplant, ihn bei uns in Krefeld zu feiern. Als ich mit meinem Mann darüber spreche, wehrt er sich vehement dagegen. »Ich will dieses Schwein nicht im Haus haben«, bricht es aus ihm heraus. Ich bin total geschockt und reagiere dementsprechend sauer. Wie kann er so etwas sagen? Es ist doch mein Vater. Meine christliche Erziehung scheint hier die Aggression zu verbieten: »Du sollst deinen Vater und deine Mutter ehren...« Ich habe Angst, meinen Vater zu verlieren und nicht zuletzt, mich wirklich von meiner Vorstellung einer heilen Familie verabschieden zu müssen. Als ich diese Begebenheit später einigen meiner Nichten erzähle, merke ich, wie anders sie die Reaktion meines Mannes empfinden. »Er stellt sich zu dir, das ist doch gut!« Ist es nicht genau das, was traumatisierte Menschen brauchen, einen Anwalt, der Partei ergreift und ihnen recht gibt? Wie wahr. Doch so weit bin ich zu der Zeit noch nicht. Übrigens haben wir, wie geplant, den Geburtstag doch bei uns »gefeiert«. Die Stimmung war dementsprechend gehemmt und beklommen.

Heute sehe ich das alles aus einem ganz anderen Blickwinkel. Erst nachdem ich meinen Vater wirklich anklagen, meine Trauer und meinen Zorn herauslassen kann, das Geschehene also wirklich mit meinem ganzen Sein und Erleben realisiere, beginnt nicht nur für mich selbst, sondern auch für unsere Ehe eine Zeit der Heilung und Aufarbeitung. Wie viel wertvolle Zeit ist uns durch den Missbrauch verloren gegangen, wie viel Enttäuschung und gegenseitiges Misstrauen hat es in unserer Beziehung gegeben? Wir weinen gemeinsam und betrauern

diese Zeit. So vieles klärt sich nun und kann aufgearbeitet werden.
Wie oft haben wir uns nur angeschwiegen, uns voneinander zurückgezogen, mit gegenseitigen Unterstellungen belastet. Jetzt sprechen wir über unsere Gefühle, unsere Ängste – auch voreinander. Es entsteht eine neue Ebene, auf der eine echte, tiefe Beziehung wachsen kann.
Der zweite Schritt nach meiner Entscheidung in Solingen ist es, meine Geschwister zu informieren. Mein Bruder Diethelm weiß es bereits, denn er war an dem Abend meiner Entscheidung dabei. Es bleiben also noch Peter und Bärbel mit ihren Familien. Soll ich sie anrufen? Nein, dazu fehlt mir der Mut. So schreibe ich einen ausführlichen Brief. Wie lange ich an den Formulierungen dieses Briefes gesessen habe, weiß ich nicht mehr. Meine größte Angst ist, dass meine Geschwister mir nicht glauben könnten, dass sie es für unmöglich und ungeheuerlich halten und dass ich durch ihre Reaktion wieder verunsichert werden könnte. Letztlich könnte ich selbst wieder zum Schluss kommen, mir doch alles nur eingebildet zu haben. Deshalb bin ich sehr überrascht von ihrer »positiven« Reaktion, so als hätten sie es insgeheim schon geahnt. Allerdings wissen wir alle zu der Zeit noch nicht, wie groß der Berg ist, den wir abtragen müssen. Auch mit den meisten meiner Nichten spreche ich sehr offen darüber.

Einige Wochen später bin ich auf dem Weg vom Bahnhof Solingen Ohligs zu einer Gesprächsrunde in der Beratungsstelle *standUp e. V.* Es dämmert schon etwas. Mein Weg führt mich unter einer Eisenbahnbrücke hindurch. Schon vorher liegt mir diese Brücke regelrecht im Magen, so sehr, dass ich in Erwägung ziehe, einen Umweg zu machen, der mich einiges an Zeit kosten würde. Tatsächlich habe ich auch mit dem Auto schon kilometerlange Umwege in Kauf genommen, um nicht durch einen Tunnel zu müssen. Meine Tunnel- und Brückenängste sind mir seit Langem bekannt. Ich habe mich immer etwas dafür geschämt und sie trotzdem gemieden. Doch dieses Mal nehme ich die Brücke mutig in Angriff. Ich unterquere sie im Laufschritt und bin froh und stolz, nicht ausgewichen zu sein.

In der Beratungsstelle angekommen, werde ich sehr herzlich begrüßt. Das tut mir gut, denn ich fühle mich noch so fremd und unsicher mit dieser Klientel. Da sitze ich in einem kleinen Kreis von betroffenen Frauen, ich, die ich bis vor Kurzem noch fest daran glaubte, dass in unserer Familie doch, Gott sei Dank, alles in Ordnung sei. Ich berichte ganz offen von mir und auch von meinem Brückenerlebnis. Im Gespräch wird mir klar, woher diese Ängste kommen können. Da ist etwas oder vielmehr jemand übermächtig groß – ein Erwachsener über einem kleinen Kind – und erzeugt eine panische Angst: »Gleich bricht es/er über mich herein, erdrückt mich, ich bekomme keine Luft …« Wie verständlich das ist, und wie gut es tut, eine Begründung zu finden, sich nicht mehr selbst zu verachten, weil man an einem lächerlichen Hirngespinst leidet.

Doch noch etwas anderes fällt mir in der Gruppe auf: wie unterschiedlich sich Menschen auch nach einem Trauma entwickeln. Die anwesenden Frauen berichten von ihrer harten Schale, die ihnen gewachsen ist, und die es ihnen schwer macht, Kontakte zu knüpfen, generell sich wieder auf Menschen einzulassen. Sie wollen auch möglichst keine körperlichen Berührungen, gehen lieber von vornherein auf Distanz. Mein Herz hat sich dagegen nie verschlossen, es ist immer weit offen geblieben, wenn auch nicht allen gegenüber. Ich habe vertraut, mich an Menschen gebunden und konnte dadurch auch immer wieder neu verletzt werden. Auch der Wunsch nach körperlicher Berührung ist bei mir geblieben. Umarmungen sind und bleiben für mich ein Zeichen der Zuneigung. Damit bin ich groß geworden. Woran liegt das, und ist es ein Vorteil? Tatsächlich bin ich sehr dankbar, dass mein Herz nicht verhärtet wurde. Vielleicht liegt es an den Menschen, die für mich sichere Orte waren, die mich in meinem Vertrauen bestätigten.

Allerdings hat sich in meinen Umarmungen auch manchmal ein gewisser Automatismus gezeigt, den ich später als Erwachsene beibehalten habe. Wie gut, wenn man auf Menschen trifft, die einem so etwas spiegeln, indem sie beispielsweise eine Frage stellen. »Warum umarmst du eigentlich alle?« – Wobei »alle« natürlich nicht wörtlich zu nehmen ist. Mittlerweile ist es so, dass ich auch in diesem Punkt achtsamer mit mir selbst umgehe.

Das innere Kind

Im Herbst 2003. Ich sitze im Kreis mit etwa 15 Frauen zusammen. Wir befinden uns auf einem Intensiv-Seelsorgeseminar im Diakonischen Werk *Bethanien* in Solingen. Die meisten der Frauen sind mit sexuellen Missbrauchserfahrungen gekommen. Das Seminar steht unter dem Thema: »Verletzende Erfahrungen und Prägungen der Kindheit und Wege der Veränderung«. Johanna Adam, die Leiterin des Seminars, Diakonin, Sozialarbeiterin und Heilpraktikerin für Psychotherapie von der Organisation »Lebens(t)räume« (Siehe Beratungsstellen im Anhang) erzählt uns eine Geschichte, die ich hier nur sinngemäß wiedergeben kann.

Sie setzt eine Puppe in unsere Mitte und legt einen Kreis aus Tüchern um sie herum.

»So sollte es eigentlich sein«, sagt sie uns. Ein Kind, in diesem Fall ein Mädchen – ich werde es später Sina nennen – wird in den geschützten Raum seiner Eltern hineingeboren und wächst an diesem Ort der Sicherheit und Geborgenheit auf. Es ist ein Schutzraum, in dem es sich entwickeln darf, sich ausprobieren, Fehler machen, alles, was zu einer gesunden Entwicklung gehört. Doch nun ist dieser Raum nicht sicher. Jemand fügt dem Kind, zum Beispiel durch sexuelle Übergriffe, körperliches und seelisches Leid zu, möglicherweise ein Mensch im näheren Umfeld oder sogar ein Elternteil, meistens unter einem Deckmantel der Verschwiegenheit. Er trifft das Kind damit in seiner Würde, in der Tiefe seiner Identität. Das Kind ist körperlich und seelisch zutiefst verletzt und verunsichert. Der Schmerz ist unerträglich. Er wird verdrängt. Johanna legt eine dicke Decke über die Puppe. Das Kind ist nicht mehr zu sehen, das traumatische Erlebnis liegt begraben unter der Decke. Außerhalb dieses vermeintlichen Schutzraumes muss sich das Kind nun unter größter Mühe und Anstrengung eine neue Identität suchen. Ein anstrengendes Leben beginnt. Es lotet aus. Was muss ich tun, um von Mama und Papa geliebt zu werden? Wie stelle ich meine Umgebung zufrieden? Und das Mädchen lernt, sich dementsprechend zu verhalten. Seine Antreiber sind Schuldgefühle, Angst und Scham, äußerst fragwürdige »Lebensberater«. Während Johanna erzählt, legt sie immer wieder Symbole oder weitere Tücher auf die schwere Decke.

Dann, so erzählt sie, gibt es da einen Lehrer in der Schule, der freundlich zu dem Kind ist, es so nimmt, wie es ist, sein Potenzial entdeckt, es fördert, ihm etwas zutraut, ja, für das Kind wie ein Retter daherkommt. Das Kind verliebt sich in diesen Lehrer, möchte es ihm recht machen, strengt sich an, lebt sozusagen nur noch für ihn. Doch der Lehrer ist nicht der Retter, nicht der Papa, nicht die Mama. Enttäuschung, Trauer und neue Verunsicherung sind vorprogrammiert. Schlimmstenfalls kann es sogar zu neuem Missbrauch und damit zu einer Retraumatisierung kommen, je nachdem, an welchen »Retter« oder welche »Retterin« das verletzte Kind gerät. Auch eine diskriminierende Ablehnung kann das bewirken. Auf so etwas sollten meines Erachtens Mitarbeiter im Kinder- und Jugendbereich vorbereitet werden. Auch Pastoren können betroffen sein. Mein Mann und ich haben oft bedauert, dass in unserer theologischen Ausbildung in keiner Weise das Thema Übertragung auch nur angeklungen ist, und das bei einer Berufsgruppe, die seelsorgerlich mit Menschen zu tun hat. In meiner Ausbildung zur Krankenschwester gehörte es dazu.

Doch zurück zu unserem Seminar. Die Geschichte geht weiter. Plötzlich hat Sina – inzwischen erwachsen – ein besonderes Erlebnis. Sie lernt eine Gruppe von Leuten kennen, die an Gott glauben und sie mit der Liebe Gottes bekannt machen. Sina hört von Jesus, ist begeistert von der Art, wie er mit Menschen umgeht, und dass er Gott als einen liebevollen Vater beschreibt, der die Menschen bedingungslos annimmt und liebt. Sie entscheidet sich, diesem Jesus zu vertrauen, schüttet ihr Herz, ihre Trauer und ihren Schmerz bei ihm aus. Alles scheint nun gut zu sein. Natürlich möchte sie diesen Jesus nun auch zufriedenstellen. Schließlich soll er einen Grund haben, sie zu lieben, quasi als Bestätigung: Ich bin es wert, dass er mich liebt. Das bedeutet wieder neue Anstrengung. Sie betet viel, liest in der Bibel und versucht, nach den Richtlinien zu leben, die sie im Neuen Testament findet. Vor allen Dingen setzt sie sich für andere Menschen ein, denn christliche Nächstenliebe ist das oberste Gebot. Wenn es nicht gelingt, ist sie deprimiert und sieht sich in ihren Schuldgefühlen und der eigenen

Wertlosigkeit bestätigt. Vielleicht sagt ihr nun jemand, dass es wichtig sei, Gott anzubeten, ihn groß zu machen, sich nicht mehr nur um sich selbst zu drehen. Sie tut es. Inzwischen liegen eine aufgeschlagene Bibel, ein Liederbuch und eine Gitarre auf der Decke. Der Berg wird immer größer, und wir spüren förmlich die Last des Kindes, das darunterliegt. Möglicherweise meldet es sich jetzt zum ersten Mal, ein tiefer Schmerz, eine Leere, eine Sehnsucht, die sich trotz aller Bemühungen nicht stillen lassen will. Sina versucht, diesen Schmerz mit noch mehr Engagement zu unterdrücken, den Schrei des Kindes zum Schweigen zu bringen. Körperliche Symptome treten auf, Bluthochdruck, Herzrasen, Panikattacken, Allergien, was auch immer.

Hier stoppt Johanna in ihrer Erzählung und fragt: Was kann Sina tun? Gibt es einen Ausweg, zum Beispiel alles wegreißen, die Decken, Tücher, Symbole? Das wäre eine Überforderung. Schließlich wurden diese Schutzmechanismen ein Leben lang aufgebaut, sie waren notwendig, um zu überleben. Zunächst ist es wichtig, das innere Kind zu hören, hinzuhören, es wahr- und ernstzunehmen.

Johanna ist eine lebendige Erzählerin. Sie benutzt viele Gesten und ganzen Körpereinsatz. So kriecht sie schließlich selbst unter die Decke zu »ihrem« inneren Kind und tröstet es, nimmt es in den Arm. Erst dann können die Erwachsene und das innere Kind gemeinsam nach und nach, ganz behutsam, die Decken, die erlernten Überlebensmuster ablegen und in ihr eigenes Leben hineinwachsen.

Während der Erzählung durchfährt es mich wie ein Blitz. Es ist so, als erzähle Johanna genau meine Geschichte. Nein, sie erzählt sie nicht, sie malt sie. Sie malt das Bild meines Lebens. Es ist so, als schaute ich in einen Spiegel und das mit einem wertschätzenden Blick, und nicht, um meine Makel zu entlarven. Mir laufen die Tränen herunter. Ich bin also nicht verrückt oder einfach nur undankbar. Meine Entwicklung ist erklärbar, meine Verhaltensmuster sind begründet, sie haben mich am Leben erhalten. Der wohlwollende, wertschätzende Blick auf meine Lebenswunde ist wichtige Voraussetzung, um den Weg zur inneren Heilung zu beschreiten. Auch der liebevolle Humor, den Johanna in ihre Erzählung mit einfließen lässt, hat mir bei der Schwere dieses Themas sehr gutgetan.

In der Zeit danach habe ich mich noch sehr viel mit meinem inneren Kind beschäftigt und viel darüber gelesen. Oft habe ich diese Geschichte so oder ähnlich selbst erzählt. Ich werde nie vergessen, wie ein gestandener Mann daraufhin in Tränen ausbrach, weil er sich zutiefst getroffen fühlte.

Während meiner späteren Ausbildung zur Tanzsoziotherapeutin, auf die ich noch zu sprechen komme, machen wir einmal eine imaginäre Reise nach innen zu unserem inneren Kern. Dabei sehe ich vor meinen inneren Augen ein wunderbares Bild, das mich danach immer begleitet hat. Ich sehe Jesus mit mir, der kleinen Ille auf dem Schoß. Sie ist im Kleinkindalter, trägt ein Trägerstrickkleid und eine in Falten liegende dicke Strumpfhose, so wie ich mich auf alten Fotos sehe. Beide sind sehr fröhlich und haben Spaß miteinander. Als sie mich, die erwachsene Ille sehen, lachen sie mich an und rufen: »Da bist du ja!«

Dieses innere Bild und viele weitere Erlebnisse haben mir deutlich gemacht: Gott ist längst bei unserem inneren Kind. Deshalb geht unsere Zuwendung zu Gott Hand in Hand mit der Zuwendung zu uns selbst, zum Kern unserer Persönlichkeit, ob wir es nun inneres Kind oder anders nennen. Ich bin fest davon überzeugt, dass Menschen, die keinen wirklichen Bezug zu ihrem eigenen inneren Raum haben, auch nicht eine wirklich tiefe Beziehung zu Gott haben können. Vielleicht ist das eine krasse Behauptung. Doch wie oft habe ich es erlebt, dass Menschen, die sich ihrem inneren Kind zuwandten und es wirklich wahrnahmen, sich massiv verändern. Ihr Herz und der Umgang mit Menschen werden weicher, sie bekommen eine warme herzliche Ausstrahlung, so, als würden sie wirklich zu Menschen. Äußere Härte zeigt dagegen, dass dieser tiefste innere Raum verschlossen ist und auch von der Person selbst gemieden wird, was je nach Verletzung überlebenswichtig sein kann. Oft braucht es professionelle Hilfe, um sich »diesem Kind« und damit auch der Verwundung zu nähern, doch es lohnt sich!

Viele Jahre später, als ich selbst eine Frau therapeutisch begleite, nimmt sie sich für ihr inneres Kind ein Stofftier. Ich schlage ihr vor, sich einen Platz für das Kind zu suchen. Sie stellt einen Stuhl in die hinterste Ecke des Zimmers und setzt »das Kind« darauf. Ich frage sie, ob es etwas zu ihr sagt. Sie antwortet: »Es ruft nach mir, möchte, dass ich zu ihm komme.« Sehr zaghaft und ganz langsam bewegt sie sich auf »das Kind« zu. Ich begleite sie ein Stück, so weit, wie sie es möchte. Schließlich ist sie bei dem Stuhl angekommen. Sie setzt sich darauf und nimmt das Kind auf ihren Schoß, alles mit viel Achtsamkeit und Zeit zum Nachspüren. Als ich sie frage, wie es ihr mit dem Kind auf dem Schoß gehe, strahlt sie mich an und sagt: »Das Kind freut sich, und ich freue mich auch.« Später erzählt sie mir, dass sie bei ihrem inneren Kind nur Leere, Trauer und Schmerz vermutet habe und nun Freude vorfindet, ja geradezu eine ausgelassene Fröhlichkeit, die sie dann übrigens auch in einen Tanz umsetzt.

Das hat mich sehr beeindruckt. Unser inneres Kind steht nicht nur für unsere Lebenswunden, sondern auch und gerade für das Ursprüngliche in uns, das, was wir wirklich sind, was Gott in uns hineingelegt hat, eben für uns selbst. Es lohnt sich also, Kontakt mit dem inneren Kind aufzunehmen, auch wenn wir keine schweren Verletzungen in uns tragen.

Mit einem weiteren Erlebnis möchte ich diesen Abschnitt schließen. Ich stehe auf dem Bahnsteig in Krefeld und warte auf den Zug, der mich nach Düsseldorf zu einem therapeutischen Ausbildungswochenende fährt. Ich lasse meinen Blick an den Schienen entlangwandern und fühle mich ein wenig ratlos, weiß nicht, in welche Richtung es nach meiner Ausbildung weitergehen könnte. Es gibt so viele Möglichkeiten, so viel zu tun. Wie es meine Angewohnheit ist, spreche ich mit Gott darüber und frage ihn: »Was ist denn wirklich meine Aufgabe, meine Berufung?« Zugegeben, es mutet schon etwas seltsam an, diese Frage mit Ende vierzig zu stellen. Dann drehe ich mich um und bin überrascht. Dicht hinter mir steht eine Kindergartengruppe mit ihren Betreuerinnen, die ebenfalls auf den Zug warten. Ungewöhnlich und überraschend daran ist, dass mich in diesem Augenblick alle Kinder mit großen, erwartungsvollen Augen anschauen. Eine Antwort auf mein Gebet? Wie dem auch sei: Es macht mir generell Freude, Kindern zu begegnen, auch den inneren Kindern, wenn ich mit Erwachsenen arbeite.

In meinem Workshop »Heilung durch Tanz« auf dem Familien-Ferien-Festival *Spring* berühren mich einmal der Tanz und die Aussage eines Mannes ganz besonders. Wie ein Kind lässt er sich in einen spielerischen Tanz fallen. »Das war ich eigentlich gar nicht«, stellt er überrascht fest. »Ich fühlte mich irgendwie fremd, aber es war die Sehnsucht in mir!« Er ist neugierig, mehr über das Kind in ihm zu erfahren, und erscheint am nächsten Tag gleich noch einmal.

Es ist einfach so: Wenn wir Kindern – den inneren wie den tatsächlichen – in die Augen schauen, sind wir nah dran, nah am Menschen und nah am Herzen Gottes.

Die Sache mit dem Gefühl

Kennen Sie das Bild von der Lokomotive mit den zwei Wagen von der Organisation *Campus für Christus?* Die Lokomotive steht für die Tatsache, dass Gott uns liebt, der erste Wagen für den Glauben, der letzte für das Gefühl. Dieses Bild sollte junge Christen ermutigen. Auch wenn die Gefühle alles infrage stellen, bleibt immer noch der Glaube, denn Glaube ist eine Entscheidung und basiert nicht auf Gefühlen. Gefühle können täuschen und in die Irre führen. Sollte allerdings auch der Glaube wegbrechen, bleibt immer noch Gottes Liebe zu mir. Es ist zweifellos ein gutes und hilfreiches Bild. Trotzdem birgt dieses Bild auch eine Gefahr. Mir hat es immer suggeriert: Traue deinen Gefühlen nicht! Sie stimmen nicht, täuschen dich nur, beachte sie besser gar nicht und nimm sie nicht ernst! Gefühle sind unzuverlässig, keine feste Größe. Diese Haltung wirkt sich auch auf den Glauben negativ aus. Der Geigenbauer Martin Schleske schreibt in seinem neuen Buch *Herztöne*: *Wenn ein Mensch seinen Glauben von seinen Gefühlen abtrennt, weil er seinen Gefühlen – und damit letztlich sich selbst! – misstraut, erreicht der Glaube niemals die Tiefe, in der er wohnen soll, und es entsteht kaum ein gesundes Empfinden für stimmiges Leben.*[8] »Wenn wir uns

---

[8] Martin Schleske: Herztöne – Lauschen auf den Klang des Lebens. Adeo Verlag, Asslar 2016, Seite 166.

aber von Gefühlen leiten lassen, wo kommen wir dann hin?«, höre ich oft. Genau das hat mir ja auch meine Mutter damals vorgeworfen: »Ille, wie kann man sich nur so von seinen Gefühlen leben lassen?« Nun behaupte ich aber, dass gerade das Nichternstnehmen meiner Gefühle, das Nichthinschauen und Nichtbeachten dazu geführt haben, mich von ihnen – meinen Gefühlen – leiten zu lassen. Zur Heilung, gerade von inneren Verletzungen, ist es geradezu lebensnotwendig, die eigenen Gefühle zu beachten, ernst zu nehmen und zu würdigen. Sie führen mich zu meinem inneren Kind, zu meiner Verwundung, zu meinen wahren Motiven und auch zu meinem wirklichen Ich. So muss ich es jetzt als Erwachsene tatsächlich wieder neu lernen, meinen Gefühlen zu trauen. Dabei waren in meiner Kindheit durchaus Gefühle erlaubt, positive, versteht sich. Freude, die sich einen Weg nach außen bahnt, war nicht nur geduldet, sogar erwünscht, solange es nicht peinlich wurde und die Nachbarn keinen Anstoß nahmen.

Es ist mir noch so gut in Erinnerung, als wäre es gestern gewesen. Ich bin ein kleines Mädchen, wie alt, weiß ich nicht und spiele auf dem Steinweg neben unserem Haus, der zum Garten führt. Gab es einen bestimmten Anlass? Auch das weiß ich nicht mehr. Jedenfalls ist in mir ist ein herrlich kindliches Glücksgefühl, das mein Herz fast zerspringen lässt. Wie selten habe ich das in meiner Kindheit erlebt? Ich renne auf dem Steinweg hin und her und schlage mit meinen kleinen Händen an die Gartenmauer, jauchze dabei laut und rufe: »Zum Donnerwetter noch mal!« Ich habe keine Ahnung, was es bedeutet, aber es gefällt mir. Mit jedem Anschlag an die Mauer rufe ich es lauter und bin selbst überrascht und begeistert von der Kraft meiner Stimme. Doch leider ist das Glücksgefühl nur von kurzer Dauer. Da öffnet sich plötzlich im ersten Stock das Küchenfenster. Das Gesicht meiner Mutter erscheint, und ihre Stimme mahnt: »Ilse-Ruth, so etwas sagt man nicht!«

Noch heute kann ich meine Gefühle dabei abrufen. Es fühlt sich an, als würde eine eiskalte Hand nach meinem Herzen greifen, als würde das gerade noch vorhandene Glücksgefühl aus mir förmlich herausgesogen. Eine tiefe Scham durchzieht mich. Die kleine Ille, die sich gerade noch herausgewagt hat, verschwindet wieder, friert ein, ist nicht mehr vorhanden. Meine Mutter schämt sich für mich, das bleibt bei mir hängen. Es ist nicht so, dass ich die Reaktion meiner Mutter nicht nachvollziehen könnte. Gerade in diesem »frommen« Umfeld, in dem wir leben, ständig der Beobachtung und Kritik anderer ausgesetzt, ist es bei meiner Mutter, wie ich glaube, die nackte Angst, die sie antreibt. Andererseits denke ich, dass sie tatsächlich davon überzeugt war, solche Kraftausdrücke seien bei Gott nicht erlaubt. Es handelt sich dabei um eine Art Fluchen. Wie dem auch sei, in meinem kindlichen Verständnis hatte ich es einfach nur aufgeschnappt und nachgeplappert und mich in dem Glücksgefühl, kombiniert mit diesem Kraftausdruck, ganz eins mit Gott gefühlt.

Wir waren als eine fröhliche Familie bekannt, in der viel und gerne gelacht und Späße gemacht wurden. Anders war es mit Trauer und Wut. Aufkommende Traurigkeit und gar Tränen mussten möglichst schnell beseitigt werden. Dann kam schon einmal der Satz meines Vaters: »Komm, nun sei mal fröhlich!« Wut durfte gar nicht sein. Sie war schon per se schlecht und sollte gar nicht erst aufkommen oder wurde sofort heruntergedrückt. Dabei war die Atmosphäre in unserer Familie von Wut und Zorn geprägt, sowohl bei meiner Mutter als auch bei meinem Vater.

So bleibt auch später bei mir hängen: Gefühle sind nicht wirklich gut, und man sollte ihnen nicht zu viel Raum geben. Das Bild von der Lokomotive mit den zwei Wagen passt da wie die Faust aufs Auge. Doch ganz ehrlich, wie kann ich einen Gott lieben, der mich zwar mit meinen Gefühlen geschaffen hat, diese dann aber nicht will?

Wo sich zum ersten Mal etwas in meiner grundlegenden Haltung verändert hat, ist der Kongress in Bern. Hier habe ich es erlebt, mit allen Gefühlen – positiv wie negativ – vor Gott zu sein, die Erlaubnis zu haben, zu lachen oder zu weinen, auch öffentlich. Dass es dabei zu gruppendynamischen Prozessen kommen kann, dass Gefühle gepuscht und missbraucht werden können, dass ich Gefühle nutzen kann, um zu manipulieren, steht ganz außer Frage. Doch ist deshalb richtig, sie zu ignorieren oder gar zu unterdrücken? Wie oft habe ich den Satz gehört: »Du bist immer so emotional.« Manchmal werfe ich mir selbst vor, zu emotional zu sein. Tatsächlich habe ich einmal ganz bewusst und vor anderen Menschen meine Emotionalität als Geschenk

von Gott angenommen und gesagt:»Ich will mich meiner Emotionalität nicht mehr schämen. Ich möchte sie leben.«
Auch heute noch trage ich den Stempel »emotional« auf mir. Auch meine Predigten werden so bewertet. Allerdings ist es meistens positiv gemeint. Man will mir damit zum Ausdruck bringen:»Deine Predigten erreichen mein Herz, berühren mich.« Und Ja, ich freue mich darüber. Gleichzeitig hat dieses Wort *emotional* immer noch einen leichten Beigeschmack von »minderwertig, nicht ganz ernst zu nehmen, weil nicht sachlich genug, nicht den Verstand betreffend«.

Manches Mal höre ich auch, dass *emotional* mit *manipulativ* gleichgesetzt wird, eben aus den oben genannten Gründen. Hier wird nicht nur die Möglichkeit, mit Emotionen zu manipulieren, benannt, sondern von vornherein unterstellt.

Bevor ich im Jahr 2003 meine Einzeltherapie beginne, führe ich ein Telefongespräch mit dem Filialleiter meiner Krankenkasse. Meine Psychotherapeutin, die ich von einer ersten »Probesitzung« kenne und mit der ich mir gut vorstellen kann zu arbeiten, hat keine kassenärztliche Zulassung. Ich habe einen Antrag bei der Kasse gestellt, meine diagnostischen Unterlagen an den Medizinischen Dienst zu schicken und von diesem prüfen zu lassen, ob eine Übernahme der Kosten genehmigt werden kann. Nach einer schriftlichen Absage nehme ich nun allen Mut zusammen, um es auf telefonischem Weg noch einmal zu versuchen. Ich bemühe mich, so sachlich wie möglich meine Bitte vorzutragen. Mein Gesprächspartner ist freundlich distanziert. Wortgewaltig trägt er mir die kassenärztlichen Bestimmungen vor und begründet ebenso sachlich, warum die Kasse in meinem Fall auf keinen Fall die Kosten übernehmen könne. Er werde mir aber umgehend eine Liste mit infrage kommenden Therapeuten zuschicken. Ich höre zu, verstehe nur die Hälfte des Fachjargons und schicke derweil einige Stoßgebete zum Himmel.

In einer Sprechpause hake ich ein, betrete eine andere Ebene. Verlasse die sachliche und gehe auf die emotionale Schiene. In etwa sage ich:»Können Sie sich vorstellen, welche Überwindung es kostet, einen Therapeuten aufzusuchen und sich vor ihm zu öffnen, quasi sein Innerstes nach außen zu kehren? Nun habe ich eine Therapeutin gefunden, zu der ich Vertrauen und vor der ich mich schon geöffnet habe, mit der ich harmoniere, von der ich spüre, sie kann mir wirklich helfen, und doch soll ich mir aufgrund Ihrer gesetzlichen Bestimmungen eine andere mir unbekannte Therapeutin auf einer Liste suchen? Alles beginnt wieder von vorn. Dabei hat es mich jetzt schon so viel Kraft gekostet.« Es herrscht Schweigen am anderen Ende der Leitung. Dann vernehme ich eine deutlich weichere Stimme: »Ja, ich denke, wir werden Ihre Unterlagen erst einmal an den Medizinischen Dienst schicken.« Genau das habe ich gewollt und bedanke mich herzlich. Erneutes Schweigen am anderen Ende. Und wieder die Stimme, jetzt noch weicher und etwas gebrochen: »Ja, Frau Ochs, ich glaube, wir müssen uns bei Ihnen entschuldigen, dass wir Ihre Situation nicht wirklich bedacht haben.«

Habe ich diesen Mann mit meinem Betreten der emotionalen Ebene nun manipuliert? In der Tat ist er darauf angesprungen. Doch die ganze Sache betraf ja auch meine emotionale Ebene. Rein faktisch wäre es kein Thema gewesen, sich einen anderen Therapeuten zu suchen. Auf der emotionalen Ebene saß das Problem. Da ist es doch nur recht und billig, sich auf genau dieser Ebene auseinanderzusetzen.

Neben der Kostenzusage, die ich bald darauf bekomme, berührt mich immer noch, dass sich am anderen Ende der Leitung ein sachlicher, wirtschaftsorientierter Beamter plötzlich in einen mitfühlenden, verletzlichen Menschen verwandelt. Ich wünsche mir mehr davon!

Emotionale Bindung

Es ist mitten in der Nacht, und ich sitze plötzlich hellwach und aufrecht im Bett. Ich befinde mich auf einem Seelsorgewochenende in Vierzehnheiligen. Was hat mich aufgeschreckt? Im Traum habe ich wieder meinen damaligen Deutsch- und Geschichtslehrer vor mir gesehen, von dem ich bereits mehrfach berichtet habe. Nein, es war kein schlimmer Traum, und ich kann mich beim Aufwachen nicht mal an den Inhalt erinnern, und doch wird mir plötzlich sonnenklar, dass mich immer noch ein starkes Band mit ihm verbindet. In meiner Fantasie hatte ich mir oft vorgestellt und gewünscht, er sei mein Vater. Inzwischen ist mein Schulabgang beinahe dreißig Jahre her. Doch immer wieder ist dieser Lehrer in meinem Inneren aufgetaucht, und zwar immer dann, wenn ich mich zurückgewiesen fühlte, von Menschen enttäuscht wurde, mit mir selbst sozusagen im Clinch lag. Plötzlich ist er dann wieder da, lebensgroß in meiner Fantasie als Rettungsanker, zu dem ich mich flüchte. Verbunden sind diese Fantasien aber auch immer mit einer tiefen Scham. Ich schäme mich vor ihm und fühle mich minderwertig. In meinen Vorstellungen beweise ich ihm dann, wie gut ich bin, was ich alles kann, und wünsche mir, von ihm bewundert zu werden.

Hier und jetzt habe ich den Wunsch, mich von diesem Rettungsanker endgültig zu lösen. Ich spüre, dass es wichtig ist, um frei zu sein, um in mein eigenes Leben zu gehen. Also tue ich es gleich an Ort und Stelle. Ich spreche es laut aus und bitte Gott, dass er mir hilft. Mit einem Menschen darüber zu sprechen, traue ich mich nicht – zumindest nicht hier und jetzt. Es erscheint mir zu lächerlich und peinlich.

Im Herbst 2002 liege ich mit einer akuten Grippe im Bett. Körperlich und emotional geht es mir schon seit einiger Zeit nicht gut. Ich flüchte innerlich vor der Realität und verliere mich wieder in meine Tagträume. Und da ist er wieder, mein Lehrer von damals, so als hätte er geradezu auf mich gewartet.

Als ich mich auf dem Weg der Besserung befinde, habe ich viel Zeit zum Nachdenken. Die ganze Geschichte von damals, das Dilemma mit der Geschichtsprüfung und mein abrupter Schulabgang werden wieder lebendig. Ich spüre eine intensive, auch heilsame Traurigkeit darüber. Und nun treffe ich eine Entscheidung. Ich mache mich auf die Suche nach der Adresse meines damaligen Lehrers. Inzwischen muss er über 70 sein. Und ich werde fündig, schreibe ihm einen kurzen Brief mit der Bitte um ein Gespräch.

Nach etwa einer Woche meldet er sich telefonisch bei mir. Tatsächlich erinnert er sich noch an mich. Er scheint verunsichert, fragt mich ein paar Mal, um was es in dem Gespräch gehen soll und ob ich ihm Vorwürfe machen will. »Nein, keineswegs«, betone ich ausdrücklich.

Im Januar 2003 mache ich mich auf den Weg zu ihm. Als ich vor der Haustür stehe, schlägt mein Herz bis zum Hals. Ich fühle mich wieder wie damals klein und hilflos. Warum mache ich diesen Unsinn, frage ich mich. Niemand hat mich dazu gezwungen. Der Türsummer geht, und er steht vor mir. In diesem Moment geschieht etwas Entscheidendes in mir: Der, den ich so sehr verehrt, bewundert, geliebt habe, schrumpft plötzlich in sich zusammen, das Bild zerfällt. Ich empfinde es geradezu wie eine Entthronung. Meine Angst verschwindet. In diesem Augenblick bin ich nicht mehr die kleine verschämte Schülerin, sondern eine erwachsene Frau, die ihrem ehemaligen Lehrer auf Augenhöhe gegenübersteht. Eigentlich könnte ich jetzt wieder gehen. Doch das wäre natürlich unhöflich und auch nicht in meinem Sinne. Das anschließende Gespräch verläuft unkompliziert. Es ist eine offene, freundliche Unterhaltung. Ein wenig erzähle ich ihm von mir, auch wie es mir damals erging und wie ich mich gefühlt habe. Und er erzählt von sich selbst, seinem damaligen Wunsch, mir irgendwie helfen und mich unterstützen zu können. Er erinnert sich an fast alle Details. Ich danke ihm noch einmal und verabschiede mich.

Dieser Besuch, da bin ich mir sicher, war ein wichtiger, heilsamer Schritt. Er war ein nachträglicher Abschied in angemessener Form. Doch das Entscheidende war der Augenblick der Entthronung und damit die Erkenntnis: Dieser Mensch ist nicht der, für den ich ihn gehalten habe, der er in meinen Träumen war. Er kann und wird mich nicht glücklich machen.

Wie oft bin ich in ungute Beziehungen und Abhängigkeiten hineingeraten. Freundschaften, seelsorgerliche Verbindungen. Entweder unter dem Slogan:»Mach mich satt, damit es mir gut geht!« oder »Ich mache dich satt, und das wertet mich auf!« Die Erwartungen auf beiden Seiten, eigene Defizite auszugleichen – wie erdrückend und beziehungszerstörend können sie sein. Welche Machtspiele werden hier ausgetragen. Und wie befreiend ist es dagegen, anderen ohne Erwartungen zu begegnen. Dazu gehört es, in sich selbst zu Hause zu sein, sich wirklich ganz und gar geliebt zu wissen und nicht alles und jedes in Zusammenhang mit sich selbst zu setzen.

Verzerrte Gottesbilder

Eine junge Frau kommt zu mir und erzählt mir von ihrem Frust, den sie im Blick auf Gott hat. Zwar spielt ihr Glaube eine große Rolle in ihrem Leben, bedeutet für sie ein tragendes Fundament, gleichzeitig empfindet sie oft Enttäuschung und Wut diesem Gott gegenüber. Wir lassen das Thema gegenständlich werden. Anja gibt Gott einen Platz im Zimmer, indem sie einen Thron aufstellt: Blauer, fließender Stoff auf einem Stuhl, dahinter ein hellgelber Vorhang. Nun überlegen wir, wie sie dieses Problem bisher gelöst hat. Sie habe immer wieder versucht, eine gute Christin zu sein, sich noch mehr angestrengt, Ratschläge von Vorbildern übernommen und viele »richtige« Dinge getan. Auch hierfür baut sie im Raum verschiedene symbolische Stationen auf. Dabei macht sie eine interessante Entdeckung: Sie entfernt sich mit jeder weiteren Station immer mehr von dem Ort, den sie für Gott ausgesucht hat. Mit jeder »richtigen Tat« wird die Distanz größer. Wenn sie nun von dort ihren Blick auf den Thron richtet, empfindet sie nur ein leeres, riesengroßes Nichts. Was soll sie mit diesem Nichts, das sich Gott nennt, anfangen?

In diesem Augenblick spüre ich den Impuls, mich selbst auf den »Thron« zu setzen, auch wenn es mir im ersten Augenblick anmaßend erscheint, und diesem Nichts ein Gesicht zu geben. Ich folge also meinem Impuls und nehme auf dem Thron Platz. Schon jetzt entspannen sich Anjas Gesichtszüge deutlich. Lange sehen wir uns nur schweigend an. Dann beginnt sie langsam, ihre Traurigkeit auszusprechen und sie dabei direkt an mich, beziehungsweise an Gott zu richten. Im Gegenzug kann ich ihr sagen, was ich von ihr erwarte, nämlich gar nichts, außer zu mir zu kommen und bei mir Platz zu nehmen, ihren Platz bei Gott einzunehmen und sich lieben und beschenken zu lassen. Das ist übrigens Gnade! Genau das tut sie nun auch. Ihr Gesicht hat sich inzwischen völlig verändert. Ein großer Druck sei von ihr abgefallen, erzählt sie mir. Diesem »neuen« Gott kann sie nun lernen zu vertrauen.

Wie vielen Menschen geht es ebenso. Wie viele Christen sprechen einerseits von der Gnade, dem unverdienten Geschenk Gottes ohne

Leistung, und wirken andererseits manchmal wie getrieben in ihrem Bestreben, es richtig zu machen, ja geradezu makellos zu erscheinen. Vielleicht fragt sich mancher Leser an dieser Stelle: Ist das wirklich unser Problem? Ist es nicht eigentlich genau anders herum? Gibt es nicht so viel Lauheit und Gleichgültigkeit unter Christen? Mag sein. Und doch denke ich, dass vieles an unserem lauen, frustrierten Christsein genau diesem falschen Gottesbild, einem Leben aus eigener Kraftanstrengung, gespeist aus guten Vorsätzen, geschuldet ist. Unsere »Wir müssen doch und sollten eigentlich« - Sätze powern uns aus und nehmen uns jede Lebendigkeit und Freude. Wir begreifen nicht, wer wir tatsächlich sind: geliebte Kinder Gottes, die einfach als seine Kinder leben und ihn in und durch sich wirken lassen dürfen.

Es war ein langer, schmerzhafter Prozess, die Heilung meines eigenen Gottesbildes. Zwar gab es schon Mut machende und befreiende Augenblicke in meiner Kindheit. Eine ganz entscheidende Wende erlebte ich 1995 auf dem Kongress, von dem ich bereits berichtet habe. Unendlich viele Minischritte, Ereignisse, ermutigende Worte haben zu einer weiteren Heilung meines Gottesbildes beigetragen. Die Reise zu Gott war auch die Reise zu meinem inneren Kind und meinen Verletzungen.

Der »falsche« Jesus

Wieder einmal leite ich ein Seminar mit meinem Bruder Diethelm, dieses Mal in Süddeutschland. Nach einer Veranstaltung kommt eine Teilnehmerin auf mich zu und sagt: »Ich glaube, du bist traumatisiert, ich sehe es an deinen Augen. Ich bin Therapeutin und biete dir eine Sitzung an. Natürlich nur, wenn du möchtest. Überleg es dir und gib mir Bescheid.« - »Huch, was war das denn gerade?«, durchfährt es mich. Normalerweise wäre ich über eine solche Vorgehensweise schier entsetzt gewesen. Wie kann man derart mit der Tür ins Haus fallen und einen Menschen so überrumpeln? Doch so verrückt es auch klingen mag, ich hatte in diesem Moment den starken Eindruck, dass es gut wäre, mich darauf einzulassen. So befinde ich mich noch am selben Abend im urgemütlichen Therapiezimmer eines in die Jahre gekommenen Hauses vor einem knisternden Kamin, weit ab von unserem Seminarort, sozusagen mitten in der Pampa.

Die Therapeutin arbeitet mit *EMDR*, für mich damals nichtssagende Buchstaben, deren Bedeutung ich nicht kenne. Als sie mir dann etwas von Augenbewegungen erzählt, bin ich zunächst skeptisch, ob es sich hierbei nicht um irgendeinen Hokuspokus handelt. Doch es ist kein Hokuspokus. Die Abkürzung *EMDR* steht für *Eye Movement Desensitization and Reprocessing*. Kurz gesagt: Es bedeutet Desensibilisierung und Neubearbeitung und ist eine Technik, die in der Traumatherapie angewandt wird. Ziel ist es, alte Verknüpfungen, die im Gehirn fest verankert sind, mithilfe von Augenbewegungen aufzulösen und durch neue zu ersetzen. Dadurch können fest erlernte, starre Muster aufgeweicht und verändert werden. Diese Methode ist weit verbreitet in der Traumatherapie, allerdings auch nicht unumstritten. Wie dem auch sei. Wir arbeiten also mit dieser Technik – ausgehend von einer Situation, die ich als traumatisch erlebt habe. Dieses Ereignis kann auch gerade erst stattgefunden haben. Während ich in diese Situation hingehe und erzähle, klopft mein Gegenüber mit den Fingerspitzen auf meine Knie. Dann geht es weiter zurück, zu einem dahinterliegenden Ereignis, bis wir an einem Punkt angekommen sind, an dem das eigentliche Trauma sitzt. Nun kommt die erwachsene Ille ins Spiel. In meinem Fall ist es so, dass ich mich als kleines Mädchen in meiner Familie befinde. Die große Ille kommt herein, stellt die kleine auf den Tisch und erklärt: »Die Kleine möchte euch etwas sagen.« Sie tritt quasi als Anwältin der Kleinen auf. Ich höre noch die wiederkehrende Frage der Therapeutin: »Kann es die Kleine – zum Beispiel, dass sie ein Recht hat, gehört zu werden – annehmen?« Wenn dies so ist, fixiert die Therapeutin es durch Hin- und Herführen ihres Fingers vor meinen Augen, die dem Finger folgen.

Diese Sitzung hat mich weitergebracht, auch später, als ich noch einmal für eine ganze Woche dorthin fahre. Über einzelne Details der EMDR-Sitzungen möchte ich hier nicht berichten. Was mich grundsätzlich berührt hat, ist die positive Wende, die sich jedes Mal vollzieht, indem die Erwachsene, andere stärkende Personen oder auch Gott in einem positiv veränderten Bild »die Bühne« betreten. Ich persönlich halte es allerdings für schwierig, wenn man mithilfe dieser Technik unbedingt die detaillierte Wahrheit herausfinden will, das Trauma mit der Beantwortung aller Fragen im Blick auf das Wer, Wann und Wie. In keiner meiner EMDR-Sitzungen bin ich bis zum Missbrauch selbst vorgestoßen. Im Gegenteil: Einmal bin ich wirklich verwirrt. Ich sehe plötzlich meinen Vater in Soldatenuniform, wie er in einen Zug steigt. Ich selbst stehe am Bahnhof und sehe ihn wegfahren. In diesem Moment spüre ich eine große Angst und denke: »Das ist nicht meine Angst. Es ist die Angst meiner Mutter, eine der vielen nicht verarbeiteten Ängste, die sie mir mitgegeben hat.«

Die Woche dort ist insgesamt eine sehr intensive Zeit, in der viel passiert und mir vieles klar wird. Viele dieser Dinge sind zu persönlich, um sie hier zu berichten. An einem Tag machen wir eine Familienaufstellung mit Stofftieren. Auch das erlebe ich hier zum ersten Mal. Ich bekomme den Auftrag, mir für alle Familienmitglieder und für mich selbst Stofftiere herauszusuchen und sie gemäß der Blickrichtung und des Abstandes so anzuordnen, wie ich es als Kind empfunden habe, also ein Ursprungsbild zu erstellen. Für mich selbst wähle ich selbstverständlich einen Hund, und der ist auch noch schwarz-weiß. Mein Vater ist ein Igel, meine Mutter ein Schaf. Dazu nehmen meine Geschwister noch als Huhn, Eule und Hase ihren Platz ein. Auch für Gott soll ich ein Tier und einen Platz finden. Da muss ich unterscheiden zwischen Gott, dem Vater, und Jesus, der mir schon in meiner Kindheit immer sehr nah war. Ich wähle einen Hahn für Jesus und setze ihn direkt neben mich, den kleinen Hund. Für Gott, den Vater, suche ich mir einen Löwen und platziere ihn hinter meinen Vater. Mein Vater steht also zwischen dem Vater-Gott und mir. Als ich dieses Bild betrachte, spüre ich eine große Traurigkeit, aber auch Ärger. Mein Vater versperrt mir den Weg zu Gott. Wie ist das möglich? Hat nicht gerade er mir Jesus und damit doch auch Gott selbst so nahegebracht? Habe ich es denn nicht ihm zu verdanken, dass Gott von vornherein eine bedeutende Rolle in meinem Leben gespielt hat? Hat mir das nicht immer Halt gegeben?

Jetzt spüre ich beim Anschauen eine gestörte Verbindung zwischen dem Hund und dem Löwen, zwischen mir und Gott. Und so war und ist es tatsächlich. Ich habe meinem Vater immer abgespürt, dass Jesus in seinem Leben die wichtigste Rolle spielte. Nein, es war kein Lippenbekenntnis. Es war sein Leben. Gleichzeitig war da etwas ganz und gar nicht in Ordnung, nicht stimmig. Bis ins Erwachsenenalter war ich immer der Meinung, wenn Gott ihn segnet und Menschen durch ihn gesegnet werden, muss Gott auf seiner Seite sein und nicht auf meiner, die ich manches an ihm nicht richtig finde. Mein Fazit war: Gott liebt meinen Vater mehr als mich. Er ist ihm wichtiger. Er ist gut, ich bin schlecht.

In dieser Position richte ich nun einen entscheidenden Satz an meinen Vater: »Mach den Weg frei!« Ich positioniere in einem Lösungsbild die Tiere neu. Der kleine schwarz-weiße Hund befindet sich nun direkt bei dem Löwen. Was für ein neues befreiendes Bild! Doch in weiteren Sitzungen wird mir noch etwas anderes deutlich. Auch Jesus, dem ich mich immer nah gefühlt habe, ist irgendwie eine Karikatur. Der so oft von mir enttäuschte und traurige Jesus ist in Wahrheit ein Zerrbild Gottes. Dabei sagt er: »Wer mich gesehen hat, hat den Vater gesehen!« (Johannes 14,9). Kein Wunder also, dass ich ein verzerrtes Gottesbild habe.

In dieser Woche unternehme ich lange, einsame Spaziergänge, in denen ich die Zweisamkeit mit Gott genieße. Da begegnen mir so viele kleine Zeichen seiner Liebe in der Natur. Ich habe das Gefühl, alles spricht zu mir. Nein, ich texte Gott nicht zu, sage ihm nicht, was er doch ohnehin schon weiß, sondern bin mir einfach seiner Präsenz und Liebe bewusst. Einmal sehe ich ein wunderbares grünes Blatt auf dem Weg liegen. Hellgrün, man erkennt die Maserung. Ich bücke mich, um es aufzuheben und bin enttäuscht: Es ist ein künstliches Blatt. Nur ein paar Schritte weiter liegt wieder ein Blatt vor meinen Füßen: Dieses Mal ein echtes, aber angerissenes mit dunklen Flecken. Ich hebe es auf und halte es in meiner Hand, und es ist so, als wenn Gott sagt: »Ich liebe das Unvollkommene, das Verletzte, das Beschmutzte an dir. Ich liebe dich, wie du bist.«

Zu Hause nehme ich ein Blatt Papier und schreibe meine alten, übernommenen Gottesbilder, auch diesen »falschen Jesus« darauf und vernichte es anschließend. Während der weiteren Sitzungen bekomme ich viele heilende, innere Bilder. Zum Beispiel sehe ich mich als kleines Kind inmitten der Dreieinigkeit, diesem geheimnisvollen, nicht zu begreifenden Bild, schützend umgeben von Gott, dem Vater, Jesus und dem Heiligen Geist.

Ein entscheidender Tag

15. Dezember 2003, ich bin auf dem Weg zum Altenheim *Bethanien* in Solingen. Als ich die Station erreiche, auf der sich das Zimmer meines Vaters befindet, habe ich ein mulmiges Gefühl. Heute ist ein besonderer Tag, sein 88. Geburtstag. Und heute möchte ich etwas bei ihm loswerden, was mir auf der Seele brennt, möchte endlich abschließen mit dem, was er mir und vielen anderen angetan hat. Wahrscheinlich wird er mich auch dieses Mal nicht erkennen. Seit Langem schon lebt er durch seine fortgeschrittene Demenz in seiner eigenen Welt. Seit einiger Zeit ist er bettlägerig, mehrmals schon haben wir mit seinem Tod gerechnet. Heute Morgen noch hatte ich eine sehr gute und heilsame Therapieeinheit, in der mir unter anderem klar wurde, dass ich meinen Vater konfrontieren möchte, solange es noch möglich ist.

Als ich ins Zimmer komme, scheint er zu schlafen. Ich setze mich an sein Bett und beginne nach einiger Zeit stockend: »Ich weiß, was du getan hast, du hast mich sexuell missbraucht, und das war sehr, sehr schlimm! Aber ich vergebe dir und ich kümmere mich darum.« Fast bin ich erschrocken über meine Sätze, die aus mir heraussprudeln. Habe ich sie tatsächlich laut ausgesprochen oder nur gedacht? Spielt das überhaupt eine Rolle, da mein Vater ohnehin nicht ansprechbar ist? Habe ich das mit der Vergebung ernst gemeint oder war es nur eine fromme Floskel? Nein, das ist keine schnelle Vergebung. Ihr sind viele Therapiestunden, viele Tränen und Wutausbrüche und Anklagen an meinen Vater vorausgegangen. Und auch jetzt ist dieser Ausspruch der Vergebung eher ein äußeres Bekenntnis. Hauptsächlich tue ich es, um mich selbst zu befreien von dieser Last. Meine Gefühle sind längst noch nicht dort angekommen. Noch mehr erschrocken bin ich über die zweite Aussage: »Ich kümmere mich darum!« Was habe ich damit gemeint? Ich glaube, es ist mir selbst nicht klar, aber ich weiß, dass es noch eine lange Geschichte nach sich ziehen wird.

Ich sehe eine Bewegung in den Augen meines Vaters. Er beginnt zu weinen und drückt meine Hand. Als ich ihn anschaue, habe ich plötzlich das Bild eines kleinen, verletzten Jungen vor mir. Ich sage es ihm, erzähle ihm von dem kleinen Karl, der womöglich selbst missbraucht wurde. Warum ich das tue? Ich weiß es nicht. Es kommt einfach aus meinem Bauch. Beinahe zärtliche Gefühle durchfluten mich. Er ist mein Vater – immer noch! Nur eine kurze Zeit bleibe ich bei ihm. Doch diese Zeit ist sehr intensiv und äußerst emotional.

Nachdem ich das Zimmer verlassen habe, bin ich fix und fertig, fühle mich ausgelaugt und gleichzeitig unendlich befreit. Nur vier Tage später ruft mich meine Schwägerin an und sagt mir, dass mein Vater gestorben sei. Sie wohnt in der Nähe und war in den letzten Minuten bei ihm. Ich bin sehr erleichtert, dass ich kurz zuvor noch die Möglichkeit hatte, mit ihm zu sprechen. Doch ich möchte ihn noch einmal sehen.

So sitze ich zusammen mit meiner Schwägerin und einer Bekannten am Totenbett meines Vaters. Wir unterhalten uns über die bevorstehende Beerdigung. Wie wird es sein? Viele werden kommen, da mein Vater einen unendlich großen Bekanntenkreis hatte. Viele werden dankbar und positiv von ihren Erlebnissen mit ihm berichten. Doch was ist mit den anderen, die durch ihn zutiefst verletzt, irritiert, in ihrer Identität verunsichert worden sind? Auch und gerade sie brauchen eine Stimme!

Plötzlich wird mir klar: Ich muss es sagen und zwar auf der Beerdigung. Die Wahrheit muss ans Licht!

Die Beerdigung

Die Kapelle auf dem Friedhof in Solingen-Aufderhöhe ist, wie zu erwarten war, brechend voll. Ich schaue mich um. Wie viele bekannte Gesichter entdecke ich. Menschen, die ich zum Teil seit Jahrzehnten nicht mehr gesehen habe, mit denen ich einen Teil meines Weges gegangen bin, ganz spezielle Erlebnisse hatte.

Wie schön könnte dieses Treffen sein, wäre da nicht dieser Anlass und hätte das alles nicht auch noch den faden Beigeschmack dieser dunklen Seite meines Vaters.

Kurz zuvor habe ich Peter, meinen ältesten Bruder, gesprochen. Für mein Vorhaben, etwas zum Missbrauch meines Vaters anzudeuten, zeigt er nur wenig Verständnis, reagiert abweisend und ängstlich. Wie gut ich ihn verstehen kann. Trotzdem weiß ich, dass es nicht nur richtig, sondern auch notwendig ist, dies zu tun. Mit dem Pastor Harald Peil, der die Beerdigung halten wird, hatte ich einige Tage zuvor ein sehr gutes, offenes Gespräch. Er unterstützt mein Vorhaben.

Nun sitze ich also hier in dieser Ansammlung von Weggefährten meines Vaters und warte auf meine Zeit. Als Harald ankündigt: »Nach dem nächsten Lied wird Ille Ochs, die jüngste Tochter, noch etwas sagen«, schnürt es mir die Kehle zu. Mit großer Angst und zitternden Knien steige ich die lange Treppe zur Kanzel hinauf. Unterwegs flüstert mir Harald noch eine Ermutigung zu. Und als ich auf die vielen Gesichter schaue, geschieht das, was ich manches Mal erlebe und was mit Worten nicht zu beschreiben ist. Ich darf loslassen und fühle mich unendlich getragen von Gott, öffne meinen Mund, und die Worte fließen einfach heraus. Ich habe keine Ahnung von dem, was ich sage. Aber in diesem Augenblick weiß ich, was auch immer danach geschehen wird, wie auch immer die Reaktionen sein werden, es ist nicht meine Verantwortung. Die ersten Reaktionen nehme ich wahr, noch während ich spreche. Gesichter wenden sich ab, neigen sich nach unten. Anderen stehen Tränen in den Augen und wieder andere sind starr und ausdruckslos.

Beim Kondolieren am Grab wird natürlich nicht viel geredet. Doch auch hier sprechen Blicke. Manche bedanken sich, andere drücken mir besonders fest die Hand. Wieder andere wenden sich schnell ab. Erstaunt bin ich über meine beiden Tanten, die Schwestern meines Vaters. Von ihnen hatte ich die schlimmsten Vorwürfe erwartet. Doch sie bleiben aus, auch später bei der Nachfeier. Stattdessen nehmen sie mich fest und liebevoll in den Arm. Sie sprechen es zwar nicht aus, doch ihre Blicke und ihre Gesten zeigen Verständnis und Mitgefühl. Der Mann meiner Cousine, mit dem ich nur sehr wenig Kontakt habe, fragt mich: »Ille, darf ich dich einmal in den Arm nehmen?« Das hat er noch nie getan. Allerdings bekommen manche Beziehungen und Freundschaften von diesem Tag an einen Knacks, sind getrübt, vielleicht auch nicht mehr zu reparieren. Diese Menschen haben sich abgewandt, weil sie mich als Nestbeschmutzerin empfinden. Das tut weh, und doch lässt es sich nicht vermeiden. Meine Geschwister dagegen – auch mein Bruder Peter – stehen hinter mir.

In der anschließenden Nachfeier geschieht das, was wir erwartet haben: Viele Weggefährten kommen nach vorn und erzählen von ihren positiven Erlebnissen mit meinem Vater. Wir Geschwister sind uns im Nachhinein einig: Auf diesem Boden der vorher deutlich ausgesprochenen »anderen Wahrheit« können wir diese Berichte verkraften und positiv aufnehmen. Im anderen Fall wäre es eine unerträgliche Farce geworden.

Am nächsten Morgen ruft mich ein älterer Mann an, der ebenfalls auf der Beerdigung war. Er bedankt sich für das, was ich gesagt habe. Ich nehme seine Betroffenheit wahr. Er bittet mich um ein Gespräch, wolle sich in den nächsten Tagen bei mir melden. Leider ist er nie zu diesem Gespräch erschienen.

Der Kampf meines Vaters

Ich muss zugeben, dass mir dieser Abschnitt meines Buches besonders schwerfällt. Da versuche ich, einen Menschen zu beurteilen, mit dem ich gerade mal 18 Jahre meines Lebens unter einem Dach gelebt habe. Weitere 31 Jahre habe ich ihn mehr oder weniger intensiv erlebt. Doch die ersten beinahe 40 Jahre seines Lebens kenne ich nur aus Erzählungen. Nein, selbst als seine Tochter maße ich mir nicht an, die Wahrheit über ihn zu wissen.

Aber nach allen Fakten, die wir – meine Geschwister und ich – inzwischen wissen, sind wir uns sicher: Mein Vater war pädophil. Der Begriff *Pädophilie* bezeichnet das sexuelle Interesse eines Erwachsenen an Kindern oder Jugendlichen. Das heißt, Lust und sexuelle Erregung werden durch sexuelle Handlungen an Heranwachsenden erlebt. Heute spricht man bevorzugt von *Pädosexualität*.

Man geht davon aus, dass die meisten pädophilen Menschen selbst sexuelle Gewalt erlebt haben. *Es besteht die Vermutung, dass die Hauptursache für Pädosexualität oft in sexueller oder sozialer Unreife und/oder im Erleben von Machtstrukturen zu suchen ist (z. B. Angst vor Sex mit erwachsenen Sexualpartnern).*[9]

Trifft das auf meinen Vater zu? Auffällig war jedenfalls, dass er Schwierigkeiten mit starken, selbstbewussten Frauen hatte. Meine Tante, die Schwester meiner Mutter und meine Oma »Wetter« sind solche resoluten starken Frauen. Sie begegnen ihm ebenbürtig, kritisieren ihn, stellen ihn infrage. Damit kann er nicht umgehen. Immer wieder kommt es zu Spannungen. Sagen sie etwas, fühlt sich mein Vater schnell von ihnen bevormundet, reagiert häufig nicht auf der Ebene eines Erwachsenen, sondern der eines verletzten kleinen Jungen. Mit meiner Mutter hat er dagegen eine Frau bekommen, die sich ihm gegenüber geradezu unterwürfig verhält, die ihn liebt und auch ein Stück weit verehrt. Unter dieser Unterwürfigkeit hat sie aber auch

---

[9] Christopher Ofenstein: Lehrbuch Heilpraktiker für Psychotherapie. Urban & Fischer Verlag, 1. Auflage, München 2010, Seite 220.

gelitten. Das wird mir besonders deutlich, als sie später einmal Zeugin einer Auseinandersetzung zwischen mir und meinem Mann wird. Die Argumente fliegen hin und her. Als ich mit ihr allein bin, gesteht sie mir: »Du machst es richtig. Du wehrst dich!«

Zurück zu meinem Vater: In dieser Zeit gibt es noch kein Internet, in dem er sich pornografische Bilder von Kindern anschauen könnte. Doch ich erinnere mich: In unserer zweiten Wohnung im Ascheweg, dem großen, geräumigen Haus, befindet sich ein recht großer Keller, dem noch ein weiterer hinterer Kellerraum folgt. Diesen hinteren Keller nutzt mein Vater für sein großes Hobby, das Fotografieren und Entwickeln von Fotos. Der Raum ist mit einer dicken Wolldecke verhangen und darf nicht ohne Weiteres von uns betreten werden. Denn beim Entwickeln muss es ja dunkel sein. Doch wenn mein Vater nicht zu Hause ist, betrete ich manchmal diesen geheimnisvollen Ort, und das, obwohl mir dunkle Keller doch solche Angst einjagen. Die Neugier ist größer. Und ich weiß, dass manche Fotos ein unangenehmes Gefühl in mir hervorrufen. Nein, es sind keine Nacktfotos dabei, aber auffallend viele Fotos von Kindern am Strand, spielend oder liegend in Badeanzügen, also spärlich bekleidet. Ich schäme mich, spreche aber mit niemandem darüber. Hat mein Vater sich schuldig gefühlt? Ja, davon bin ich überzeugt. Ich kann es fast als eine Grundstimmung meines Vaters bezeichnen. Oft genug hat er sich bei mir für dieses oder jenes entschuldigt. Und genau das haben wir Geschwister immer an ihm geschätzt und nach außen positiv erwähnt. Wir haben einen Vater, der sich bei seinen Kindern entschuldigen kann. Das ist nicht selbstverständlich.

Zur Zeit als meine Eltern noch in ihrer eigenen Wohnung in Remscheid-Lüttringhausen leben, schaue ich einmal mit ihnen einen Film im Fernsehen an. In einer Szene entschuldigt sich der Vater bei seiner erwachsenen Tochter mit folgenden Worten: »Was haben wir nicht alles falsch gemacht im Umgang mit euch Kindern? Wir sind an euch schuldig geworden.« Während dieser Szene beginnt mein Vater plötzlich zu weinen. Es ist nicht nur eine emotionale Rührung. Es ist mehr, das spüre ich, etwas, das ihn wirklich belastet. Ich könnte ihn fragen, tue es aber nicht. Mir ist es eher peinlich und unangenehm. Damals hege ich noch keinen wirklichen Verdacht oder lasse ich ihn schlicht nicht zu.

Es muss Ende der Sechzigerjahre gewesen sein. Mein Vater liegt nach einer Gallenblasen-Operation im Ronsdorfer Krankenhaus. Ich erinnere mich, dass er einen schweren inneren Kampf führt, in dem es um Schuld und Vergebung geht. »Wird Gott mir verzeihen?« Diese Frage quält ihn. Ich bin zwar erst dreizehn oder vierzehn Jahre alt, und doch erinnere ich mich an seine Erzählung und an eine Karte von einer Schafherde, die von einem Wolf bedroht und gleichzeitig durch den guten Hirten beschützt wird. Diese Karte von einem Besucher beruhigt und tröstet ihn.

Viele Jahre später. Ich besuche meinen inzwischen demenzkranken Vater, der in der *Lukasklinik* Solingen liegt. Als ich ins Zimmer komme, sitzt er im Rollstuhl: ein Häufchen Elend, völlig in sich zusammengesunken. Ich begrüße ihn. Er schaut mich kurz an mit einem unglaublich leeren und traurigen Blick. Dann sackt er wieder in sich zusammen. »Das war falsch«, sagt er zu sich selbst. »Das hätte Mutter niemals tun dürfen.« Und nach einer Pause: »Es war ganz schlimm!« Mir ist klar, dass er von seiner eigenen Mutter spricht. Aber ich weiß nicht, um was es geht, kann ihm in seine Welt nicht folgen. An seine Mutter, meine »Oma Ronsdorf«, habe ich nur eine vage Erinnerung. Ich kenne sie nur sitzend in ihrem Sessel mit ernster Miene. Von Erzählungen weiß ich, dass sie an Depressionen litt und dass sie, so formulierte es mein Vater, nicht einfach war.

Ein anderes Mal finde ich ihn zitternd und ängstlich vor. »Der Feind ist ganz in der Nähe«, sagt er. Er befindet sich offensichtlich gerade im Krieg. Ich beruhige ihn, erkläre ihm, dass wir hier in Sicherheit sind, geschützt vor dem Feind. Er wird ruhiger. Dass Kriegserlebnisse bei Demenzkranken wieder hochkommen, ist nichts Ungewöhnliches. Und doch nehme ich wahr, dass ihn auch noch etwas anderes quälen muss, eine Schuld, mit der er nicht fertigwird. Manchmal fallen solche oder ähnliche Bemerkungen: »Es waren wieder Kinder bei mir. Aber es ist nichts passiert!«

Im Dezember 2003 ist mein Vater gestorben, und kurz darauf finde ich einen Zettel mit seiner Handschrift, den er in seiner Bibel aufbewahrt hat. Auf diesem Zettel, der aus dem Jahr 1993 stammt, hat er ein persönliches Gebet formuliert. Im Grunde ist es ein einziger Hilfeschrei zu Jesus, sich über ihn zu erbarmen und ihm zu vergeben: »Ich bin in großer Not, warum antwortest du mir nicht?«

Als ich diesen Zettel in der Hand halte, bin ich erschüttert. »Wer war mein Vater?«, frage ich mich. »Habe ich ihn überhaupt gekannt? Wie war zum Beispiel die Beziehung zwischen ihm und seinem Vater?« Mein Opa war ein resoluter, manchmal auch grob erscheinender Mann, vor dem ich als Kind Angst hatte. Wie hat mein Vater ihn als Kind erlebt? Wie war seine Kindheit mit einer psychisch kranken, depressiven Mutter, zwei älteren Brüdern, die beide nicht aus dem Krieg zurückkamen, und zwei jüngeren Schwestern, von denen die ältere selbstbewusst und resolut und die jüngere kränklich und sensibel war. Da ist so vieles, was ich nicht weiß und nicht verstehe. Inzwischen ist uns bekannt, dass mein Vater selbst sexuellen Missbrauch – wohl durch einen Nachbarn – erlebt hat. Ja, mein Vater hat von früher erzählt, doch hat er jemals wirklich über seine Gefühle gesprochen, über seine Ängste, die ihn umgetrieben haben?

So hat der liebevolle Vater, der kontaktfreudige, aufgeschlossene und beliebte Karl Strauch sein dunkles Geheimnis behalten und schließlich mit in den Tod genommen.

Selbst als die Teilwahrheit 1974 ans Licht kommt, zeigt er sich zwar reumütig und bestürzt. »Du hast einen schlimmen Vater«, sagt er zu mir. Und doch verheimlicht er weiterhin den verheerenden Rattenschwanz, der daran hängt, tut so, als sei es nur das gewesen, spricht nicht von dem Davor, das bis in seine Jugend hineinreicht. Erst im Nachhinein offenbart sich mehr und mehr das ganz Ausmaß. Schon als junger Mann greift er einem kleinen Jungen, der zufällig neben ihm sitzt, in die Hose. Kurz darauf entschuldigt er sich bei diesem Jungen. Was für eine Sucht muss das gewesen sein?

Hat hier womöglich ein ganzes System versagt? Gibt eine Gemeinde – angeblich ein Ort der Geborgenheit, der geschenkten Gnade ohne Verdienst, des gegenseitigen Vertrauens und des Vertrauens auf einen liebenden, vergebenden Gott – diesen Raum zur Wahrheit nicht her? War der Sockel, auf den man meinen Vater gehoben hat, zu groß und monströs? Waren die Erwartungen, der Anspruch an einen verantwortlichen Leiter zu hoch? Hat mein Vater selbst zu hohe Ansprüche an sich gestellt? »Warum hat er sich keine Hilfe geholt?«, werde ich manchmal gefragt. Leider weiß ich es nicht. Sicher war *Pädophilie* zu jener Zeit noch kein Thema. Doch vor allem nehme ich an, dass er sich zu sehr geschämt hat. Je angesehener ein Mensch ist, je höher man ihn auf einen Sockel der Bewunderung und Vorbildfunktion platziert, desto schwerer ist es für ihn, sich einzugestehen, dass er Hilfe braucht.

So komme ich zum Schluss, dass mein Vater bei aller Kontaktfreudigkeit, aller Extrovertiertheit abgrundtief einsam war. Die Idealisierung von Menschen ist gefährlich und nicht nur das, sie ist im wahrsten Sinne unbarmherzig.

Spur des Segens oder Schneise der Verwüstung?

Spur des Segens

Einige Wochen vor seinem Tod – mein Vater realisiert schon lange nicht mehr, wer ihn besucht oder wo er sich befindet – kommt Werner, ein ehemaliger Mitarbeiter aus Hollandfreizeiten und langjähriger Freund meines Bruders Peter, zu Besuch ins Altenheim. Ich bin gerade dort, begrüße ihn und mache ihm Platz. Er setzt sich ans Bett meines Vaters und spricht leise mit ihm. Während ich diese Szene vor mir sehe, erscheint es mir, als säße hier der Sohn am Bett seines Vaters. Mein Vater ist zu dieser Zeit oft sehr unruhig. Er nestelt mit seinen Fingern an der Bettdecke herum, bringt unverständliche Laute hervor, will aus dem Bett steigen. Ich merke, wie sehr Werner dieses Bild von meinem Vater mitnimmt, wie gern er ihm helfen, ihn beruhigen möchte, vielleicht sogar etwas von dem zurückgeben, was der ihm geschenkt hat. In diesem Moment wird mir noch einmal ganz deutlich, dass »Onkel Karl« für viele wie ein Vater war, auch für Werner, wie er mir später bestätigt.

Ich denke an eine Frau, der ich hin und wieder begegne. Immer, wenn wir uns treffen, erzählt sie mit Begeisterung von den Hollandfreizeiten mit Onkel Karl und wie wichtig dieser Abschnitt ihrer Kindheit für sie war. Ist sie in Begleitung, stellt sie mich als Tochter von Onkel Karl, dem tollen Freizeitleiter, vor, und schon schwärmt sie wieder von dessen Kinderfreizeiten.

»Dein Vater hat mir Jesus ins Herz gemalt«, freut sich eine Freundin heute noch, der ich nach langer Zeit wieder begegne. Und sie schickt noch einen Satz hinterher: »Auf den lasse ich nichts kommen!« Begeistert erzählt sie mir von unseren Geburtstagsfahrten, die er mit mir und meinen Gästen in unserem alten VW-Bus unternommen und die sie in wunderbarer Erinnerung behalten hat.

Immer wieder berichten Menschen von entscheidenden Veränderungen und Entwicklungen in ihrem Leben, zu denen mein Vater nicht unwesentlich beigetragen hat. Dann freuen sie sich, wenn sie mir als Tochter des Onkel Karl begegnen, schwärmen von alten Zeiten und sagen mir, wie dankbar ich doch sein könne, einen solchen Vater gehabt zu haben.

Schneise der Verwüstung

Es geschieht auf einer Weiterbildung. Das Seminar hat noch nicht angefangen und die Anwesenden stehen in kleinen, lockeren Gruppen zusammen. Plötzlich spricht mich eine Frau an, deren Gesicht mir ein wenig bekannt vorkommt. Ich kann sie allerdings nicht zuordnen. »Strauch?«, fragt sie, »Tochter von Karl Strauch?« Als ich ihre Frage bejahe, erstarrt ihr Gesicht regelrecht. Sie tritt einen großen Schritt zurück und geht auf Abstand zu mir. Während der ersten Arbeitseinheit spüre ich die knisternde Spannung zwischen uns, obwohl sie mir keinerlei Vorwürfe macht. Trotzdem bin ich die Tochter eines Mannes, der Kinder missbraucht hat, in diesem Fall ihren eigenen Mann in früheren Freizeiten. Mein Vater hat also auch Jungen missbraucht, eine weitere, neue Erkenntnis für mich. Und nun begegne ich ihr als Tochter des Täters. Das fühlt sich auch für mich furchtbar an und steht im krassen Widerspruch zu dem, was ich im vorigen Abschnitt beschrieben habe. Irgendwie fühle ich mich selbst wie eine Täterin, obwohl ich doch eigentlich Opfer bin. In der Mittagspause haben wir ein gutes, ehrliches Gespräch miteinander, und ich bin froh, sie getroffen zu haben.

Wie verrückt ist das alles? Wie viele zerbrochene Beziehungen, wie viele Scherben sind durch das Verhalten meines Vaters entstanden? Nein, es war bei Weitem kein einmaliger Ausrutscher, wie ich mir lange Zeit einzureden versuchte. Meine Geschwister und ich sind schockiert über das Ausmaß. Dabei kennen wir möglicherweise immer noch nur die Spitze des Eisbergs.

Wie berichtete meine Schwägerin? Ein Mädchen sucht ihre Hilfe in einer Hollandfreizeit, vertraut sich ihr, der noch jungen Mitarbeiterin, an und erzählt vom Übergriff meines Vaters. Meine Schwägerin stellt meinen Vater zur Rede. Der antwortet mit einer Gegenfrage: »Traust du mir so etwas zu?« Und sie glaubt ihm, nicht dem Mädchen. Inzwischen weiß ich von anderen ehemaligen Mitarbeiterinnen, denen es ähnlich erging. Wie häufig geschieht es auf diese und ähnliche Weise. Kinder neigen ja bekanntlich zu Übertreibungen. Man glaubt ihnen nicht, man kann und möchte es nicht wahrhaben. Auch hier gilt: Je höher der Sockel ist, auf dem ein Mensch steht, desto schwerer ist es für die Opfer, ihn als Täter zu entlarven. So wird das Opfer auf diese Weise noch einmal verletzt. Es bleibt mit seinem traumatischen Erleben ungehört. Das Alleinsein nach der Erfahrung sexuellen Missbrauchs ist schrecklich.

Eine Betroffene berichtet, dass mein Vater sie in einer Hollandfreizeit zu sich ins Zimmer rief und ihr auftrug, sich auf sein Bett zu legen. Ihre Reaktion drückt sie mit folgenden Beschreibungen aus: »Ich habe dies für mich behalten. Was in mir vorging, war die pure Angst, erstarrt und geschockt habe ich es immer wieder aus meinem Gedächtnis gestrichen. Die ganze Veranstaltung der Freizeit war nun mehr eine Farce für mich. Sie hat einen tiefen Riss für mich bekommen.«

Da gibt es Menschen, die viele Jahre an Freizeiten und anderen Veranstaltungen unserer Gemeinde teilgenommen haben. Und plötzlich sind sie verschwunden, lassen sich nicht mehr blicken, brechen jeglichen Kontakt ab. »Die haben mit dem christlichen Glauben eben nichts mehr am Hut«, stellen wir lapidar fest, fragen nicht weiter, finden uns damit ab. In Wirklichkeit wurde diesen Menschen sexuelle Gewalt angetan, wurden sie traumatisiert und nun durch unsere Ignoranz abgestraft. Wie furchtbar, wie verheerend ist das?

Wie passt das zusammen, die Spur des Segens und die Schneise der Verwüstung? Die Antwort kann nur sein: Überhaupt nicht! Nein, es ist ganz und gar nicht miteinander vereinbar.

Wie meinte ein Besucher nach der Beerdigung meines Vaters? »Karl Strauch wurde mir zu negativ dargestellt.« Diese Bemerkung bezog sich vor allem auf mein Statement. Für die Opfer war das allerdings immer noch viel zu positiv. Ein »Zu negativ« gibt es hier nicht. Es war und ist ganz schlimm, tiefrabenschwarz und lässt sich durch nichts, aber auch gar nichts entschuldigen. Verschweigen, Verharmlosung oder gar Rechtfertigung sind hier völlig fehl am Platz. Schuld ist Schuld, Missbrauch ist Missbrauch. Sexuelle Handlung an Minderjährigen ist und bleibt sexuelle Gewalt und ist juristisch gesehen ein Straftatbestand.

Manche, die mit meinem Vater ausschließlich positive Erfahrungen gemacht haben, neigen nun zu der Behauptung, das Positive – anders ausgedrückt: der Segen – würde das Dunkle, Negative aufwiegen. Doch das ist ganz und gar unmöglich. Andere wiederum, die durch ihn verletzt und geschädigt wurden, sind der Meinung, dass alles Positive damit zunichtegemacht sei. Dies ist nur allzu verständlich, und für die Betroffenen selbst ist es vermutlich auch so. Und doch liegt auch darin nicht die Lösung. Das Unvereinbare kann nicht in Relation zueinander, sondern nur nebeneinander stehen, verbunden durch ein großes UND, auf das ich im letzten Abschnitt näher eingehen werde.

Alles nur Fassade?

War denn nun wirklich alles nur eine äußere Fassade, alles eine Farce? Waren Planung und Durchführung von Kinderfreizeiten, Sonntagsschul- und Jungschararbeit nur eine bewusste Herbeiführung von

Möglichkeiten zu sexuellen Übergriffen? Diese Frage stellt sich ganz selbstverständlich.

Ich persönlich würde sie mit Nein beantworten. Dabei liegt meine Betonung auf dem »Nur«. Nach wie vor bin ich von der Echtheit und Ernsthaftigkeit des Glaubens meines Vaters überzeugt, ebenso meine Geschwister, wie auch andere Menschen, die eng mit meinem Vater verbunden waren. Ein Alkoholiker zum Beispiel wird selbstverständlich nicht nur alle Gelegenheiten nutzen, um an Alkohol zu kommen, sondern auch Situationen bewusst herbeiführen, um seine Sucht zu stillen. Dieses Verhalten charakterisiert ja gerade eine Sucht. Allerdings schadet ein Alkoholiker in erster Linie sich selbst, auch wenn seine Umwelt extrem in Mitleidenschaft gerät. Sexueller Missbrauch dagegen braucht Opfer, ist auf Menschen ausgerichtet, gerade auf die Schwächsten und Hilflosesten. Das macht ihn ja so verheerend. Letztlich aber könnte nur mein Vater selbst diese Fragen beantworten. Wir dagegen können nur vermuten.

Fest steht, mein Vater hat gekämpft, und er hat sich abgrundtief geschämt. Einen Teil dieser Scham habe ich selbst übernommen und jahrelang mit mir herumgeschleppt.

Wo beginnt sexueller Missbrauch?

Wenn es ums Thema Missbrauch geht, begegnen mir manchmal folgende Fragen und Argumente: »Hat er oder sie das Kind denn »richtig« missbraucht oder nur unanständig berührt? Heute spricht man ja so schnell von Missbrauch. Wird dieses Thema inzwischen nicht viel zu hochgekocht und werden Menschen nicht auch zu Unrecht verdächtigt?«

Zunächst einmal: Ja, es werden Menschen zu Unrecht des sexuellen Missbrauchs bezichtigt. Das ist verheerend, weil es das Leben dieser Menschen zerstört und sie damit selbst zum Opfer werden. Ganz unerträglich finde ich es, wenn es vorsätzlich als willentliche Verleumdung geschieht, um Menschen in Misskredit zu bringen, wie wir es zurzeit bei traumatisierten, Schutz suchenden syrischen Flüchtlingen erleben. Solche Verleumdung schadet nicht nur dem Beschuldigten selbst, sondern schlägt auch allen wirklichen Opfern sexueller Gewalt ins Gesicht. Doch kann dies ein berechtigter Grund dafür sein, tatsächlichen sexuellen Missbrauch nicht als solchen klar zu benennen? Ich muss sagen, dass mich die Formulierungen »richtiger Missbrauch« und »nur unanständig berührt« zutiefst erschüttern. Es zeigt, dass trotz aller Thematisierung und Aufarbeitung von sexuellem Missbrauch an Schutzbefohlenen in Heimen, Schulen und kirchlichen Einrichtungen immer noch eine latente Meinung grassiert, es könne doch so schlimm nicht gewesen sein.

Ein weiteres Argument, das mir manchmal begegnet, lautet: »Heute muss man ja schon Angst haben, sein eigenes Kind zu liebkosen, weil es einem gleich als Missbrauch ausgelegt werden könnte.« In der Tat ist es tragisch, wenn Väter oder Mütter Angst haben, in der Öffentlichkeit ihrem Kind über den Kopf zu streicheln oder es zu umarmen. Kinder brauchen Berührungen. Wie viele Menschen leiden gerade darunter, dass sie niemals von ihren Eltern in den Arm genommen wurden? Die Frage: Was ist sexueller Missbrauch und wo beginnt er?, ist also durchaus berechtigt.

Eine Begebenheit, die mir eine Bekannte von ihrem kleinen Sohn erzählt hat, könnte Aufschluss geben: Sie liegt auf dem Bett und stillt ihr Baby. Nach einer Weile ist es satt, trinkt nicht mehr, nuckelt aber noch genüsslich und zufrieden an ihrer Brust. Dieses Nuckeln löst in ihr eine sexuelle Erregung aus.»Nein, das geht gar nicht«, sagt sie sich und verändert sofort die Position, setzt dieser Erregung ein deutliches Stopp entgegen.

Ihre Geschichte berührt mich. Was für einen Respekt zollt sie diesem kleinen Wesen? Wie leicht wäre es für sie, die Grenze zu überschreiten und sich auf diese Weise ein kurzes Vergnügen zu gönnen? Wäre das denn wirklich so schlimm? Der Kleine würde davon doch gar nichts mitbekommen. Doch in diesem Augenblick würde sie ihre Machtposition, die sie als Erwachsene einem hilflosen Kind gegenüber hat, ausnutzen und damit den Säugling, der von ihr abhängig ist, zum

Lustobjekt degradieren. Hinzu kommt, dass Babys veränderte Stimmungen und Erregungen sehr wohl wahrnehmen können. Sich sexuell zu befriedigen unter Benutzung eines Unmündigen oder eines Erwachsenen, ohne dessen Einverständnis, ist eindeutig sexuelle Gewalt.

In seinem neu erschienenen Buch »Fass mich nicht an!«, findet der Psychotherapeut, Ehe- und Familienberater Reinhold Ruthe übrigens klare Worte zu dem Begriff »Sexueller Missbrauch«, indem er sich auf Manfred Kappeler beruft: *Der Psychotherapeut und Sozialpädagoge Manfred Kappeler, der sich intensiv mit den Vorfällen an der Odenwaldschule beschäftigt hat, geht davon aus, dass der Begriff sexueller Missbrauch den Gewaltcharakter verdeckt, der immer bei sexuellen Handlungen zwischen Erwachsenen und Kindern vorliegt. Sexuelle Gewalt ist sprachlich der richtigere. Jede Verharmlosung ist hier also nicht zulässig.*[10]

Wir machen die Bezeichnung »sexuelle Gewalt« gerne abhängig von der Schwere eines Übergriffs: gewaltsames Festhalten, Eindringen in das Opfer, Zufügen von körperlichen Verletzungen usw. Doch der Begriff »Gewalt« beschreibt hier das ungleiche Machtverhältnis, die Ausübung von Macht – auch verbal – an einem Machtlosen. Deshalb ist es gerade bei Kindern so immens wichtig, intime Orte, sogenannte Tabuzonen, nicht unnötig anzufassen und damit unberührtes Land niederzutreten. Kinder haben eine natürliche Schamgrenze und es ist wichtig, diese ernst zu nehmen und sie zu würdigen. Unsere Kinder haben ein Recht darauf!

Andere werden doch auch damit fertig

Eine Referentin hatte über das Thema *Verletzungen durch die eigenen Eltern* gesprochen und den Umgang damit. Im persönlichen Gespräch sind wir schnell beim Thema »Missbrauch« angelangt. Ich sage ihr,

---

[10] Reinhold Ruthe, Fass mich nicht an, 1. Auflage. Brendow Verlag, Moers 2016, Seite 92.

dass ich es wichtig finde, den Täter, in diesem Fall Vater oder Mutter, erst einmal schuldig sprechen zu dürfen. Erst danach kann es zur Vergebung kommen. Sie antwortet mir:»Ja, dieses Argument höre ich öfter. Aber es ist doch interessant, wie unterschiedlich die Opfer mit einer solchen Erfahrung umgehen. Es gibt Menschen, die es sehr gut verarbeiten und die im Grunde so gut wie keinerlei Symptome aufweisen.« Ihre Antwort hinterlässt einen faden Nachgeschmack bei mir. Was will sie mir damit sagen? Die Opfer, die es gut und schnell verarbeiten, machen es richtig, sind gesünder oder sogar besser als die anderen? Mit anderen Worten: So muss man es machen? Doch Menschen sind nun einmal nicht über einen Kamm zu scheren. Sie nehmen unterschiedlich wahr, verarbeiten unterschiedlich. Gott sei Dank ist das so. Außerdem kommen oft mehrere Faktoren zusammen, die Ängste und körperliche Symptome hervorgerufen haben, wie bei mir: die permanente Erschöpfung und Überforderung meiner Mutter, die Verbrennung meiner Hände mit zwei Jahren und die anschließende brutale Trennung von meinen Eltern durch einen langen Krankenhausaufenthalt. Hinzu kommen die Kriegs- und Verlassensängste meiner Mutter, über die sie nie wirklich gesprochen, die sie aber auf mich und meine Geschwister übertragen hat.

Wie oft habe ich es in meinem Beruf als Krankenschwester erlebt: Da wird eine demenzkranke Patientin eingeliefert, muss operiert werden. Man will ihr einen Harnkatheter legen, und sie schreit und wehrt sich in panischer Angst. Längst verdrängte Vergewaltigungsszenen, über die sie vermutlich nie gesprochen hat, werden wieder durchlebt. Auch sie wird sich all die Jahre durchgebissen und ihr Leben gemeistert haben – was blieb ihr auch anderes übrig? Doch verarbeitet ist es nicht. Diese tief vergrabene Lebenswunde bricht nun in ihrer Demenz durchs gegenwärtige Erleben mit aller Wucht hervor. Bin ich eigentlich in meiner Ausbildung auf so etwas vorbereitet worden? Ich weiß es nicht. Was ich weiß, ist, dass wir in für mich im Nachhinein verheerender Art und Weise damit umgegangen sind. Nicht selten wurde Verstärkung geholt, die Patientin festgehalten und beruhigt, manchmal aber auch ungeduldig und mahnend auf sie eingeredet wie bei einem kleinen Kind. Schließlich stand man unter

Zeitdruck, und was getan werden musste, musste eben getan werden.

Gott sei Dank hat sich heute vieles verändert im Umgang mit Demenzkranken. Auch mit Kriegstraumata geht man heute anders um. Sie werden endlich thematisiert. Vielleicht war damals – gerade mal 30 Jahre nach Kriegsende – die Zeit hierfür noch nicht reif. Menschen lassen sich nicht über einen Kamm scheren. Sie erleben und verarbeiten Traumata individuell verschieden. Viele Faktoren spielen eine Rolle, und es dauert, so lange es dauert!

Traumatisiert und hochsensibel

Neu und einleuchtend ist für mich die Verknüpfung von *Hochsensibilität* und *Posttraumatischer Belastungsstörung*, wie sie Reinhold Ruthe aus seiner langjährigen Erfahrung in seinem Buch »Fass mich nicht an« erwähnt.

Zwar habe ich mich schon länger mit dem Thema Hochsensibilität auseinandergesetzt und bin mir inzwischen sicher, dass sowohl meine Schwester Bärbel und mein Bruder Diethelm als auch ich zu den sogenannten *hochsensiblen Persönlichkeiten (HSP)* gehören. Aber seltsamerweise habe ich nie meinen Missbrauch und seine Auswirkungen damit – es ist keine Krankheit – in Verbindung gebracht.

Hier ein Beispiel: Mein Mann und ich sitzen in einer kabarettistischen Veranstaltung. Die Musik setzt ein, die Akteure beginnen ihr Programm. Die Lautstärke der Anlage ist bis zum Anschlag eingestellt. Es dröhnt in den Ohren. Wir beide empfinden es extrem laut – zu laut. Doch wirkt das auf uns beide unterschiedlich. Mein Mann stellt nüchtern fest: »Das ist aber laut!« Damit ist die Sache für ihn erledigt. Ich dagegen bin den Tränen nahe. Der Sound dringt penetrant bis in mein Innerstes. Ich spüre es körperlich, und zwar nicht nur in den Ohren, sondern im ganzen Körper. So, als würde mein gesamter Körper nur aus Ohren bestehen. Es ist ein Gefühl von völliger Schutzlosigkeit. Tatsächlich empfinde ich diese Lautstärke wie eine in mich eindringende Gewalt. Ich könnte nun den Raum verlassen. Ich entscheide mich aber zu bleiben. Zu neugierig bin ich auf das nachfolgende Programm. So lasse ich es zu, halte es aus und gewöhne mich sogar ein wenig daran. In der Nacht darauf merke ich allerdings, dass es meinem Körper nicht gutgetan hat. Es ist so, als liefe in mir ein Motor auf Hochtouren. Ich kann ihn nicht abstellen, komme nicht zur Ruhe. Ja, ich zittere regelrecht, friere und schwitze fast gleichzeitig.

Manchmal lachen andere und auch ich selbst über meine extreme Schreckhaftigkeit. Ich bin mit dem Hund unterwegs, eine Bekannte fährt mit dem Auto an mir vorbei, freut sich, mich zu sehen und hupt einmal kurz zur Begrüßung. Ich fahre dermaßen zusammen, dass sie sich hinterher bei mir entschuldigt: »Das habe ich nicht gewollt!« Doch mein Herz rast oder stolpert eine Zeit lang. Hochsensible nehmen anders, intensiver wahr – mit ausgeprägteren Sinnen. Der Unterschied wird mir besonders bei mir und meinem Mann deutlich. Er ist keineswegs gefühlskalt. Im Gegenteil: Er nimmt atmosphärisch vieles wahr, spürt Stimmungen usw. Doch bei ihm bleibt es eher an der Oberfläche. Es dringt nicht so tief ein und verursacht auch keine körperlichen Reaktionen wie bei mir. Es ist daher nur allzu verständlich und einleuchtend, dass hochsensible Menschen auch intensiver auf ein Trauma reagieren.

Eine andere wichtige und geradezu befreiende Einsicht habe ich aus dieser Entdeckung gewonnen. Nach meinem langen, erfolgreichen Aufarbeitungs- und Heilungsprozess sind körperliche Symptome, die hin und wieder auftreten, nun nicht mehr meinem Missbrauchserleben geschuldet. Wie oft habe ich mir selbst die frustrierte Frage gestellt: »Warum bist du da immer noch nicht durch, bei all dem, was du unternommen hast?«

In letzter Zeit lerne ich mehr und mehr meiner Hochsensibilität Rechnung zu tragen. Mein Körper ist mir da ein guter Partner, der mir rechtzeitig Signale sendet. Ich nehme mich ernst, brauche Ruhephasen, brauche Zeit zur Verarbeitung von Eindrücken und Erlebnissen, brauche einen sensiblen Umgang mit mir selbst, wenn es um Beziehungen mit Menschen geht. Denn ich bin ein ausgesprochener Nähetyp und gleichzeitig hochsensibel, eine schwierige und äußerst herausfordernde Kombination.

Wie sagte mir einmal eine Seminarleiterin aus den Niederlanden: »You have a very sensitive heart. Don't let people trample over it.« (Du hast ein sehr sensibles Herz. Lass Menschen nicht darüber hinwegtrampeln.) Oder eine Mitarbeiterin beim *Hörenden Gebet* in Thun sagte zu mir: »Du wirst dich immer wieder fürs Zarte entscheiden!«

Meine Scham – seine Scham?

Wenn bei einem Missbrauch die natürliche Schamgrenze eines Kindes überschritten wird, wird es beschämt. Eine Beschämung ist etwas äußerst Schmerzhaftes und fühlt sich furchtbar an. Ich fühle mich beschämt durch die sexuellen Übergriffe meines Vaters. Ich fühle mich als Kind zutiefst beschämt, weil in unserem kleinen »Tante-Emma-Laden«, in dem ich mit anderen Kunden stehe und warte, die Inhaberin plötzlich einen großen Dreckklumpen auf dem Boden entdeckt und sich ganz sicher ist, dass nur ich ihn verursacht haben könne. Denn ich bin das einzige Kind im Geschäft. Alle Blicke richten sich in diesem Moment auf mich. Ich möchte im Boden versinken. Ich fühle mich beschämt. Beschämt fühle ich mich auch, als sich unser neuer Klassenlehrer über die Sitzenbleiber auslässt, zu denen ich gehöre, und sie als Schandfleck der Klasse bezeichnet. Wie hart arbeite ich anschließend daran, diesen Makel einer Sitzenbleiberin wieder loszuwerden. Nach unendlicher schulischer Anstrengung bin ich endlich in meiner Würde rehabilitiert. Beschämung fühlt sich an, als würden einem auf offener Bühne alle Kleider vom Leib gerissen. Plötzlich steht man da, splitternackt, hilflos und schutzlos, den Blicken und Urteilen der anderen ausgeliefert. Beschämung ist ein grausames Machtmittel.

Aus der Beschämung des Missbrauchs entwickelt sich bei mir eine krankhafte Scham, eine treue Begleiterin, die viele Jahre meines Lebens nicht von meiner Seite weicht. Sie überfällt mich wie eine eiskalte Dusche, meist verbunden mit einer körperlichen Starre. Doch auch mein Vater schämt sich. Er schämt sich manches Mal für mich, aber auch für sich selbst, das ist ganz offensichtlich. Vielleicht gründet sich seine Scham für mich, für meine Trauer und Schwermut, meine leise Stimme, die vielen Ängste meiner Kindheit ja auch gerade darauf. Vielleicht ist es die Ahnung in ihm, dass er der Verursacher meiner Traurigkeit und Ängste ist. Bestärkt wird die Vermutung dadurch, dass er mich in Situationen, in denen es einen klaren äußeren Grund für meine Trauer gibt, sehr wohl trösten kann und viel Verständnis aufbringt.

In meiner langen Therapie habe ich alle Fremdscham und die Beschämung durch meinen Vater zurückgegeben und meine eigene natürliche Scham sehr bewusst willkommen geheißen. Denn sie muss bleiben, gehört zu mir und bildet einen notwendigen Schutz, einen sicheren Raum, in dem ich mich bewegen kann.

In einer Therapiestunde drücke ich es folgendermaßen aus:

Scham,
große Scham,
bedrohlich, anmaßend, erdrückend,
meine Scham?

Fremde Scham,
du machst mir Angst,
raubst mir den Atem.
Weg mit dir, fremde Scham!

Ich bin frei,
frei zu gehen,
zu atmen,
zu sein.

Kleine Scham,
meine Scham,
du Schutz meiner Würde,
Schutz meines Seins.

Du fliegst mit mir,
kleine Freundin.
Wir fliegen gemeinsam
ins Leben, ins Licht!

Heilende Begegnungen

Es ist ein trauriger, verregneter Tag und leider nicht der einzige in dieser Urlaubswoche, die ich mit einer Freundin am Bodensee verbringe. Eine Ferienwoche in dieser schönen Gegend haben wir uns in der Tat anders vorgestellt. Doch heute ist es besonders schlimm. Der Himmel zeigt sich in einem düsteren Grau und lässt es Bindfäden regnen. Unsere Stimmung ist dementsprechend und dem Wetter angepasst. Wir entschließen uns, den äußeren Umständen zu trotzen und ein Wellnessbad in der Nähe aufzusuchen. Wie nicht anders zu erwarten bei diesem Urlaubswetter, ist das Bad brechend voll.

Nach einigen Runden im großen Schwimmerbecken betrete ich ein kleines, wohl temperiertes Nichtschwimmerbecken, das gerade nicht so überfüllt ist. Ein junger Mann fällt mir auf, der ein Baby auf seinem Arm hält. Er lässt es an der Wasseroberfläche planschen, den Kopf des Kleinen über Wasser haltend. Ich spüre plötzlich ein Würgegefühl im Hals, wende mich ab. Panik erfüllt mich und Horrorszenarien durchziehen mein Gehirn. Gleich wird er dieses kleine, wehrlose Kind fallen lassen oder womöglich unter Wasser drücken. Was um alles in der Welt macht er mit diesem armen, hilflosen Kind? Da flüstert mir eine leise Stimme etwas zu. Ja, ich kann es wirklich nicht anders beschreiben. Es ist eine innere Stimme, und doch habe ich den Eindruck, sie kommt nicht von mir. So, als flüstere mir Gott selbst etwas zu. »Ille, schau hin, schau genau hin!«

Ich wage einen erneuten Blick, und die Szenerie stellt sich mir plötzlich ganz anders da: ein vor Vergnügen glucksendes, quiekendes Baby, das im Wasser planscht. Der junge Vater trägt es liebevoll auf seinen Händen. Dabei lächelt er warm auf das Kind hinunter. Manchmal dreht er es auch auf den Rücken, und die beiden schauen sich an, zwei sich zugewandte Gesichter, in einem gemeinsamen, fröhlichen Planschen vereint. Was für ein herrliches Bild! Ich bin fasziniert und fühle gleichzeitig einen tiefen Schmerz in mir.

Als ich im Liegeraum auf meiner Matte ausruhe, kommen mir Bilder in meinen Sinn. Ich bin ein kleines Mädchen, zusammen mit meinem Vater in der damaligen Ronsdorfer Badeanstalt, ein altes, teilweise verfallenes Gebäude, nicht zu vergleichen mit diesem komfortablen Wellnessbad. Nein, ich bin kein Baby mehr – nicht in meiner Erinnerung – eher ein vielleicht vier- bis fünfjähriges Mädchen. Mein Vater hält mich auf seinen Händen. Manchmal hat er nur eine Hand unter meinem Kinn, um meinen Kopf über Wasser zu halten. Von Zeit zu Zeit lässt er ganz los. Ich soll schwimmen lernen. Immer wieder betont er, wie wichtig das sei und dass er selbst als Junge einfach ins Wasser geworfen wurde. So habe er schwimmen gelernt. Für mich eine unfassbare Geschichte. Diese Schwimmbadbesuche sind für mich furchtbar. Ich habe panische Angst. Ist dort noch etwas anderes passiert? Möglicherweise.

Das Schwimmen bringe ich mir schließlich selbst und ganz allein bei – während meiner Volksschulzeit – und mache sogar meinen Freischwimmer. Nichts Großes, aber für mich damals ein Erfolg, auf den ich stolz bin.

Der Schwimmunterricht in der Schule, auch später im Gymnasium, bleibt für mich immer ein Horrorszenario. Es ist für mich das schrecklichste Schulfach, von Angst besetzt. Schon auf dem gemeinsamen Weg unserer Klasse zum Schwimmbad – damals noch eine reine Mädchenklasse – kriecht mir die Angst förmlich in den Nacken. Den Unterricht selbst lasse ich möglichst unbeteiligt über mich ergehen. Und da ist unsere Schwimmlehrerin. Ich weiß noch, dass ich sie eklig und abstoßend finde in ihrem Badeanzug. Gleichzeitig muss ich wie gebannt immer wieder auf ihren knapp bedeckten Schritt schauen. Dabei würgt es mich geradezu. Ich könnte spucken.

Von diesem geistigen Ausflug in meine Vergangenheit komme ich zurück in die Gegenwart, zurück auf meine Liegematte im Wellnessbad. Da sehe ich »mein« Baby wieder. Dieses Mal liegt es bei seiner jungen

Mutter, die es stillt. Auch dieses Bild rührt mich. Beide – Kind und Mutter – liegen auf der Seite, sich gegenseitig zugewandt. Das Baby trinkt, während die Mutter mit ihrer ganzen Aufmerksamkeit und Zuwendung bei dem Kind ist. Natürlich kann ich nichts hören, denn wir sind von einer lauten Geräuschkulisse umgeben. Aber ich sehe die Lippenbewegungen der Mutter. Sie spricht fortwährend mit dem Baby und lächelt es warm an. Was für ein Bild der Geborgenheit inmitten des Trubels, eine kleine intime, abgeschirmte Welt, ein wunderbarer sicherer Ort.

Als ich nach einigen Minuten noch einmal ins Becken gehe, sehe ich den jungen Vater wieder, diesmal mit seiner vielleicht dreijährigen Tochter. Beide tollen im Wasser, spritzen sich gegenseitig nass, lachen ausgelassen und haben offensichtlich ihren Spaß.

Später komme ich aus meiner Umkleidekabine und sehe vor dem Ausgang in einiger Entfernung die kleine Familie. Ich kann nicht anders, renne hinter ihnen her und bedanke mich herzlich bei ihnen. »Sie haben mich heute sehr beschenkt«, sage ich. »Sie sind eine wunderbare Familie.« Die Frau strahlt mich an und sagt: »Ja, wir sind sehr glücklich!« Ich schaue ihnen hinterher. Sie ahnen nicht, dass sie ein Puzzlestein waren auf dem Weg meines Heilungsprozesses, ein Geschenk und eine Fügung Gottes an einem verregneten Urlaubstag.

Verlorenes Urvertrauen

Oktober 2009. Wir befinden uns mit unserer damaligen Krefelder Gemeinde auf einem 50-jährigen Jubiläum des Evangeliumsrundfunks in Wetzlar. Die Predigt des Festgottesdienstes hält Professor Dr. Hans-Joachim Eckstein. Ein Beispiel, das er zum Thema Vertrauen gebraucht, trifft mich geradewegs ins Herz.[11] Ich kann es aus meiner Erinnerung nur ungefähr wiedergeben.

---

[11] Vgl. Hans-Joachim Eckstein, Du bist ein Wunsch, den Gott sich selbst erfüllt hat. SCM-Verlag, Holzgerlingen 2015, Seite 30 ff.

Eckstein ist bei einem Freund zu Gast. Beide befinden sich gerade im Kinderzimmer. Wie aus heiterem Himmel lässt sich der Jüngste aus seinem Hochbett fallen und ruft fröhlich: »Papa, fang mich auf!« Der Freund kann nur noch einen Hechtsprung zum Hochbett machen und im letzten Augenblick den Jungen auffangen, total erschrocken und dankbar. Das ist grenzenloses Vertrauen. »Viele Menschen haben erlebt, dass der Vater sie nicht aufgefangen, sondern fallen gelassen hat«, sagt Eckstein. »Deshalb haben sie Schwierigkeiten, Gott zu vertrauen!«

Seinen weiteren Ausführungen folge ich nicht mehr. Von da an bewege ich mich in meinen eigenen Gedanken. Mein Vater hat mich nicht nur fallen lassen, sage ich mir. Nein, es ist viel schlimmer: Er hat mir Leid zugefügt, hat sich an mir vergangen. Schließlich münden meine Gedanken in ein Gebet. »Es fällt mir so schwer, dir zu vertrauen«, sage ich Gott. Und ich »höre« seine Antwort: »Meinst du denn, das wüsste ich nicht?« Darauf ich: »Aber wie soll ich dir jemals wirklich vertrauen können?« Und wieder seine Antwort: »Du tust es doch längst, indem du einfach mit mir weitergehst. Nur so lernst du Vertrauen!«

III. Flug in die Freiheit

Was trägt

In meiner Heilungsgeschichte, die auch eine Tanzgeschichte ist, hat der Boden eine so große Rolle gespielt, dass es sich lohnt, ihm ein ganzes Kapitel zu widmen. Getanzt habe ich früher nie. In meiner späteren Ausbildung zur Tanz-Soziotherapeutin sollten wir einmal unsere eigene Tanzgeschichte schreiben. Das brachte mich in Schwierigkeiten, denn ich hatte keine. Inzwischen habe ich sie, meine eigene, ganz spezielle Tanzgeschichte.

In meiner Kindheit ist Tanzen nicht verboten, nein, es ist schlicht kein Thema. Und es schickt sich auch nicht besonders. Sind wir auf einer Geburtstagsveranstaltung oder einer Hochzeit zu Besuch, auf der getanzt wird, fühle ich mich immer als Außenseiterin. Ich sehne mich danach zu tanzen, traue mich aber nicht. So sage ich meistens: Ich möchte nicht, habe keine Lust, was einer glatten Lüge gleichkommt. Denn ich möchte sehr wohl und wie ich möchte. In Wirklichkeit bin ich hin- und hergerissen. So besuche ich auch später keine Tanzschule. Auch hier begründe ich es mit Unlust, sogar ein bisschen nach dem Motto: »Ich brauch das nicht«, um damit meine Souveränität und persönliche Freiheit auszudrücken, die es ja in Wahrheit gar nicht ist. Was für ein Krampf! Das macht mich natürlich noch mehr zur Außenseiterin, als die ich mich ohnehin fühle.

Irgendwann lerne ich durch meine Nichten – eine wird später Tanz studieren – Anbetungstanz kennen. Das muss man sich vorstellen. Tanzen ist also nicht nur von Gott geduldet, sondern sogar ein Werkzeug, ihn zu loben und anzubeten. Das gefällt mir, und ich schaue mir einiges ab, beginne »auf meine alten Tage« – immerhin bin ich in inzwischen Mitte vierzig – auch noch mit dem Tanzen. Ich besuche zum Beispiel einen Ballettkurs für erwachsene Anfänger in der Volkshochschule.

In der Krefelder Gemeinde, in der ich mich zu dieser Zeit befinde, leite ich schon seit einiger Zeit einen *Creativ-Workshop*: eine kleine Gruppe, mit der wir kleine Sketche und Pantomimen im Gottesdienst oder bei speziellen Veranstaltungen aufführen. Unser Programm wird nun erweitert mit tänzerischen Einlagen, sehr laienhaft natürlich. Denn wir sind keine Profis, haben aber ungeheuren Spaß an der Sache. Irgendwann merken wir, dass durch das Tanzen auch in uns etwas passiert. Wir spüren so etwas wie eine heilende Wirkung von Tanz. Bei mir werden Gefühle hervorgerufen, an die ich vorher nicht wirklich herankam. Das fasziniert mich.

Begeistert erzähle ich der Frau eines Baptistenpastors davon. »Warum lernst du nicht Tanztherapeutin? Das wäre dann doch genau das Richtige für dich«, fragt sie mich. Und sie erzählt mir von einer Zukunftswerkstatt, die unter anderem darin ausbildet. »Schau doch mal im Internet nach!«, rät sie mir. Bis jetzt wusste ich nicht einmal, dass es so etwas wie *Tanztherapie* gibt. Aber ich bin neugierig und beiße an. Diese Entscheidung wird dann im Jahr 2003, einem unglaublich ereignisreichen Jahr, eine weitreichende Wende bringen.

Ich will doch fliegen!

Eine Frau aus unserer Gemeinde – eine gute Freundin – schenkt mir ein Wochenendseminar in Augsburg mit dem Thema *Praise & Dance*. Zu der Zeit habe ich noch nicht meinen Ballettkurs angefangen, bin also noch gänzlich unbescholten und habe keine Ahnung, was dort auf mich zukommen wird. Eine überschaubare Gruppe von Frauen mit unterschiedlichster Tanzerfahrung ist hier zusammengekommen. Die Seminarleiterin ist eine professionelle Tänzerin.

Körperlich wird dieses Wochenende eine Tortur für meine untrainierten, zum Teil eingerosteten Gliedmaßen. Aber auch mental ist es für mich eine große Herausforderung. Bis dahin verbinde ich mit Tanz immer ein Gefühl von Leichtigkeit. Ja, Tanz hat etwas von Freiheit und Fliegen für mich. Barbara, die Leiterin, scheint dagegen ein Faible für den Fußboden zu haben. In den Pausen, wenn sie sich warm tanzt, bewegt sie sich wie eine Schlange auf dem Tanzboden, zum Anschauen wirklich ansprechend, aber als Selbsterfahrung äußerst anstrengend. Doch auch wir bewegen uns immer wieder auf dem Boden. Einmal sollen wir den Fußboden, die Wände und Gegenstände im Raum mit unserem ganzen Körper ertasten. Wir bewegen uns kriechend über den Boden, hangeln uns mit der gesamten Körperfläche an den Wänden oder Tischbeinen hoch. Nicht nur eine äußerst befremdliche Erfahrung für mich, sondern auch ein ebenso seltsames Bild, hätte es einen Beobachter gegeben. Noch vor einigen Monaten hätte ich vermutlich fluchtartig den Raum und das Seminar verlassen. Doch jemand sagte einmal: »Sehnsucht und Angst kommen gemeinsam durch die Tür.« Bei mir ist inzwischen die Sehnsucht nach Lebendigkeit, nach Freiheit und Heilwerden so stark geworden, dass sie die Angst – ebenso die Scham – einfach mit durch die Tür zieht, ja sie geradezu herausfordert. Denn wer keine Angst hat, kann auch nicht mutig sein.

Mein Körpergefühl nach dieser Übung ist mir noch sehr präsent. Ich fühle mich so wach und lebendig, fast so, als sei ich gewachsen, meine Haut größer und weiter geworden, als hätte mein Atem einen neuen Weg gefunden, nicht nur über den schmalen Weg der Bronchien. Was für fantastische Gottesgeschenke sind unser Körper und die Fähigkeit, mit allen Sinnen wahrzunehmen. Wie viel nehmen wir uns, wenn wir uns auf eine rein kognitive Ebene beschränken.

Doch auch im übertragenen Sinn erlebe ich in diesem Seminar einen tragfähigen Boden. Auch hier befinde ich mich in gewisser Weise wieder in einer Außenseiterrolle. Ich bin die älteste Teilnehmerin und habe im Gegensatz zu den anderen keinerlei Tanzerfahrung. Obwohl ich mich deutlich schwerer tue als die anderen, bekomme ich so viel Respekt und Wertschätzung, gehöre einfach dazu. Wir beschließen das Seminar am Sonntagmorgen mit einem Gottesdienst, der aus vielen kreativen, überwiegend tänzerischen Elementen besteht. Jede von uns gibt einer anderen Teilnehmerin ein besonders tänzerisches Geschenk mit auf den Weg. Barbara, die Tänzerin und Dozentin tanzt mit mir eine kleine, zarte, verschlossene Pflanze, die sich langsam öffnet und sich immer mehr aufrichtet. Dazu gibt sie mir zwei schlichte Worte mit auf den Weg: »Hab Mut!« Sie klingen mir heute noch, nach beinahe zwanzig Jahren im Ohr. Diesen Mut habe ich gebraucht und brauche ihn immer noch!

Aus dem Boden in die Luft

Dezember 2003. Inzwischen habe ich meine Ausbildung bei der Zukunftswerkstatt mit 49 Jahren begonnen. Nun stehe ich in Düsseldorf und finde an einem Eingang, der mich zu einem Hinterhof führt, das Schild, das ich gesucht habe. *Tanz- und Therapieraum Wolf-Werner Wolf*, ist dort zu lesen. Ein interessanter Name, denke ich, und gehe über den Hof zu einem fabrikähnlichen Gebäude. Wegen meiner mangelnden Tanzerfahrung hat mir meine Dozentin empfohlen, parallel eine Fortbildung in *korrektiver Körperarbeit* nach Irmgard Bartenieff zu machen. Die sogenannten *Bartenieff Fundamentals* basieren auf neurophysiologischen Zusammenhängen von Bewegungsabläufen. Themen wie Stabilität und Mobilität, Atem, Spannung, Verbindung von Körperteilen sind darin enthalten. Es geht um die Fragen: Welche Muskeln bewegen wir, von wo geht der Bewegungsimpuls etc. Meine Ausbilderin sagte mir: »Der holt aus dir den Tanz heraus, der in dir steckt!« Das gefällt mir, und ich lasse mich mit großer Motivation und Neugier darauf ein. Und ich habe auch hier wieder Angst und Scham im Gepäck. Nein, niemand kann sich wirklich vorstellen, wie viel Mut ich brauche und wie viel Energie es mich kostet, dieses für mich absolute Neuland zu betreten. Das Erstgespräch verläuft gut, und ich kann im Januar 2004 mit einer Reihe von sechs Wochenenden beginnen.

Allerdings habe ich nicht geahnt, wie viel Zeit der Fortbildung wir liegend auf dem Boden zubringen würden. Die einzelnen Bewegungsabläufe werden auf dem Boden erarbeitet und routiniert. Erst dann werden sie in Alltagsbewegungen wie Treppensteigen, Gehen durch den Raum, Springen und in Tanz umgesetzt. Auf dem Boden liegend, erinnere ich mich, wie mir in meiner Kur damals eine der Schwestern wegen meiner Schlaflosigkeit riet: »Es ist ganz einfach. Legen Sie sich flach auf den Rücken und geben mit allen Körperteilen das Gewicht an den Boden, in diesem Fall das Bett ab. Spüren Sie es unter Ihrem Körper. Dann werden Sie sehr schnell einschlafen!« Es hat nicht funktioniert. Denn ich konnte es überhaupt nicht umsetzen, wusste nicht einmal, was sie meinte.

Inzwischen habe ich den Boden lieben gelernt, so verrückt es sich anhört. Er ist mir zum Freund geworden. An einem Wochenende gehen wir nach einer Übung auf dem Boden durch den Raum und beginnen zu springen. Einen Wechselsprung, so, wie ich es oft als Kind gemacht habe. Und ich habe tatsächlich das Gefühl zu fliegen. Es ist unglaublich, wie viel Energie und Schwung ich aus dem Boden holen kann.

Der Boden des Vertrauens

Der Boden ist mir zu einem starken Bild geworden. Er hat mich durch meine gesamte Ausbildungszeit begleitet. Wer oder was ist mein Boden? Wer oder was trägt mich? Als überzeugte Christen behaupten wir schnell und lautstark, dass selbstverständlich Gott oder noch präziser Jesus unser Boden ist. Ja, er ist es in der Tat auch für mich. Aber wir brüchig ist manchmal dieser Boden? Wie vorsichtig und ängstlich bewegen wir uns auf ihm? Oft hatte ich das Gefühl: Es handelt sich um einen frisch gebohnerten Linoleumboden oder ein hochempfindliches, nicht versiegeltes Parkett. Wenn ich es betrete, muss ich ständig Angst haben, es zu verunreinigen oder zu beschädigen. Wie oft habe ich in meiner Kindheit gehört: »Jesus ist traurig über dich, wenn du dieses oder jenes tust oder dich so oder so verhältst.« Wie kann ich diesem von mir enttäuschten Jesus vertrauen? Wie kann ich mich fröhlich und vertrauensvoll auf einem solchen Boden bewegen? Und was, wenn der Boden wegbricht, sich plötzlich ein Loch auftut, Gott eben doch unberechenbar, nicht vertrauenswürdig ist? Irgendwann nach einer Therapiestunde habe ich mir gesagt: »Lieber keinen Gott, als den falschen zu haben.« Mit falsch meine ich einen Gott, der zusagt, mich zu lieben, mir Vergebung zuspricht und dann doch unzufrieden ist und Leistung und Wiedergutmachung von mir fordert.

Auf meinem weiteren Weg habe ich gelernt, diesen Gott anders wahrzunehmen und zu erfahren, dass ich mich auf dem Boden sicher und ohne Angst bewegen darf. Besonders freut es mich, wenn andere Menschen es mir spiegeln. So sagte eine Dozentin während eines Fortbildungswochenendes: »Eines muss man dir lassen, du hast einen Boden, der ist unerschütterlich!« Eine Teilnehmerin: »Man spürt dir ab, dass dein Boden dich trägt!« Andere Weggefährten: »In dir ist so etwas Festes, Sicheres!« – »Wenn du tanzt, wird der Boden fest.« Diese Äußerungen machten Menschen, von denen sich die meisten nicht als Christen bezeichnen würden. Ihre Beobachtungen zielen nicht auf das, was ich tue oder sage, sondern auf das, was ich bin. Indirekt sprechen sie mir damit die Liebe und Gnade Gottes zu, ohne es zu ahnen. Ich empfinde es als ein riesiges Geschenk und staune darüber wie ein Kind, das mehr und mehr begreift: Ich bin geliebt, gewollt und getragen von diesem unerschütterlichen Boden.

»Teste meinen Boden!«

Wir befinden uns in einem Kurs der Volkshochschule mit dem Thema *Tanz & Spiritualität*, den ich regelmäßig durchführe. Dieses Mal sind es zehn Frauen mit unterschiedlichsten religiösen und nicht religiösen Überzeugungen.

Nach einer Imagination durch den Körper lade ich die Frauen ein, den Boden zu spüren, auf dem sie stehen, und mit Hilfe von Trommelmusik und Stampfen seine Festigkeit zu testen. Meine einladenden Sätze dabei: »Was ist dein Boden, was gibt dir Halt im Leben, was trägt dich? Sind es Menschen, Beziehungen, deine Werte und Überzeugungen, ist es etwas Größeres über dir, vielleicht sogar Gott? Vielleicht ist es auch nur ein riesengroßes Fragezeichen nach dem Sinn, nach dem Woher und Wohin? Egal, was es auch immer ist, probiere es aus, ertanze und erstampfe diesen Boden und teste seine Festigkeit.«

Die Trommelmusik ertönt, die Frauen beginnen, tanzend und stampfend den Boden auszuprobieren. Es herrscht eine fröhliche, ausgelassene Stimmung im Raum. Doch eine Frau bleibt plötzlich stehen und bricht in Tränen aus. Ich unterbreche und gehe zu ihr. »Ich habe keinen Boden«, sagt sie, »da ist rein gar nichts, nicht mal ein Fragezeichen!« Sie hat vor Kurzem einen großen Verlust erlebt. Nun lade ich sie ein, mit mir zusammen auf meinem Boden zu tanzen und ihn einfach mal auszuprobieren. Sie lässt sich darauf ein, nimmt meine angebotene Hand, erst sehr zaghaft, dann stampft sie richtig los: ihre Trauer, ihre Wut, ihren Schmerz in »meinen« Boden hinein. Zum Schluss strahlt sie mich mit einem tränenüberströmten Gesicht an. »Das hat gutgetan und der Boden hat gehalten!«

In der Abschlussrunde verkündet sie der Gruppe: »Ich möchte Gottvertrauen lernen, möchte mich auf die Suche machen!«

Neue Wege

Es war an einem Neujahrstag 2002. Ich bin schon früh wach und mache einen Spaziergang durch die mit Raureif bedeckten Felder. Was wird in diesem Jahr auf mich und meinem Mann zukommen? Oft sehe ich, wie erschöpft mein Mann vom Dienst ist. Wie gut wäre es, er könnte einmal aussetzen, so etwas wie ein Sabbatjahr einlegen. Ich selbst bin ja auch bis über beide Ohren beschäftigt, alles auf ehrenamtlicher Basis. Auf einmal habe ich die feste Gewissheit in mir: Ich werde wieder berufstätig sein. Ich werde arbeiten und Geld verdienen. Doch soll ich wirklich wieder in meinem alten Beruf als Krankenschwester arbeiten? Ich verspüre nur wenig Lust dazu. Nein, ich möchte nicht in einem System arbeiten, in dem ich wieder unter immensem Zeitdruck stehe und nicht wirklich auf Menschen mit ihren Nöten und Bedürfnissen eingehen kann.

Da finde ich ein Stellenangebot für eine Hilfskraft im evangelischen Kindergarten einer Nachbargemeinde. Doch ich bin keine Erzieherin, vielleicht habe ich dennoch eine Chance? So bewerbe ich mich mit viel Engagement und Herz. Schon bald darauf erreicht mich ein sehr freundlicher und warmherziger Brief. Allerdings sei die Entscheidung schon vor dem Eintreffen meiner Bewerbung gefallen. Ich bin nur mäßig enttäuscht, denn wirklich überzeugt war ich nicht, ob das wirklich die richtige Tätigkeit für mich wäre. Soll ich doch wieder ins Krankenhaus gehen? Im Gespräch mit meinem Mann kommen wir auch plötzlich auf das Gebiet Krankenhausseelsorge. Das wäre doch etwas! Bringe ich nicht die besten Voraussetzungen mit? Ich bin gelernte Krankenschwester und mit dem Betrieb eines Krankenhauses vertraut. Außerdem habe ich eine theologische Ausbildung. Voller Hoffnung nehme ich Kontakt mit einer evangelischen Pfarrerin auf, die im Krefelder Klinikum arbeitet. »Leider nein«, sagt sie mir. Das Klinikum selbst stelle keine Seelsorger ein. Das gehe nur über die Kirchen. Trotzdem unterhalten wir uns blendend. Sofort springt ein Funke über. Dann rückt sie mit einer Bitte an mich heraus. Seit Jahren führt sie zusammen mit einer evangelischen Pfarrerin und einem katholischen Pfarrerkollegen regelmäßige Gottesdienstangebote in der Kinderklinik durch. »Wollen Sie nicht einsteigen? Wir könnten gut noch jemanden wie Sie gebrauchen.« – »Ich lasse es mir durch den Kopf gehen«, antworte ich.

Letztendlich gebe ich mein Ja zu einem weiteren Ehrenamt. Im Nachhinein weiß ich: Es war ein wichtiger, guter Schritt, der mir später wichtige Türen öffnen wird. Da entstehen wunderbare Freundschaften mit Theologinnen verschiedener Kirchen und Arbeitsbereiche. Ich werde Mitglied in einem sogenannten Theologinnenkonvent, in dem wir uns über »Gott und die Welt« austauschen. Und ich gehöre bald zu einem Team, das Trauerfeiern für früh- und frühestverstorbene Kinder gestaltet. Als ich zu Hause sitze und noch einmal über einen möglichen Arbeitsplatz nachdenke, bringt mir mein Mann ein Überraschungsei mit nach Hause. Das tut er manchmal, denn er weiß, wie gern ich Kinderschokolade esse. Ich kann mich nicht mehr erinnern, was außer der leckeren Schokolade drinsteckte, aber unter anderem finde ich dort die Aufforderung: »Lass dich überraschen!« Es mag albern klingen, doch dieser Satz kommt mir in diesem Augenblick vor, wie von Gott an mich gerichtet. »Ich habe noch etwas ganz anderes für dich. Warte es ab!« Und so gehe ich einfach von einer offenen Tür durch die nächste.

Volkshochschule

Wie schon erwähnt, leite ich in unserer Gemeinde einen sogenannten *Creativ-Workshop*, mit dem wir in Gottesdiensten oder anderen Veranstaltungen kleine Theaterstücke, Pantomimen oder auch Gebärdentänze aufführen. Ein Lehrer der Baptistengemeinde ist davon sehr angetan und konfrontiert mich mit einer Idee. 2003 ist das *Jahr der Bibel*. »Da könntest du doch in der Volkshochschule einen Kurs anbieten zum Thema ›Die Bibel tanzen!‹ Da er den Bereichsleiter des Fachbereichs Religion kennt, nimmt er auch gleich Kontakt mit diesem auf. Zusammen mit meinem Mann, der ebenfalls einen Kurs anbieten möchte, finde ich mich zu einem Gespräch bei ihm ein. Im nächsten Semester soll ein Angebot mit dem Thema *Tanz als religiöses Ausdrucksmittel* laufen. In der Nacht darauf wache ich schweißgebadet auf. Was habe ich da festgemacht? Bisher habe ich keinerlei Erfahrung mit Volkshochschulkursen, nicht einmal als Teilnehmerin, geschweige denn als Kursleiterin. Den *Creativ-Workshop* mache ich ganz und gar laienhaft ohne jede erlernte Kenntnis.

So fasse ich den Entschluss, gleich am nächsten Morgen den Bereichsleiter davon in Kenntnis zu setzen, dass alles nur ein Irrtum gewesen sei und ich das auf keinen Fall machen könne. Am nächsten Morgen bringt die Post eine Zeitschrift ins Haus, deren Titelseite mir sofort ins Auge springt: »God doesn't call the equipped, he equips the called.« (Gott beruft nicht die Fähigen, er befähigt die Berufenen.) Ich sage den Kurs nicht ab. Allerdings findet er nicht wie geplant im Jahr der Bibel, sondern erst im Frühjahr 2004 statt. Vorher hat die Zahl der Anmeldungen nicht gereicht. Und das ist gut so.

Ich erinnere mich wieder an die Empfehlung der Frau aus der Baptistengemeinde: »Mach doch eine Ausbildung zur Tanztherapeutin!«

Willkommen im Klub

Oktober 2003, ich bin auf dem Weg nach Düsseldorf zu einem sogenannten Schnuppertag der *Zukunftswerkstatt* für *Kreative Leibtherapie*. Mit diesem Begriff kann ich erst mal nichts anfangen. Ja, er klingt für mich sogar altbacken. »Leib«, ein Wort, das ich aus dem alten Lutherdeutsch kenne und das in mir nicht unbedingt positive Assoziationen weckt. Erst später erfahre ich, dass dieses Wort auf dem gemeinsamen Wortstamm »Lip« oder »Lib«, für »Leib«, »Leben« und »Lebendigkeit« basiert, also den ganzen Menschen in seinem Gesamterleben einschließt. Im Netz habe ich mich kundig gemacht. Das Motto »Wenn Worte allein nicht reichen« spricht mich sehr an. Die Möglichkeiten der *Kunst-, Musik-* und *Tanztherapie* klingen wie geheimnisvolle Orte, die Neugier in mir wecken.

Man stelle sich vor: Zum ersten Mal in meinem Leben erwäge ich, eine Ausbildung in einem Institut zu machen, das nicht unter einem christlichen Vorzeichen steht. Bis auf die Schule bin ich immer in diesem Punkt auf Nummer sicher gegangen. So ist es nur logisch, dass ich das bloße Hineinschnuppern schon als riskant empfinde und diesem Besuch mit einer gewissen Skepsis und Ängstlichkeit entgegensehe. Doch die Neugier siegt. Ich bete, dass ich erkenne, ob diese Ausbildung etwas für mich sein könnte. Ich bitte auch meine Freunde, dafür zu beten.

Die Räume der *Zukunftswerkstatt* befinden sich in einem ehemaligen Fabrikgebäude auf einem Hinterhof in Düsseldorf-Oberbilk. Was mir sofort auffällt: Es herrscht eine unkonventionelle, offene Umgangsform. Mein mir so vertrautes Fremdheitsgefühl löst sich sofort nach meinem Eintreten in nichts auf. Wir erleben jeweils eine Einheit in den Kategorien Tanz, Kunst und Musik und hören zwischendurch einen Vortrag von Udo Baer, dem Leiter der *Zukunftswerkstatt* zu dem Thema: »Der kleine Ärger und die große Wut«. Der gesamte Nachmittag dockt bei mir an, findet einen aufnahmebereiten Boden. Es ist so, als hätte ich das immer schon in mir gehabt. Als wäre immer schon eine Ahnung in mir gewesen. In der Pause suche ich die Dozentin für *Tanz-Soziotherapie* auf. Ich möchte ihr mitteilen, dass ich wahnsinnig interessiert bin, eine Ausbildung zu beginnen und öffne meinen Mund, um es zu erklären. Doch in diesem Moment werde ich von meinen Gefühlen überwältigt. Meine Erklärungen lösen sich förmlich in Tränen auf. Die Ausbilderin lacht, nimmt mich einfach in den Arm und sagt nur: »Willkommen im Klub!« Sie beginne mit einem neuen Kurs im Dezember. Der Haken sei allerdings, dass die Gruppe schon ihre Grenze erreicht habe. Trotzdem sei noch nicht aller Tage Abend und ich solle auf jeden Fall meine Unterlagen einreichen. Sie wolle sich für mich einsetzen. Ich beginne tatsächlich noch in der Pause, ein Bewerbungsformular auszufüllen, unter Zeitdruck, handgeschrieben, gespickt mit Fehlern, aber mit ganzem Herzen. Zu Hause zeigt sich mein Mann über meinen spontanen Entschluss wenig erfreut: »Das hätten wir doch wenigstens erst einmal besprechen können!« In der Tat, das hätten wir. Ich kann seinen Ärger verstehen. Da habe ich mich bemüht, eine Stelle als Seelsorgerin im Krankenhaus zu finden. Herausgekommen ist ein weiteres Ehrenamt. Und nun bekomme ich nicht nur kein Geld, sondern muss obendrein noch eine aufwendige Fortbildung finanzieren. So hatten wir es uns nicht vorgestellt.

Vor einiger Zeit las ich im *Meinerzhagener Anzeiger* ein Zitat der Regierungspräsidentin von Arnsberg, Diana Ewert im Blick auf die hohe Zahl der Flüchtlinge: »Wer etwas will, sucht Wege, wer etwas nicht will, sucht Gründe!« Ich will, und wie ich will. Das ist mein Weg, das spüre ich. Auch mein Mann lässt sich bald von meiner Begeisterung anstecken. Wir sind überzeugt, irgendwie wird es gehen. Zunächst nehme ich einfach eine Putzstelle auf Vierhundert-Euro-Basis in der Nachbarschaft an. Das Lustige daran: Ich habe dieses Inserat in der Zeitung gefunden und stehe nun vor einer Frau, die ich von Gottesdiensten in der *Pauluskirche* kenne. Wir sind beide überrascht. Diese Erfahrung möchte ich im Nachhinein nicht missen. Zum Beispiel, als ein unangemeldeter Gast zu Besuch kommt und ich mit den Worten vorgestellt werde: »Das ist Frau Ochs, unsere Putzhilfe.« Ein eigenartiges Gefühl! Später finde ich Menschen, die mich während meiner Fortbildung begleiten, indem sie interessiert nachfragen, für mich beten und mich auch finanziell unterstützen.

Zu der Zeit finden in der *Zukunftswerkstatt* noch sogenannte »Auswahlseminare« statt, später unter dem Namen Orientierungsseminare, in gewisser Weise ein Prüfverfahren sowohl für die Ausbilder als auch für die Interessenten. Ich bekomme einen Platz im nächsten Auswahlseminar noch im Oktober, also kurz nach meinem Schnuppertagsbesuch. Damit ist allerdings noch nicht gewährleistet, dass ich schon im Dezember beginnen kann.

Dieses Wochenende entpuppt sich als eine wirkliche Herausforderung für mich. Zum Beispiel bekommen wir das Thema »Würde«, um es tänzerisch oder künstlerisch kreativ umzusetzen. Ich versuche es tänzerisch, denn diese Richtung möchte ich einschlagen. Mir kommt sehr entgegen, dass es anscheinend nicht darum geht, wie gut wir sind, wie viel Können oder Wissen wir mitbringen oder Ähnliches. Es geht nicht um Leistung, sondern um unsere Fähigkeit zur Selbstwahrnehmung und zur Empathie. Das ist für mich etwas völlig Neues.

Neu und anders ist für mich auch diese Offenheit in einer Gruppe, die sich quasi gerade erst kennengelernt hat. Da sagt zum Beispiel eine der Dozentinnen zu einer Teilnehmerin: »Ich merke, dass du mir immer wieder mit den Augen ausweichst. Das irritiert mich. Warum kannst du mich nicht anschauen? Wenn wir miteinander arbeiten wollen, haben wir da ein Problem.« Die Angesprochene antwortet: »Ja, das stimmt. Ich glaube, du erinnerst mich an jemanden.« Sie ist sichtlich erleichtert, dass es auf den Tisch kommt. Natürlich hätte man ein solches Thema auch unter vier Augen ansprechen können. Aber ich betrachte es als Geschenk, daran teilzuhaben. Denn es lehrt mich etwas Wichtiges, was mir später noch zugutekommen wird.

Einer anderen Teilnehmerin wird empfohlen, parallel zur Fortbildung eine Therapie zu machen, mit der Begründung: »Sonst bist du mir zu anstrengend!« Was für eine klare Ansage, die aber nicht verletzend, sondern wertschätzend herüberkommt. Hier zeigt sich für mich ein geradezu erfrischender Umgang mit der Wahrheit, weder verletzend, um dem Anderen die Meinung zu sagen, noch vermeidend, um auf »schön Wetter zu machen«. Hier geht es um einen Beziehungsboden, auf dem man sich begegnen und miteinander arbeiten kann.

Der Abschluss dieses Wochenendes ist wohl die größte Herausforderung für mich. Jede von uns setzt sich auf eine Art »Thron« in die Mitte und teilt den anderen mit, warum sie sich ihrer Meinung nach zur *Tanz- oder Kunst-Soziotherapeutin* eignet. Ich, die ich immer gelernt habe, nicht zu groß von mir selbst zu denken, soll mich nun im wahrsten Sinne des Wortes selbst anpreisen? Doch ich stelle mich der Herausforderung, und es macht mir sogar Spaß. Ich erinnere mich an einen Satz, den Walter mir während meiner theologischen Ausbildung sagte: »Ille, du kannst dich vor die Gruppe stellen in dem Bewusstsein, dass du etwas kannst!« Damals war mir das neu. Begriffe wie Selbstbewusstsein und Selbstüberschätzung, Demut und Selbstverachtung konnte ich nicht trennen.

Für uns alle gibt es die Auflage, supervisorische Begleitung in Anspruch zu nehmen. Ich entscheide mich für eine Therapie, da ich immer noch die bekannten Symptome wie Herzrhythmusstörungen, Panikattacken, Schlafstörungen aufweise. Ich habe gelernt, mit ihnen umzugehen. Sie stellen nicht mehr diese Bedrohung dar, sind aber noch vorhanden und schränken mich ein. Eine weitere Auflage ist es, die eigene Tanzerfahrung zu erweitern. Wegen meiner gänzlich fehlenden Tanzerfahrungen beginne ich eine zusätzliche Fortbildung in *Korrektiver Körperarbeit*.

Was für ein herausforderndes Gesamtpaket, dem ich mich mit 49 Jahren stelle. Es ist mein Weg, da sind mein Mann und ich uns sicher. Ebenso sicher ist aber auch, dass ich meine vielen ehrenamtlichen Tätigkeiten innerhalb der Gemeinde nicht mehr ausüben kann. Und so sehe ich mich noch an meinem Schreibtisch sitzen, vor mir die aufgelisteten Aufgaben, die ich innerhalb der Gemeinde wahrgenommen habe. Ich frage Gott: »Was soll ich denn jetzt aufgeben?« – »Alles!«, lautet die Antwort. Mir ist es wichtig, einen klaren Schnitt zu machen. Deshalb informiere ich die Gemeinde in einem Gottesdienst darüber und lasse mich sogar für meinen neuen Weg segnen.

Die Ausbildung

Im letzten Augenblick bekomme ich noch einen Platz in der neu beginnenden Gruppe im Dezember 2003, weil wohl kurzfristig einer frei wurde. Es ist nun das vierte Mal, dass ich auf einen fahrenden, beziehungsweise fast fahrenden Zug aufspringe.

Am ersten Tag sollen wir uns in Zweiergruppen über unseren bisherigen Lebensweg austauschen und über das, was uns veranlasst hat, diese Ausbildung zu machen, um anschließend im Plenum die jeweilige Gesprächspartnerin vorzustellen. Mir fällt auf, dass ich zum ersten Mal nicht darum bemüht bin, meine »fromme« Vergangenheit moderat vorzustellen und damit in einem perfekten Licht erscheinen zu lassen. Ich stelle mich und mein Leben so dar, wie es ist. Überhaupt empfinde ich während der gesamten Ausbildung sowohl von der Ausbilderin und ihrem Kopiloten als auch von Teilnehmerinnen einen festen sicheren Boden, auf dem ich mich bewegen kann. Man begegnet mir mit Wertschätzung und Respekt, auch meinem Glauben. Die mir aus meiner Kindheit vertraute Auflage, überall und immer ein Zeugnis für meinen Glauben zu sein, fällt hier gänzlich von mir ab. Im Gegenteil: Ich bin einfach da mit meinen gesunden wie kranken und verletzten Anteilen, mit meiner Stärke und meinen Ängsten, einfach ich als Mensch mit meiner Geschichte. Einmal sagt die Dozentin zu mir: »Ille, bei dir habe ich immer den Eindruck, dass da jemand ist, der für dich sorgt.«

Was für eine ermutigende Aussage, die mich im wahrsten Sinne entlastet und mir deutlich macht: Gott bezeugt sich selbst.

Klientenkompetenz, Feedback und Sharing

Hier begegnet mir zum ersten Mal das Wort *Klientenkompetenz*, und es berührt mich sehr. Denn dabei geht es um eine Haltung den Klienten, Ratsuchenden oder Patienten gegenüber. Nicht die Therapeutin, nicht der Therapeut, kennt den Lösungsweg, sondern kann allenfalls begleiten, ermutigen, herausfinden lassen und so weiter. Wie viel

Übergriffiges habe ich hier schon erlebt, wie oft wurde mein Verhalten interpretiert, und wo habe ich selbst bei anderen schon so reagiert?

Hier und jetzt wird deshalb geradezu pedantisch zwischen *Feedback* und *Sharing* unterschieden, wenn wir beispielsweise eine praktische Einheit reflektieren. Eine Teilnehmerin präsentiert ein Therapiebeispiel. Wir spiegeln ihr als Feedback nur das, was wir gesehen oder gehört haben, das, was objektiv und »messbar« ist. Jede auch nur ansatzweise erscheinende Deutung ist »untersagt«. Sagt jemand beispielsweise: »Du warst mit Leidenschaft dabei«, wird sofort nachgehakt: »Was hast du genau beobachtet, und woran machst du das fest?« Beim *Sharing* (Teilen, Anteil nehmen) geht es ebenfalls um keine Deutung oder Interpretation, sondern um die Resonanz, die Schwingungen, die das Gesehene in mir ausgelöst hat. Welche Berührungen mit meinem eigenen Erleben hat es hier gegeben? Was hat es an Gefühlen in mir ausgelöst, was hat es in mir zum Klingen, zum Mitschwingen gebracht?

Diese Grundhaltung begegnet mir aber auch bei meiner Psychotherapeutin, die ich parallel in meiner Einzeltherapie aufsuche. Ihre Haltung schafft eine tragfähige therapeutische Beziehung, einen Boden des Vertrauens, und lehrt mich unendlich viel, nicht nur im Blick auf mich selbst, sondern auch auf meinen Umgang und meine spätere Arbeit mit Menschen. Der Respekt, die Wertschätzung, das Annehmen dessen, was gerade ist, sowie das anerkennende und wohlwollende Zurückblicken auf mein Leben tragen zu meiner weiteren Heilung bei.

Auch in meinen späteren Fortbildungen, die ich von 2006 bis 2012 anschließe, *Kreative Traumatherapie*, Therapie *transgenerativer Traumata* (Weitergabe der Traumafolgen an die nächste Generation) und Therapie mit Kindern und Jugendlichen aus belasteten Familien. Ja, sogar in der Ausbildung zur *Supervisorin* gilt diese Grundhaltung. Sie hat sich tief in mir eingeprägt, denn sie bietet einen Schutz gegen Missbrauch jeglicher Art.

Als ich 2013 zusammen mit meinem Hund eine weitere Fortbildung im *TherDog-Institut* für *Tiergestützte Therapie* mache, spricht mich eine Teilnehmerin an und fragt: »Hast du in der Zukunftswerkstatt gelernt?« – »Ja, warum?«, frage ich. «Man merkt es an der Art und Weise, wie du Feedback gibst«, antwortet sie mir.

Ein weites Feld

Das große und vielseitige soziale Umfeld, in dem ich lebe, ist mir nun von großem Nutzen. Es gibt mir die Möglichkeit, während meiner Aus- und Fortbildungen das Erlernte, bzw. mich selbst auszuprobieren – innerhalb wie außerhalb meiner Gemeinde. So habe ich schnell eine Gruppe von Frauen zusammen, die sich gern als »Versuchskaninchen« zur Verfügung stellen. Bald darauf äußern auch einige Männer ihren Wunsch nach einer solchen Gruppe, allerdings nicht mit ihren Frauen zusammen, das sei ihnen peinlich. Also beginne ich mit einer Männergruppe. Später werden Seminare und Projekte an Schulen und kirchlichen Einrichtungen hinzukommen und nach der Ausbildung Einzeltherapien und Supervisionen.

Bei allem empfinde ich so viel Leichtigkeit im Gegensatz zu früher. Ich bin nicht mehr von dem Wunsch getrieben, Lösungen herbeischaffen zu müssen. Nein, ich weiß, dass ich es gar nicht kann. Im Hier und Jetzt zu sein, den Impulsen und Intuitionen zu folgen, »den Christus in mir« wirken zu lassen, hat eine ganz andere, besondere Qualität.

IV. Wachsende Flügel

Entdeckungen

Achtsamkeit

Ich sitze im Wartezimmer einer radiologischen Abteilung und warte, dass ich zum routinemäßigen Vorsorge-Screening aufgerufen werde. Es ist immer ein wenig aufregend und wird begleitet von dem mulmigen Gefühl: Es könnte etwas gefunden werden. Während des Wartens wandern meine Augen durch den freundlich gestalteten Raum. Da entdecke ich an der Wand gegenüber ein mit künstlerischer Schrift geschriebenes Wort: *Achtsamkeit*. Ich muss lächeln. Wie schön, diesen Begriff an solch einem Ort zu finden. Ich kenne dieses Wort von meiner Ausbildung. Dort wurde es oft benutzt. Vorher war es mir nicht so geläufig. Als ich es jetzt wieder entdecke, tut es mir unendlich gut, gibt mir ein Stück von Geborgenheit. Es ist fast so, als würde dieses Wort mich umarmen.

Achtsamkeit bedeutet so viel wie Behutsamkeit und Sorgfalt. Weitere Synonyme sind: Interesse, Augenmerk, Konzentration und sogar Diskretion. Dieses Wort ist mir in der Fortbildung oft im Blick auf den Umgang mit mir selbst und später mit den Klienten begegnet. Ich liebe dieses Wort, und ich liebe auch die Doppeldeutigkeit, die im ersten Teil des Wortes steckt: achten im Sinne von achthaben und im Sinne von schätzen, anerkennen, würdigen.

Im therapeutischen Kontext heißt das: Ich rede einem Menschen nicht etwas ein oder aus – auch kein Trauma –, ich bringe ihn nicht irgendwohin, unterstelle ihm nicht irgendeine Motivation oder beurteile gar seinen Glauben und seine Überzeugungen, denn ich habe schlicht kein Recht dazu.

In meinem eigenen Aufarbeitungsprozess bin ich sehr froh und dankbar, ob in Beratung, Therapie oder Seelsorge, nur auf Menschen gestoßen zu sein, die mir nichts, aber auch gar nichts ein- oder ausreden wollten. Achtsamkeit bedeutet nämlich auch, mir der Macht bewusst zu sein, die ich habe, wenn ratlose, verunsicherte und sogar verzweifelte Menschen zu mir kommen.

In einem tanztherapeutischen Seminar wird mir das einmal erschreckend bewusst. Ich mache den Teilnehmerinnen einen Vorschlag. Alle nehmen ihn an, lassen sich darauf ein. Während ich sie vor mir sehe, wie sie ins Erleben gehen, durchfährt mich dieser Schreck wie ein Blitz. »Was würden sie auf meinen Vorschlag hin noch alles tun?«, denke ich. Ich nehme das Thema mit in meine eigene Supervision. Ein solches Erschrecken ist heilsam und notwendig, ob Gruppenleiter, Lehrer, Pastoren oder Seelsorger, sie müssen sich ihrer Macht bewusst sein. Um dieser angemessen zu begegnen und Machtmissbrauch zu vermeiden, braucht es ein hohes Maß an Achtsamkeit, einerseits mit sich selbst, den eigenen Motiven, häufig gespeist aus den Lebenswunden, andererseits mit den Menschen, die sich uns anvertrauen.

Gerade im christlichen Kontext sehe ich hier eine besondere Gefahr. Als Christen betonen wir so gern, dass wir keine Macht haben. Allein den Begriff zu nennen, bereitet vielen Christen schon Bauchschmerzen. Schließlich haben wir unsere Macht an Gott, sprich Jesus, abgegeben und sind in »seinem Namen« und Auftrag unterwegs. Doch mein Eindruck ist, dass wir uns hier etwas vormachen. Auch und gerade im christlichen Kontext begegnen uns Machtspiele. Wir können die Verantwortung dafür nicht Gott in die Schuhe schieben. Gerade die Leugnung der Macht von Leitern und Verantwortungsträgern schafft einen gefährlichen Boden für Missbrauch jeglicher Art.

Aufrichtung

Eine Frau beklagt sich bei mir in der Therapie, dass sie immer übrig sei. »Egal, wo ich auch bin, ich bin immer das fünfte Rad am Wagen. Die anderen finden sich, haben Spaß miteinander, und ich bleibe übrig.«

Ich bitte sie, sich für dieses Übrigsein ein Symbol zu suchen. Sie kramt in einer Kiste und holt eine Figur heraus, eine kleine, auf zwei Beinen stehende Maus. Voller Wut drückt sie an dieser Maus herum, wirft sie auf den Boden und drischt mit dem Fuß auf sie ein – sie hatte die Erlaubnis –, bis von dieser nur noch ein unförmiger Klumpen übrig bleibt. Plötzlich hören wir ein knackendes Geräusch in dem Mauseklumpen und staunen nicht schlecht: Die Maus richtet sich langsam und ganz von selbst wieder auf. Was wir beide nicht wussten: In der Maus ist ein Automatismus in Form einer Feder eingebaut, der sie immer wieder in die ursprüngliche Form bringt. Wir müssen beide lachen, und Anja meint, eigentlich könne sie ja jetzt schon wieder gehen. Das tut sie natürlich nicht, denn so einfach ist es nicht. Trotzdem macht dieses Ereignis etwas deutlich: Wir haben zwar keinen Aufrichtungsautomatismus in uns, aber wir haben, wie ich denke, eine Anlage und ein Recht zur Aufrichtung, die in unserer menschlichen Würde begründet liegt.

Oft genug bin ich als Kind wegen meines krummen Rückens kritisiert worden, ob in der Schule von Lehrern oder von anderen Erwachsenen. »Sitz gerade! Stell dich gerade hin!« Wenn wir zum Beispiel meine Schwester Bärbel in der Bleibergquelle besuchen, habe ich immer Angst vor der leitenden Diakonisse der Pflegevorschule. Sie mustert mich und ermahnt mich fast regelmäßig, gerade zu stehen und meinen Bauch einzuziehen. Alle diese Ermahnungen nützen allerdings nichts, außer, dass meine innere Verkrümmung sich weiterhin verstärkt. Denn was nützt die Aufrichtung des Körpers, wenn man innerlich verkrümmt ist?

In meiner Fortbildung für *Korrektive Körperarbeit* haben wir uns intensiv mit der Aufrichtung des Körpers beschäftigt. Doch hierbei geht es nicht ums Geradestehen, das einer allgemeinen Norm entspricht, sondern um eine Aufrichtung im Einklang mit der eigenen Körperbeschaffenheit. Es handelt sich sozusagen um eine organische, natürliche Aufrichtung als Korrektur zu einer angeeigneten, ungesunden Körperhaltung.

Bei der inneren Aufrichtung ist es genauso. Es geht darum, sich nach einer Beschämung, einem Trauma, in Würde aufzurichten und somit die Person zu sein, die man ist. Damit Menschen sich aufrichten können, brauchen sie keine Maßregelung, die einer neuen Einschüchterung gleichkommt, sondern vielmehr einen Raum, der ihnen Freiheit und Schutz bietet, sich auszuprobieren, einen Raum der Erlaubnis.

Mit meiner Schwägerin Gerti leite ich ein Seminar zum Thema Seelsorge. Mittlerweile mache ich oft in Seminaren, die ich halte, oder in Verbindung mit Referaten Interaktionen, die ins Erleben führen. Dieses Mal soll es darum gehen, den persönlichen Raum tänzerisch zu erleben. Um mehr Platz für diese Einheit zu haben, wechseln wir in einen anderen Seminarraum und gehen ins Kellergeschoss. Vorher lade ich die Teilnehmer und Teilnehmerinnen ein, sich darauf einzulassen. Da ich weiß, dass es für einige sehr ungewohnt ist, ist es mir wichtig, die Freiwilligkeit dieser Übung zu betonen. Eine vollschlanke Frau wehrt auch sofort ab. Nein, sie möchte nicht mitmachen, lieber wolle sie hier im Seminarraum auf uns warten.

Ich mache ihr den Vorschlag, trotzdem mit uns zu kommen und sich einfach einen Platz zu suchen, von wo aus sie zuschauen kann, ohne sich bedrängt zu fühlen. Sie tut es. Nachdem wir uns wieder oben versammelt haben und das Erlebte Revue passieren lassen, meldet sich zuerst diese Frau zu Wort. Sie ist tief berührt, einmal vom Zuschauen, aber vor allem aus einem anderen Grund. Sie sagt: »Zum ersten Mal habe ich eine solche Freiheit erlebt, etwas nicht mitmachen zu müssen und trotzdem ganz dazuzugehören und am Geschehen teilzuhaben!« Damit hat sie ein Stück Aufrichtung erfahren. Sie hat zu sich selbst gestanden, ihre Grenzen gesetzt und gleichzeitig Achtung und Wertschätzung erlebt.

Sexueller Missbrauch verkrümmt Menschen. Ihre natürlichen Grenzen werden niedergetrampelt, ihre Würde zertreten. Es ist ein langer Weg zur inneren Aufrichtung. In meinem eigenen Aufrichtungsprozess habe ich festgestellt, dass Menschen mir mehr und mehr anders begegnen. Sie beginnen, meine Grenzen zu akzeptieren, ohne dass ich sie ständig verteidigen müsste. Sie spiegeln mir, nach außen eine größere Klarheit und Präsenz zu haben. Trotzdem passiert es mir hin und wieder, dass ich in alte Muster verfalle, manchmal durch kleine, eigentlich unbedeutende Ereignisse.

Es ist höchstens ein paar Jahre her. Ich stehe ich in meiner Zahnarztpraxis vor zwei Arzthelferinnen. »Gestern, am Rosenmontag, bin ich hier gewesen«, sage ich. »Ich hatte telefonisch diesen Termin bekommen, habe mich wegen des Rosenmontags zwar ein wenig gewundert …, jedenfalls war die Praxis dann zu.« »Das kann gar nicht sein«, antwortet die Arzthelferin. »Da haben Sie etwas falsch verstanden. Niemals hat man Ihnen für Rosenmontag einen Termin gegeben!« Ich ärgere mich darüber, fühle mich behandelt wie ein kleines dummes Schulmädchen, das nicht richtig hingehört hat. Ein altes, mir vertrautes Gefühl steigt in mir hoch, das Gefühl, nicht gehört, nicht ernst genommen zu werden. Ich spüre förmlich, wie ich innerlich schrumpfe, nehme es sogar körperlich wahr. Mit einer deutlich kindlicheren, fast weinerlichen Stimme presse ich hervor: »Ich weiß es aber genau. Dann haben Sie sich vertan.«

In diesem Augenblick erkenne ich, was hier gerade passiert, und setze dieser Entwicklung ein klares Stopp entgegen, richte mich wieder auf und sage mit der Stimme einer Erwachsenen: »Ich bin mir da sehr sicher. Aber wie auch immer, es spielt ja nun keine Rolle mehr. Geben Sie mir einfach einen neuen Termin.«

Manchmal, wenn ich Telefonate erledigen muss, die mir schwerfallen, weil ich als eine Art Bittstellerin komme, stelle ich mich bewusst hin, spüre den festen Boden unter meinen Füßen, atme ein paar Mal tief ein und aus, um meinen festen, sicheren Stand zu unterstützen, und wähle dann erst die Nummer. Ich weiß, in einer verkrümmten Haltung bin ich verletzbar, und die Wahrscheinlichkeit, dass meine Bitte ins Leere geht, ist sehr viel größer.

Bedeutungsräume

Mit meiner Nichte Andrea verbringe ich ein Wochenende in Erfurt. Unter anderem unternehmen wir eine geführte Stadtrundfahrt. Die uns begleitende Reiseleiterin ist eine leidenschaftliche, charismatische Person. Sie versteht es, uns diese Stadt nahezubringen. Dies tut sie unter anderem mit viel Humor, großer Lebendigkeit und umfangreichem Wissen. Sie wirkt auf uns wie eine lebende Eintrittskarte für diese Stadt.

Am Abend sind wir beide auf dem Rückweg ins Hotel. Da entdecken wir dieselbe Frau in der Menschenmenge. Beinahe hätten wir sie nicht erkannt und müssen zweimal hinsehen, ob es sich wirklich um unsere Reiseleiterin handelt. Das Gesicht ist völlig verändert. Ihre Mimik, ihre Körperhaltung, alles steht so konträr zu dem Bild, das wir noch am Nachmittag von dieser Frau hatten, dass sie uns wie ein ganz anderer Mensch erscheint. Natürlich wird sie müde und erschöpft sein – nach einem solchen Tag nur allzu verständlich, trotzdem ist die Veränderung so massiv, dass sie in uns beiden ein seltsames Empfinden hinterlässt und uns an diesem Abend noch lange beschäftigt. Hätte ich in diesem Moment einen Passanten oder eine Passantin nach dem Weg fragen müssen, wäre diese Frau sicher die letzte gewesen, an die ich mich gewandt hätte. Sie, die ich kurz zuvor noch mit Fragen hätte bombardieren können, scheint nun unnahbar zu sein. Es ist eine fast greifbare Grenze um sie herum zu spüren. War ihr Auftritt vorher also nur eine Show, nach dem Motto: »Das ist nun mal mein Job?« Wie schnell wird ein solches Urteil gefällt. Nein, wir haben einen anderen Eindruck. Beides ist echt. Wir Menschen halten uns in unterschiedlichen Räumen des Erlebens auf, die sehr individuell empfunden werden, und in denen wir uns auch individuell unterschiedlich bewegen.

In meiner Fortbildung lerne ich die sogenannten *Bedeutungsräume* kennen. *Bedeutungsräume sind die Räume, die für eine einzelne Person in ihrem Erleben spezifische Bedeutungen beinhalten.*[12] Auch wenn diese Räume aufgrund individuellen Erlebens nicht genau festgelegt oder beschrieben werden können, können bestimmte Räume benannt werden, die Menschen in ähnlicher Weise erleben. Die Beschreibung dieser Bedeutungsräume ist gerade im Umgang mit traumatisierten Menschen ein sehr hilfreiches Modell. In meiner eigenen Aufarbeitung ist das sehr wichtig gewesen und nicht wegzudenken. Ich möchte sie kurz von innen nach außen beschreiben.

Der intime Raum

Er umschreibt alles, was innerhalb des Körpers ist. Seine natürliche Grenze ist die Körperoberfläche. Diese Grenze kann aber unterschied-

---

[12] Fachbuchreihe therapie kreativ, Band 9, Gabriele Frick-Baer: Aufrichten in Würde: Modelle und Methoden leiborientierter kreativer Therapie und – begleitung, 1. Auflage. Affenkönig Verlag, Neukirchen-Vluyn 2009, Seite 39.

lich erlebt werden. Innerhalb dieses intimen Raumes befindet sich der zentrale Ort. Man kann ihn auch als »inneren Kern« bezeichnen. Hier ist auch das innere Kind zu Hause. Ebenso finden Begriffe wie Herz oder die innere Mitte hier ihren Platz, der Ort der inneren Werte und Überzeugungen. Es ist der Ort der Würde und der eigenen Identität.

Der persönliche Raum

Wie oft habe ich mit Menschen, ob einzeln oder in Gruppen, mit diesem persönlichen Raum gearbeitet und welche Entdeckungen wurden dabei gemacht. Dieser Raum entspricht normalerweise der körpereigenen *Kinesphäre* (Reichweite). Indem ich auf einem Platz stehe, meine Arme weit ausstrecke, kann ich mit meinen Fingerspitzen die natürliche Grenze dieses Raumes ertasten, erspüren. Manche empfinden diesen Raum wie eine große Schutzblase um sich herum. Dieser persönliche Raum ist ein Raum des Reichtums, der Raum, den ich gestalte, der nur zu mir gehört und einen Puffer zwischen dem intimen Raum und dem nächsten, dem Raum der Begegnung bildet, auf den ich noch zu sprechen komme.

Nachdem wir in einem Seminar diesen Raum körperlich erspürt haben, sagt ein Teilnehmer, ein Pastor: »Ich hätte niemals gedacht, dass ich einen solch weiten Raum zur Verfügung habe«, und sein Gesicht strahlt dabei. Anderen erscheint dieser Raum zu groß, sie können ihn – vielleicht noch – nicht ausfüllen. Wieder anderen ist er nicht groß genug. Sie brauchen eine größere Pufferzone. Alle diese Empfindungen hängen mit unseren Erfahrungen zusammen. Besonders spannend wird es, wenn wir mit den Grenzen arbeiten, das heißt, die Grenzen dieses persönlichen Raumes abzustecken und nach außen zu verteidigen. Den eigenen, persönlichen Raum des anderen zu respektieren und wertzuschätzen, macht unser Zusammenleben reich und faktisch auch erst möglich. Leider erlebe ich hier oft unter Christen und vielleicht auch gerade im freikirchlichen Bereich ein großes Defizit. In dem Kontext, in dem ich aufgewachsen bin, habe ich das nicht gelernt. Wo beginnt der andere, wo ist meine eigene Grenze?

An dieser Stelle möchte ich noch einmal auf die Situation mit den Stöckelschuhen zu sprechen kommen. Die Besucherin, der die Stöckelschuhe gehörten, hätte mir sagen können: »Ich möchte nicht, dass du in meinen Schuhen herumspazierst.« Damit hätte sie ihren persönlichen Raum verteidigt. Indem sie lacht, hat sie es mir aber nonverbal erlaubt. Doch plötzlich richtet sie sich mit einer religiös verbrämten Ermahnung an meine Mutter. Hier überschreitet sie eine Grenze.

Sicher hat sich hier – Gott sei Dank – im Laufe der Jahre manches verändert. Trotzdem leiden wir immer noch daran, dass wir nicht klar unser Problem, unsere Empfindungen benennen, sondern wir lassen sie lieber christlich getarnt daherkommen. Warum ist das so? Kann es sein, dass wir meinen, damit eine Legitimation unseres eigenen Grenzschutzes zu haben? Haben wir die denn nötig? Wenn ich mir Jesus anschaue, habe ich den Eindruck, dass er seine Grenzen sehr wohl vertreten und schützen konnte.

Doch zurück zum persönlichen Raum. Die Erkundung dieses Raumes ist in meiner eigenen Therapiezeit entscheidend gewesen. Denn erst, als ich diesen Raum mit seinen Grenzen nach außen als sicher erlebe, kann ich mich dem intimen Raum, dem Raum, der beim sexuellen Missbrauch verletzt wurde, wirklich zuwenden. Bei einer Missbrauchserfahrung wird ja nicht nur die Grenze des persönlichen Raumes verletzt, sondern vor allem die des intimen Raumes. Das heißt im Klartext: Der Täter stampft über die Grenze des persönlichen Raumes bis in diesen intimen Raum und verletzt damit auch den zentralen Ort.

Raum der Begegnung

Der Raum der Begegnung ist nicht immer da, er entsteht und geschieht; der Raum der Begegnung ist der Raum, in dem sich Menschen in einer Art und Weise begegnen, dass sich ihr Erleben gegenseitig berührt und zwischen ihnen Resonanz entsteht.[13] Ein solcher Begegnungsraum

---

[13] Udo Baer/Gabriele Frick-Baer: Leibbewegungen – Methoden und Modelle der Tanz- und Bewegungstherapie. Affenkönig Verlag Neukirchen-Vluyn 2001, Seite 275.

kann schon dort entstehen, wo es nur zu einem Blickkontakt kommt, so wie ich es einmal auf der Straße erlebte. Es gießt wie aus Eimern. Ich habe nasse Füße. Da sehe ich eine Nonne vor mir, die gerade durch eine Riesenpfütze watet. Ihre lange Tracht trieft vor Nässe. Unsere Blicke begegnen sich. Wir lachen beide. Zwischen uns beginnt etwas zu schwingen – eine Resonanz. Wir sprechen kein Wort miteinander, aber ein Raum der Begegnung ist entstanden.

Der Raum der Begegnung kann, anders als der persönliche oder der intime Raum, nicht nur von einer Person aus beschrieben oder erfasst werden, sondern aus der wechselseitigen Beziehung mindestens zweier Menschen![14]

Der öffentliche Raum

Außerhalb der genannten Räume liegt der öffentliche Raum, der sowohl ein anonymer Raum als auch ein Ort sein kann, an dem ich mich präsentiere, zum Beispiel auf einer Bühne.

In meinem Tagebuch aus meiner Teenagerzeit finde ich die Aussage: »Mein ganzes Leben findet auf einer Bühne statt. Immer nur auf der Bühne sein, das ist so unendlich anstrengend.« Erst in meiner Ausbildung finde ich eine Erklärung dafür, die mich überrascht. Wir legen mit Seilen die verschiedenen Räume: den intimen Raum, den persönlichen Raum, den Raum der Begegnung und den öffentlichen Raum. Wir bekommen Zeit, um diese Räume aufzusuchen. Folgenden Fragen können wir dabei nachspüren: »Wie nehme ich die verschiedenen Räume wahr, welche Gefühle kommen in mir hoch, welche körperlichen Empfindungen? Gibt es einen Raum, in dem ich mich sicher fühle, gibt es einen, der mir eher Angst macht?«

Hier mache ich eine interessante Entdeckung: Den öffentlichen Raum, den ich für mich in diesem Moment als Bühnenraum erlebe und den ich in meinem Leben immer als aufgezwungen und anstrengend empfunden habe, erlebe ich nun als einen sicheren, Schutz bie-

---

[14] Vgl. Udo Baer....

tenden Raum. Hier fühle ich mich wohl. Immer wieder zieht es mich in diesen Raum zurück. Er ist anstrengend, ja, aber er bietet auch einen gewissen Schutz.

Ich erinnere mich an ein Ereignis aus meiner Kindheit. Wie alt werde ich gewesen sein – vielleicht fünf oder sechs Jahre? Mit meiner Mutter sitze ich im Wartezimmer unseres von mir sehr gefürchteten Hausarztes. Zu dieser Zeit gab es nicht etwa Termine. Nein, man ging morgens hin und wartete geduldig, bis man an die Reihe kam. Da ging meistens der komplette Vormittag drauf. Wie immer sitze ich ängstlich und mit böser Vorahnung auf dem Stuhl neben meiner Mutter in dem prall gefüllten Wartezimmer. Meine Mutter will mich ablenken, gibt mir einen Schlüsselbund in die Hand. Ich beginne damit zu spielen. Die anderen Patienten beobachten mich. Plötzlich beginnt einer von ihnen zu lachen, weil ich irgendetwas Lustiges mit dem Schlüssel gemacht habe. Die anderen fallen mit ein und lachen ebenfalls. Es ist kein Auslachen, wie ich es als Kind auch oft erlebte, sondern ein wohlwollendes, fast dankbares Lachen, das spüre ich. Immerhin verkürze ich ja auch ihnen die Zeit. Und nun starte ich ein regelrechtes Unterhaltungsprogramm. Ich stehe auf, wandere mit meinem Schlüsselbund durch den Raum, hantiere an den Türen herum, gehe an den einzelnen Leuten vorbei, ziehe Fratzen, mache lächerliche Posen, kugle mich auf dem Boden. Ich laufe sozusagen zur Höchstform auf. Die Anwesenden lachen immer lauter. Im Wartezimmer herrscht gute Laune, allerdings nicht so sehr bei meiner Mutter. Ihr ist mein Verhalten sichtlich peinlich. Immer wieder mal ermahnt sie mich. »Ach, nun lassen Sie die Kleine doch!«, bekommt sie von den anderen Patienten zu hören. Das Wartezimmer ist für mich zu einem sicheren Ort, zu einem Schutzraum geworden. Die »Bühne« wird zum Zufluchtsort und dient der Bewältigung meiner Angst.

Könnte dieser öffentliche Raum auch für meinen Vater ein solcher Fluchtpunkt gewesen sein? Geschützt und abgeschirmt vom »Rampenlicht«, gewissermaßen unantastbar, einer festen Rolle zugewiesen und damit »legitimiert«, sich seinem intimen Raum mit allen Ungereimtheiten nicht stellen zu müssen?

Tatsächlich stehe auch ich heute noch gern auf einer »Bühne«, halte Referate, führe etwas vor, präsentiere mich in irgendeiner Form.

Damit meine ich die Bühne im weitesten Sinne. Auch wenn ich eine Gruppe leite, ob im Gespräch oder in einer kreativen Form, befinde ich mich ja in einer mir klar zugewiesenen Rolle. Selbst wenn ich mich in Seminarpausen dann unter das »Publikum« mische, bleibe ich in dieser Rolle. Sie ist anstrengend, ja, und doch gibt sie mir gleichzeitig Sicherheit. Ganz anders sieht es aus, wenn ich mich als Teilnehmerin unter eine Gruppe mische. Da muss ich erst meinen Platz finden, fühle mich unsicher, ertaste die ungeschriebenen Regeln und Gesetze dieser Gruppe, um nicht ins Fettnäpfchen zu treten.

Inzwischen weiß ich, dass es sehr vielen Menschen, die in irgendeiner Weise im öffentlichen Raum zu tun haben, ganz ähnlich geht. Und es hat sich bei mir – Gott sei Dank – etwas verändert. Mir macht es nur noch wenig aus, einfach nur als Ille in eine mir unbekannte Gruppe zu kommen. Mir fällt es wesentlich leichter als früher, mich im Raum der Begegnung zu bewegen. Das hat vor allem mit der Heilung, der Wiederherstellung meines intimen Raumes und dem Respektieren meines persönlichen Raumes zu tun.

Sehr eindrücklich erlebe ich es einmal in einer Einheit mit einer Siebzehnjährigen. Sie ist zu mir gekommen, um herauszufinden, wo ihre Fähigkeiten und Begabungen liegen und wie sie ihren weiteren Weg dementsprechend gestalten kann.

Doch schon bald sind wir bei einem grundsätzlichen Problem, das sie belastet und umtreibt. »Eigentlich weiß ich, was ich kann und was mir liegt. Und oft geht es mir richtig gut. Ich bin kreativ und lebe das, was ich kann. Und dann auf einmal ziehe ich mich ganz zurück in mein Schneckenhaus und komme für lange Zeit nicht mehr hervor. Dann schlage ich meine Zeit mit Nichtstun tot oder lese Kinderbücher von früher.« Ich frage sie, ob es einen bestimmten Auslöser gebe für ihren Rückzug. Sie weiß es nicht.

Ich schlage ihr vor, diese beiden Orte einmal aufzusuchen und wahrzunehmen. Sie kuschelt sich zuerst in eine Ecke des Sofas mit angezogenen Beinen und macht sich ganz klein. »Hier ist es sicher«, sagt sie mir, »aber auf Dauer auch langweilig.« Sie steht auf und sucht nach dem anderen Ort, der ihr wie ein Ort der Lebendigkeit erscheint. »Den gibt es hier nicht«, sagt sie mir, »ich brauche eine Bühne.« Im

Zimmer steht ein großer Tisch. Ich schlage ihr vor, auf den Tisch zu klettern. Sie ist etwas überrascht, tut es aber. Zuerst noch zaghaft beginnt sie, sich auf dem Tisch tänzerisch zu bewegen und zeigt eine unglaubliche Präsenz und Lebendigkeit. »Hier ist es super«, ruft sie, »hier geht es mir richtig gut, hier kann ich zeigen, wer ich bin und was ich kann.« Ich habe plötzlich den Impuls, ebenfalls auf den Tisch zu steigen, und frage sie: »Darf ich mal zu dir raufkommen?« – »Klar«, antwortet sie, allerdings etwas zögerlich. Als wir uns schließlich beide auf dem Tisch befinden und uns darauf bewegen, bleibt sie plötzlich ruckartig stehen. »Nein, das geht nicht«, sagt sie. »Alleine war es viel besser!« Ich frage sie, ob sie von mir etwas befürchte, sich möglicherweise durch mich bedroht fühle. Sie antwortet: »Nein, nicht direkt bedroht, aber ...« Sie zögert, denn es ist ihr peinlich, wie sie mir später erklärt. »Wenn wir zu zweit hier oben sind, dann verschwinde ich, und man sieht mich nicht mehr!« Für dieses Gefühl schämt sie sich. Dabei leiden so viele Menschen darunter. Sie wurden als Kinder nicht gesehen, nicht wahrgenommen, ihre Bemühungen gingen ins Leere.

Wir arbeiten mit dem Raum der Begegnung und nutzen das sogenannte *Tridentitätsmodell*[15] des Nährens, Spiegelns und Gegenüberseins, in diesem Fall in einem tänzerischen Dialog. Das *Tridentitätsmodell* eröffnet durch Nähren, Spiegeln und Gegenübersein eine Möglichkeit, sein Eigenes zu entdecken, sich hineinzufinden und sich gegen das andere abzugrenzen. Es schafft Wahlmöglichkeiten. Dabei hat der tänzerische Dialog etwas sehr Spielerisches. Wir kommunizieren also tänzerisch – übrigens nicht mehr auf dem Tisch – miteinander, und ich biete ihr Bewegungen an, die sie aufnehmen, aber auch wieder fallen lassen oder von vornherein ignorieren kann. Beim Spiegeln ahme ich sie keinesfalls nach, sondern zeige ihr auf tänzerische Art, wohlwollend und wertschätzend, wie ich sie wahrnehme, was sie bei mir bewirkt. Das ist für sie besonders wertvoll, denn nun wird sie wahrgenommen, ohne sich auf einer Bühne präsentieren zu müssen. Im Gegenüber-Tanz spielen wir mit unserem Anderssein, tanzen unsere

---

[15] Udo Baer, Gefühlssterne, Angstfresser, Verwandlungsbilder, 3. Auflage 2004, Affenkönig Verlag. Neukirchen-Vluyn 1999

Verschiedenheit, »kämpfen« aneinander und testen unsere Grenzen. Wie sehr werde ich selbst durch solche Menschen beschenkt, indem ich erkenne, was in ihnen steckt und nun einen Weg nach außen findet.

An einem Sonntagmorgen sitze ich in der Straßenbahn, der sogenannten K-Bahn (K wie Krefeld) und bin auf dem Weg nach Düsseldorf zum letzten Teil eines Wochenendes meiner Parallelfortbildung in Korrektiver Körperarbeit. Auch hier haben wir den Raum der Begegnung und den persönlichen Raum ertanzt. Die Fahrt mit der K-Bahn nach Düsseldorf ist lang genug, um meine Gedanken auf die Reise zu schicken. Da sitze ich also und lasse mein Erleben von den Bedeutungsräumen Revue passieren. Und plötzlich durchzuckt es mich wie ein Blitz. Mir kommt ein interessanter Vergleich in den Sinn.

In sogenannten Lobpreisseminaren für Musiker, die in Gottesdiensten Anbetungszeiten leiten, wird nicht selten das Beispiel vom Salomonischen Tempel gebraucht. Der Tempel war nach einem bestimmten Prinzip angeordnet: Außen befindet sich der Vorhof – für das allgemeine Volk zugänglich, dahinter das sogenannte *Heilige*, das nicht mehr unter freiem Himmel, sondern überdacht ist. Hier dürfen nur *Auserwählte*, die Priester hinein. Und dann ist da noch das *Allerheiligste*, ein ganz besonders heiliger Ort. Diesen darf nur der Hohepriester betreten und das nur einmal im Jahr. Im Allerheiligsten steht die sogenannte Bundeslade. In ihr wird das Gesetz – die Zehn Gebote – aufbewahrt als Zeichen des Bundes zwischen Gott und seinem Volk. Der Vorhang, der das Heilige vom Allerheiligsten trennte, so heißt es im Neuen Testament, ist durch Jesus zerrissen, die Verbindung zwischen Gott und dem Menschen wiederhergestellt. Jeder Mensch darf nun sinnbildlich gesprochen ins Allerheiligste zu Gott kommen. In dieser Art wird es als Beispiel für Anbetung gebraucht. Ich trete in die Gegenwart Gottes, begebe mich zu dem heiligen Ort, dem Ort der Berührung mit Gott.

An diesem Sonntagmorgen nun kommt mir auf meiner Fahrt nach Düsseldorf ein verwegener Gedanke: Wenn auch nicht eins zu eins übertragbar, weist die Anordnung dieses Bildes eine verblüffende Ähnlichkeit mit den Bedeutungsräumen auf. Um den Tempel herum befindet sich der *öffentliche Raum*. Im Vorhof, für jeden zugänglich, finden Begegnungen statt. Man könnte ihn also mit dem *Raum der*

Begegnung vergleichen. Das Heilige ist ein geschützter Raum, nicht für jeden zugänglich, nur für Auserwählte. Das Allerheiligste, ein ganz und gar heiliger Ort, vergleichbar mit dem *intimen Raum*. Die Bundeslade könnte man tatsächlich mit dem *zentralen Ort* eines Menschen vergleichen. Denn genau dort findet die Berührung mit Gott statt.

Während mir das alles im Kopf herumgeht, werde ich von einer unglaublichen Freude erfüllt. Am liebsten würde ich hier in der Bahn einen lauten Jauchzer von mir geben. Eines wird mir dabei bewusst, dass ich es immer als anstrengend empfunden habe, mich auf Gott hinbewegen zu müssen, um im Bild zu bleiben: Der Weg ins Allerheiligste ist zwar frei, aber ich muss dort hingehen. Während einer Anbetungszeit zum Beispiel muss oder darf ich mich auf diesen Gott zubewegen, um ihn anzubeten, also einen Raum betreten, der heilig und seiner Anbetung würdig ist. Doch nein, dieser Raum ist in mir. Gott ist längst da. Ich darf zu Hause bleiben, um ihm zu begegnen und mich von ihm berühren zu lassen. Mein verletzter, beschmutzter intimer Raum ist das Allerheiligste Gottes, in dem er zu Hause ist. Für mich eine bahnbrechende Entdeckung! Ich erinnere mich an einen meiner Lieblingsverse: »Wer mich liebt, wird tun, was ich sage. Mein Vater wird ihn lieben, und wir werden zu ihm kommen und bei ihm wohnen.« (Johannes 14,23) Sicher habe ich als Kind gesungen: »Komm in mein Herz ...« oder das Gebet gesprochen »Ich bin klein, mein Herz mach rein, soll niemand drin wohnen als Jesus allein.« Trotzdem suggerieren unsere Predigten – auch in Anbetungsseminaren – oft genug, dass wir uns zu Gott hinbewegen müssten, so als wäre er außerhalb von uns. In mancher Anbetungszeit habe ich dieses Gefühl gehabt, nicht anzukommen, einen anstrengenden Weg gehen zu müssen. Die Erfahrung seiner bedingungslosen Liebe zu mir, die ich in Bern gemacht habe, und das Bild von der kleinen Ille auf dem Schoß Jesu entsprechen diesem zu Hause sein in mir selbst, denn genau dort ist er und wartet auf mich.

Wir befinden uns wieder einmal in einem Kurs *Tanz und Spiritualität* in der Volkshochschule. Dieses Mal beschäftigen wir uns auch hier mit den *Bedeutungsräumen*. Am Samstag haben wir uns viel Zeit genommen, die einzelnen Räume mithilfe von Bewegung und

Tanz, Körperwahrnehmung, unterstützt durch kreative Gestaltung zu erkunden. Am Sonntagmorgen lade ich die Anwesenden ein, sich auf meinen »Tempelvergleich« einzulassen. Da es sich um einen Kurs im Bereich Religion handelt, ist das für sie kein Thema und durchaus normal.

Ich lege den rechteckigen Tempelgrundriss mit Seilen auf den Boden. Der öffentliche Raum um das äußere Seil herum ist in diesem Fall auch ein neutraler Raum, in den man sich zurückziehen kann. Dann lege ich Seile für den Vorhof als Raum der Begegnung, das Heilige als den persönlichen Raum und das Allerheiligste als den intimen Raum. In diesen Raum stelle ich eine kleine Schatzkiste als Symbol für die Bundeslade, den zentralen Ort. Wir nehmen uns sehr lange Zeit, um ins Erleben zu gehen. Die Teilnehmerinnen können sich in allen Räumen aufhalten, so lange sie wollen. Natürlich haben sie die Freiheit, Räume zu wählen und auszulassen. Wichtig ist, dass sich sowohl im persönlichen (Heiligen) als auch im intimen Raum (Allerheiligsten) nur jeweils eine Teilnehmerin aufhalten kann. Diese »heiligen« Räume sind nur für einen einzigen Menschen reserviert.

Im übertragenen Sinn bedeutet das, dass gerade an dem intimsten Ort, dem Ort, wo es zur Berührung mit Gott kommt, kein anderer Mensch das Recht hat, hineinzureden und sich einzumischen. Die Intimität zwischen Gott und mir geht niemanden sonst etwas an.

Nie werde ich diese intensive Zeit vergessen. Es herrscht eine dichte Atmosphäre im Saal, die fast mit Händen zu greifen ist. Das Schönste aber, was ich beobachten darf: Eine Teilnehmerin, sie ist schon um die 70 und damit deutlich älter als die anderen, eine kleine, zierliche und in jeglicher Hinsicht bewegliche Frau, betritt den intimen Raum (das Allerheiligste) und legt sich auf den Boden. Zusammengerollt wie ein Fötus liegt sie dort unendlich lange. In dieser Zeit ist der Raum für die anderen nicht zugänglich. Es scheint sie jedoch überhaupt nicht zu stören. Im Gegenteil: Sie tanzen derweil im Raum der Begegnung und schauen immer wieder hin zu der Frau, zu diesem Bild der Geborgenheit und des Friedens. Genau das habe sie selbst empfunden, berichtet die Siebzigjährige später in der Abschlussrunde. Damit hat sie uns alle beschenkt.

Beim Abschied sagt mir eine Kursteilnehmerin, die sich selbst als eher unfromm bezeichnet: »Es war heilig, aber nicht religiös!«

Das heilsame UND

Manchmal höre ich den Satz von Menschen, die zu mir kommen: »Meine Eltern haben mir Schlimmes angetan, aber sie waren doch meine Eltern.« Dahinter verbirgt sich oft eine Angst, die eigenen Eltern anzuklagen oder schuldig zu sprechen, so als würde man sie damit komplett wegwerfen und quasi elternlos dastehen. Genauso ist es, wenn gesagt wird: »Meine Eltern haben mir Schlimmes angetan, aber sie hatten auch ihre Gründe.« Wenn ich nachhake, spüre ich auch hier die Hemmung, das Schlimme, was die Eltern getan haben, wirklich schlimm zu nennen. Eher wird es mit Gründen wie einer schweren Kindheit, sozialen und finanziellen Schwierigkeiten etc. erklärt oder gar gerechtfertigt. Ich verstehe diese Angst nur allzu gut, habe ich es doch selbst lange Zeit so vertreten. Hinzu kommt die ängstliche Frage besonders bei Menschen mit christlichem Hintergrund: Darf ich das denn überhaupt, meine Eltern anklagen? Und sie erinnern sich an das Vierte Gebot.

Während meiner Ausbildung in der Zukunftswerkstatt lerne ich das große UND kennen, das ich gerne auch das heilsame UND nenne. Denn es war wirklich heilsam für mich. Und immer wieder erlebe ich, dass es Menschen hilft, die sich in einer ähnlichen Situation befinden. Es ist eine wahre Befreiung!

Ohne dieses heilsame UND würde es im Blick auf meine eigene Vaterwunde bedeuten: Wenn ich meinen Vater wirklich schuldig spreche und sage, dass er mir und meinem Leben durch seinen Übergriff massiv geschadet hat, gebe ich meinen Vater preis. Ich verliere damit auch den liebenswerten Vater, den es ja auch gab. Dann habe ich gar keinen Vater mehr. Das große UND hilft mir nun, beides gleichberechtigt nebeneinander stehen zu lassen. Nichts schmälert das andere. Es wird nicht miteinander in Beziehung gesetzt, nicht verglichen oder gar miteinander vermischt. Das gibt mir die Möglichkeit, den missbrauchenden Vater schuldig zu sprechen, ja sogar abzulehnen, ohne den liebevollen Vater aufgeben zu müssen.

Wenn ich mit unserem Hund durch den Wald laufe, entdecke ich sie manchmal, eine riesige Baumwurzel vom mächtigen Sturm aus der Erde gerissen, ein imposantes Gebilde. Verwurzelt zu sein ist lebenswichtig. Wie viele Kinder – aus sogenannten Patchwork-Familien kommend – machen sich später als Erwachsene auf die Suche nach ihren Vätern, selbst dann, wenn diese nach Erzählungen der Mütter und Verwandten niederträchtige, ja sogar gewalttätige Menschen waren. Mein Vater ist und bleibt mein Vater. Bei ihm ist ein Teil meiner Wurzeln. Von ihm habe ich Eigenschaften geerbt, beispielsweise meine Begeisterungsfähigkeit, meinen Humor, das Lachen, die Fähigkeit, sich wie ein Kind über Kleinigkeiten zu freuen, meine Aufgeschlossenheit Menschen gegenüber und mein Interesse an ihren Geschichten. Wie er kann ich mich wie ein Kind im Augenblick verlieren. Wenn ich Kuchen backe, klingen mir seine Sätze im Ohr, sehe ich vor mir, wie er mit viel Gefühl einen Hefeteig bearbeitet und mir dabei erzählt, wie man diesen behandeln müsse, fast so, als wäre er eine Person, höre heute noch seine Ratschläge, die er mir als Berufskraftfahrer bei meinen ersten Fahrversuchen gibt. Manchmal lache ich jetzt noch über lustige Formulierungen, die mir plötzlich in Erinnerung kommen oder manche Witze, die er auf Lager hatte. Er hat einen wesentlichen Teil dazu beigetragen, der Mensch zu werden, der ich heute bin.

Von Johann Wolfgang von Goethe stammt folgendes Zitat: *Zwei Dinge sollen Kinder von ihren Eltern bekommen: Wurzeln und Flügel!* Ja, mein Vater hat mir Wurzeln gegeben, doch es waren auch schlechte dabei. Er hat mich fliegen gelehrt. Gleichzeitig hat er meine Flügel gebrochen und nicht nur die Flügel, sogar das Rückgrat. Wenn ich nun heute trotz allem aufrecht stehe und sogar fliege, mit weiten, ausgebreiteten Flügeln immer mehr in mein Eigenes, meine Berufung hineinwachse, ehre ich ihn letztlich sogar damit. Vielleicht ist ja gerade das die eigentliche Aussage des Vierten Gebotes: *Ehre deinen Vater und deine Mutter. Dann wirst du lange in dem Land leben, das der Herr, dein Gott, dir geben wird.* (2. Mose 20, 12)

Sinn und Unsinn von Vergebung

Erinnern Sie sich noch an die Vogelgeschichte am Anfang des Buches? Was sagen die sogenannten Retter, die mit guten Ratschlägen (Kehrschaufel und Besen) den entstandenen Dreck beseitigen wollen? »Man muss aber auch vergeben können. Bring die Sache zu Jesus und vergib. Vielleicht war es ja auch gar nicht so gravierend, wie du jetzt glaubst ...« Diese Formulierung entlarvt unsere manchmal unsinnigen Vorstellungen von Vergebung. Nach dem Motto: »Schwamm drüber – so schlimm war es nun auch wieder nicht – es gab ja auch Gründe – ist schon okay – lass gut sein.«

Alle diese Redensarten mit ihren Haltungen, die sich dahinter verbergen, stehen nicht nur im krassen Widerspruch zur Vergebung, sondern schlagen ihr geradezu ins Gesicht. Denn genau das Gegenteil bedeutet diese. Sie setzt genau dort an, wo nichts anderes mehr geht, kein Leugnen, keine Erklärung im Sinne einer Rechtfertigung, keine Möglichkeit, es ungeschehen zu machen, keine Relativierung, keine Verharmlosung. Selbst wenn mein Vater alles offengelegt hätte, den Schaden mit seinen Folgen für mich hätte er nicht rückgängig machen können. Selbst wenn man ihn angezeigt hätte und er zu Recht verurteilt worden wäre, um seine Strafe zu verbüßen, wäre zwar dem Recht der Opfer Genüge getan worden, doch hätte es mir nichts von den verlorenen Jahren meines Lebens zurückgeben können, ebenso wenig all denen, die durch ihn geschädigt und traumatisiert wurden.

Vergeben bedeutet, zur gegebenen Zeit loszulassen, nicht mehr Rache und Vergeltung zu fordern, auch nicht andere Menschen verantwortlich zu machen. In meinem Fall heißt es: Ich mache mein Wohlergehen nicht mehr abhängig von dem, was mein Vater getan hat. Ich nehme mein Leben in die Hand, übernehme Verantwortung für mich selbst. »Der Vogel verlässt den Käfig.«

Als ich meinem Vater auf seinem Sterbebett vergeben habe, hat es mir nicht meine Erinnerung genommen, auch nicht meine Traurigkeit, nicht einmal meine Wut. Im Gegenteil: Meinem Vater zu vergeben, hat mir den Raum geöffnet, meine Trauer und meine Wut bewusst wahrzunehmen und zu verarbeiten. Vergebung öffnet den

Raum zur Trauer. Doch nicht selten höre ich stattdessen: »Vergeben heißt Vergessen.« Ich halte diesen Satz für falsch. Das, was ich durch meinen Vater erlebt habe, hat mich ja nicht nur traumatisiert, sondern auch geprägt, es gehört zu meinem Leben. Am Ende einer erfolgreichen Traumatherapie steht nicht das Vergessen, sondern die Integration des Erlebten.

Noch ein Wort zur Vergebung: Ich persönlich halte diesbezüglich nichts von einem Automatismus, wie er in manchen Seelsorgepraktiken gehandhabt wird. Ich bin zutiefst davon überzeugt, dass es letztlich ohne Vergebung nicht geht. Doch meist steht sie erst am Ende eines längeren Prozesses. Erzwingen können und dürfen wir sie nicht!

Gott anklagen?

Wieder einmal bin ich mit drei meiner Nichten, Andrea, Kerstin und Christina, an einem Wochenende zusammen. Diese Treffen haben inzwischen schon eine zehnjährige Tradition. Wir kommen zusammen, um Lebensthemen zu er- und verarbeiten, die aus den Missbrauchserfahrungen mit meinem Vater, dem Opa meiner Nichten resultieren. Diese Wochenenden sind ein wahrer Schatz. Jedes Mal gehen wir gestärkt und ein wenig mehr aufgerichtet nach Hause. Wir tanzen und lachen viel und erleben Gott auf eine besondere, immer wieder überraschende Art. Bevor ich mich zu einem solchen Wochenende aufmache, nehme ich mir Zeit für die Frage: »Um was könnte es dieses Mal gehen? Was ist dran?«

In diesem Februar 2015 werde ich darauf vorbereitet, möglicherweise Gott zu vergeben. Ich weiß, es klingt verrückt und obendrein auch anmaßend und geradezu unverschämt. Ich glaube an einen guten, vollkommenen und gerechten Gott, der keinerlei Vergebung bedarf. Wie dem auch sei, falls es sich zeigen sollte, dass dies tatsächlich dran ist, will ich mich darauf einlassen. »Die Tür« öffnet sich wie von selbst, und wir nutzen sie, haben aber den Eindruck, dass wir zuerst einmal Gott anklagen sollten, ihm nicht nur unsere Klagen bringen, sondern ihn tatsächlich für das Geschehene verantwortlich machen.

Wir suchen uns einen Platz für Gott. Stellen einen Stuhl auf, den wir mit einem großen weißen Samttuch behängen. Darauf setzen wir einen Stofflöwen, den *König der Tiere* als Symbol der Stärke und Hoheit Gottes. Zunächst stehen wir schweigsam davor. Es fällt uns äußerst schwer, Gott anzuklagen. Dann beginnen wir sehr zaghaft mit leisen Stimmen, ihm unsere Vorwürfe zu bringen. Dabei ist es für mich nicht das erste Mal. Allein in meinen Gedanken habe ich es schon hundertmal gemacht, habe Gott Ungerechtigkeit vorgeworfen, ihm gesagt, wie grausam ich ihn empfinde.

Einmal war es auf einem Spaziergang: Als es mir richtig schlecht geht, schimpfe ich mit Gott, werfe ihm meine Enttäuschung und meine Wut vor die Füße. Da sehe ich plötzlich Gott wie einen Vater vor mir stehen. Ich sehe, wie ich mit meinen kleinen Fäusten gegen seinen Bauch trommle. Und vor mir entdecke ich sein freundliches Gesicht, das mich einlädt, es ruhig weiter zu tun. Er hält das aus!

Doch hier und jetzt ist es etwas anderes. Es hat einen offizielleren Charakter. Es kommt nicht aus einem emotionalen Affekt heraus, sondern wir haben uns bewusst dazu entschieden. Als die ersten Hemmungen überwunden sind, löst sich etwas in uns. Wir lassen unsere Fragen, unser Unverständnis, unsere Wut heraus. »Wir klagen dich an, dass du nicht Einhalt geboten hast, als wir klein und hilflos von unserem Vater und Opa sexuell missbraucht wurden. Wir klagen dich an, dass du es nicht rechtzeitig verhindert hast. Du hast es zugelassen, dass jemand, der dich liebt und in deinem Namen redet, gleichzeitig etwas so Furchtbares tut. Du hast einfach nur zugeschaut.« Es kommen noch viele andere Dinge hinzu. Schließlich bleibt es nicht nur bei unseren ausgesprochenen Worten, sondern wir schreiben unsere Anklagen auf Zettel und werfen sie dem Löwen vor die Füße. Der ist inzwischen umgeben von zerknüllten Anklagezetteln. Auf einmal merke ich, dass sich atmosphärisch etwas verändert. So verrückt es auch immer klingen mag, diese Anklageaktion hat etwas von einer Anbetung Gottes. Es durchzieht sowohl eine heilige als auch eine heilende Atmosphäre den Raum. Keine von uns hat nun noch das Bedürfnis, Gott zu vergeben. Was wir spüren, ist sein großes Einverständnis mit dem, was wir gerade gemacht haben. Ich habe sogar den Eindruck, er bedankt sich geradezu bei uns.

Ich erinnere mich ans Wochenende mit Johanna, wie sie uns erzählt hat, dass sie Jesus einmal im Gebet sagte: »Ich möchte der Person XY«, von der sie zutiefst verletzt wurde, »am liebsten ein Messer in den Bauch stoßen, so groß ist meine Wut«, und sie die Antwort von ihm vernahm: »Das ist in Ordnung, nur, stoß mir das Messer in den Bauch!«

Genauso ist es auch hier. Gott stellt sich selbst als Sündenbock zur Verfügung, nicht wie ein wildes blutrünstiges Tier, das man mit einem Blutopfer zufriedenstellen müsste, um es zu besänftigen. Dieses Missverständnis begegnet mir so oft. Auch ich selbst habe es lange Zeit so empfunden.

Ein wunderbares Buch, das in dieser Hinsicht geradezu wie eine Therapie auf mich wirkt, ist das Buch *Der Klang – Vom unerhörten Sinn des Lebens*. Dort schreibt der Geigenbauer Martin Schleske in Bezug auf das Sterben Jesu am Kreuz unter der Rubrik *Der verschlossene Klang – Glaube an einen liebenden und leidenden Gott: Die Vorstellung, dass der Mensch irgendetwas opfern muss, um mit Gott versöhnt zu sein, wird durch Christus überwunden. Der kultische Opfergedanke, dass eine Gottheit ein Opfer braucht, um versöhnt zu sein, ist ein religiöser Urreflex der menschlichen Seele. Eben diese abgründige Vorstellung aber wird durch Christus überwunden. Gott braucht kein Opfer, um etwas für sich zu tun. Die Hingabe hat mit uns zu tun. Es ist wichtig, die Leidensbereitschaft der Liebe nicht in die Erlösungskraft des Leidens zu verkehren.*[16] Haben wir da etwas Grundsätzliches nicht verstanden? Lange Zeit hatte ich immer das Gefühl, Jesus etwas zurückgeben zu müssen, ihm wegen seines Todes am Kreuz etwas schuldig zu sein.

Das Leiterehepaar der Zukunftswerkstatt für *Kreative Leibtherapie*, Udo Baer und Gabriele Frick-Baer berichten in ihrem Buch *Schuldgefühle und innerer Frieden* unter anderem von ihren Erfahrungen mit Klienten und Klientinnen aus dem christlichen Kontext. Sie selbst sehen sich nicht als *Experten des Glaubens und der Religiosität*. Gemäß ihrem Grundsatz der Klientenkompetenz begegnen sie Menschen, die

---

[16] Martin Schleske, Der Klang – Vom unerhörten Sinn des Lebens, 2. Auflage. Wilhelm Goldmann Verlag, München 2014, Seite 204.

unter einem strafenden Gottesbild leiden, manches Mal innerhalb ihres Glaubenssystems mit der Fragestellung: *Wenn Gott immer straft und wenn Sie sich immer schuldig fühlen sollen – wie verträgt sich das mit Ihrem Glauben, dass Gott seinen Sohn Jesus auf die Welt geschickt hat und am Kreuz hat sterben lassen, um den Menschen die Schuld zu nehmen und ihre Sünden zu verzeihen? Unsere Absicht dabei ist nicht, den Finger auf die Wunde zu legen und besserwisserisch zu argumentieren, sondern die Menschen so zu »verwirren«, dass sich neue Türen öffnen und den Blick freigeben auf Wege aus dem geistigen Gefängnis, unter dem sie leiden.*[17] Meines Erachtens haben sie damit den Kern getroffen.

Zwar haben meine Nichten und ich durch unsere Anklageaktion keine Antworten auf das Warum bekommen. Aber wir konnten danach ausgelassen und fröhlich tanzen. Wir wussten uns aufgefangen und umarmt von der Liebe Gottes.

Eine neue Freiheit

»Machen Sie christliche Therapie?«, werde ich manchmal gefragt. Meine Antwort ist dann: »Nein, aber ich bin Christin, und Menschen, die zu mir kommen, begegnen immer auch der Christin, da sie ja mir als Person begegnen.«

Eine junge Frau, aus einer christlichen Familie kommend, fragt mich: »Wenn ich komme, müssen wir dann jedes Mal beten?« – »Nein, bei mir muss man nicht beten«, gebe ich zur Antwort. Nachdem sie längere Zeit zu mir gekommen ist, fragt sie am Ende einer Einheit: »Können wir heute mal beten?« – »Ja, natürlich!« Also beten wir, ganz freiwillig, ohne jeden Zwang und Druck, ein ganz natürliches, echtes, einfaches Gebet.

---

[17] Udo Baer/Gabriele Frick-Baer, Bibliothek der Gefühle, Band 11: Schuldgefühle und innerer Frieden, Beltz Verlag, Weinheim u. Basel 2011, Seite 81 und 82.

Eine andere Frau, die in psychotherapeutischer Behandlung ist und bei mir dazu unterstützend Tanzsoziotherapie in Anspruch nimmt, bittet mich jedes Mal am Ende einer Einheit, mit ihr zu beten, darauf freue sie sich am allermeisten, sagt sie mir. Nach Jahren bekomme ich einen Brief von ihr, in dem sie mir unter anderem schreibt: »Ich muss zuweilen an dich und deine liebevolle Art, mir Jesus näherzubringen, denken. Ich beschäftige mich jetzt viel bewusster mit dem Glauben und hoffe, in ihm meinen Halt zu finden.«

Eine weitere Frau gesteht mir einmal resigniert und gleichzeitig wütend: »Am liebsten möchte ich meine Bibel zerreißen.« – »Dann tu es doch!«, kommt es ungebremst aus mir heraus. Fast bin ich erschrocken darüber. Sie ist ebenso verwundert und schaut mich fragend an. »Im Ernst?« Darauf ich: »Ja, warum nicht, es muss ja nicht gerade meine Bibel sein.« Wir lachen beide. Nach ein paar Tagen erzählt sie mir, wie sie abends in ihrem Bett gesessen habe, eine Bibel genommen und sie zuerst sehr zaghaft und dann immer kraftvoller Seite für Seite herausgerissen und zerknüllt habe. Das Erstaunliche: Sie habe dabei nicht nur Erleichterung und Freude empfunden, sondern sogar den Eindruck gehabt, dass Jesus neben ihr sitze und sie geradezu anfeuere, es mutig weiter zu tun.

Sind Sie schockiert? Solche Schritte sind manchmal heilsam und notwendig, um sich von kranken Gottesvorstellungen zu lösen. Bibellesen bedeutete für diese Frau Pflicht und Gesetz. Sie hat sich übrigens später eine neue, moderne Bibelübersetzung gekauft. Sie hat ihren Glauben nicht weggeworfen. Das Gegenteil ist der Fall.

Im Heilungsprozess meines eigenen Gottesbildes habe ich angefangen, viele Texte und Aussagen der Bibel in einem ganz neuen Licht zu sehen und zu verstehen. Da lese ich zum Beispiel den mir vertrauten Vers aus der Bergpredigt: *Warum regst du dich über einen Splitter im Auge deines Nächsten auf, wenn du selbst einen Balken im Auge hast?* (Matthäus 7,3) Bisher habe ich diesen Vers immer als negative Ermahnung empfunden; auch wenn ich eigentlich wusste, dass er so nicht gemeint ist, las ich: »Schau dich mal an, du bist doch viel schlimmer als die anderen.« Und nun sitze ich da und lese diesen Vers, spüre förmlich Gottes Hand auf meiner Schulter, wie er mir liebevoll dieses zutiefst seelsorgerliche Wort sagt. Es zeigt mir: Das »richtige« Bibelverständnis hat mit einer Beziehung zu tun, mit der Beziehung zu Gott und zu mir selbst.

Zum Fliegen bestimmt

Ich werde für einen Tag während der Theologischen Woche zu den Pastorenfrauen eingeladen. Vormittags soll ich ein Referat halten, nachmittags etwas Tänzerisches mit ihnen machen. Um 10 Uhr soll das Programm beginnen. Die lange Fahrt ist recht anstrengend. Zum Schluss verfahre ich mich noch und komme ziemlich erschöpft und genervt dort an.

Im Tagungsraum herrscht ein buntes Treiben. Die Frauen kommen gerade vom Frühstück und sammeln sich nun zum Vormittagsprogramm. Ich quetsche mich durch eine Gruppe hindurch, um nach vorne zu gelangen. In diesem Moment tönt eine der Frauen direkt in mein rechtes Ohr: »Du warst gar nicht nötig.« Ich schaue sie etwas irritiert an: »Nicht nötig?« Man hat mich doch eingeladen. Im gleichen Moment lacht die Frau und klärt mich auf. Das war nicht an mich, sondern an eine Frau, die links von mir steht, gerichtet. Gemeint war der Spüldienst, den man auch ohne die besagte Frau gut geschafft hatte.

Während ich mein Equipment auspacke, denke ich über diesen irrtümlich an mich gerichteten Satz nach. Plötzlich erscheint er mir wie eine Befreiung. Ich habe sogar den Eindruck, er war ganz und gar für mich bestimmt. Der Druck, etwas leisten, ein gutes Referat halten zu müssen, fällt von mir ab. »Ich bin gar nicht nötig«, wie schön, wie befreiend! Warum denke ich nur, es käme alles auf mich an? Reicht es nicht, einfach da zu sein als die, die ich bin, und zuzuschauen, was Gott tut? Meine Stimmung hebt sich deutlich. Ich merke sogar, wie meine Erschöpfung weicht und ich wieder Kraft bekomme.

Doch Gott hat noch ein weiteres Geschenk für mich. Es ist inzwischen kurz vor Beginn, doch die Frauen stehen immer noch in lockeren Gruppen zusammen. Plötzlich erfüllen Hektik und Unruhe den

Raum. Grund ist ein kleiner Vogel, eine Kohlmeise, die sich im Raum verirrt hat und nun wie wild herumflattert und in Todesangst versucht, diesem Gefängnis zu entgehen. Schließlich ist sie völlig erschöpft und landet unter einem Stuhl, flüchtet in die hinterste Ecke. Ich lege mich auf die Erde, krieche vorsichtig auf allen vieren. Schließlich gelingt es mir, den kleinen Vogel einzufangen und nach draußen zu bringen. Unendlich zerbrechlich sitzt er in meiner Hand. Ich fühle sein kleines, vor Angst wild pochendes Vogelherz. Draußen setze ich ihn behutsam ins Gras und sage: »Flieg, Kleiner, du bist zum Fliegen bestimmt.« Doch er braucht noch Zeit, seine neu gewonnene Freiheit zu erfassen und zu nutzen. Zu groß ist noch der Schreck von dem gerade Erlebten. Erst nach der Veranstaltung sehe ich ihn nicht mehr.

Ich selbst fühle mich durch ihn beschenkt. Was für ein herrliches Bild einer Befreiung zu dem, wozu wir bestimmt sind. Ein Bild für mein eigenes Leben, für meine Geschichte. Gleichzeitig spüre ich in diesem Moment, dass die Vogelgeschichte und das »Nicht-nötig-Sein« zusammenhängen. Fliegen bedeutet, nicht nötig zu sein!

In der kommenden Zeit darf ich es lernen, mache meine Erfahrungen, renne manchmal mit dem Kopf gegen die Wand und komme dann immer wieder zu dem Ergebnis: Fliegen hat mit Loslassen, mit Nicht-nötig-Sein, zu tun. Und alles bekommt eine Leichtigkeit.

Vom Loslassen und Staunen

In der Volkshochschule leite ich im Bereich *Tanz & Spiritualität* einen Wochenendkurs zum Thema: *Was bringt meine Seele zum Klingen?* Wieder hat sich eine kunterbunte Gruppe von 14 Frauen eingefunden mit den unterschiedlichsten Überzeugungen und doch alle irgendwie spirituell interessiert, wie sie in der Vorstellungsrunde sagen.

An diesem Wochenende haben wir uns tänzerisch und mithilfe von Musikinstrumenten auf die Suche gemacht nach dem, was uns zum Klingen und in Bewegung bringt. Am Samstagabend mache ich mir Gedanken, wie ich den Sonntagmorgen gestalten könnte. Und wie immer spreche ich mit Gott darüber. Da kommt mir ein merkwürdiger Satz in den Sinn: »Führe mit ihnen hörendes Gebet durch!« Wie soll denn das gehen, denke ich. Ist das denn nicht nur dann möglich, wenn man zumindest davon überzeugt ist, dass es einen Gott gibt?

Doch dieser Satz hält sich hartnäckig. Also folge ich ihm. Das verläuft folgendermaßen: Nach einer Begrüßungsrunde und einem tänzerischen *Warm Up* mache ich mit den Frauen eine sogenannte Fantasiereise in die Heilungsgeschichten einer seit zwölf Jahren an »Blutfluss« erkrankten Frau und eines zwölfjährigen Mädchens, das Jesus ins Leben ruft. Die Frauen liegen entspannt auf dem Boden, im Hintergrund läuft leise Musik. Ich erzähle die Geschichte des fünften Kapitels aus dem Markusevangelium. Anschließend spielt der CD-Player weiter. Ich lade die Frauen ein, dem Gehörten nachzuspüren und es auf sich wirken zu lassen. Dabei gehe ich mit einem Chiffontuch durch den Raum, berühre die Frauen damit, segne sie und bete ganz leise für sie.

Anschließend lade ich sie ein: »Stell dir vor, Jesus wäre hier in diesem Raum. Auch wenn du keine Christin bist, egal! Stell's dir jetzt nur einmal vor. Und wenn du möchtest, bitte Jesus einfach, dir etwas zu sagen, etwas nur für dich. Ein Wort, einen Satz, vielleicht auch ein inneres Bild. Wenn du Jesus nicht bitten willst, weil es ihn für dich gar nicht gibt, dann bitte doch einfach Gott.« Längere Stille – ganz und gar nicht peinlich. Im Hintergrund läuft weiterhin leise Musik.

Der anschließende Austausch bringt mich wirklich ins Staunen. Eine Frau – sie ist bekennende Buddhistin – hat gehört: »Ich liebe dich« – »Das war ganz persönlich an mich gerichtet«, sagt sie. Eine andere Frau bezeichnet sich selbst als Esoterikerin. Mit dem Christentum könne sie gar nichts anfangen, gab sie mir schon öfter zu verstehen, besucht aber immer wieder meine Kurse. Jetzt berichtet sie: »Ich habe ein Bild gesehen: Ich sah Gottes Gnade vom Himmel fallen wie silberne Tautropfen. Diese Gnade gilt allen Menschen!« Sie selbst ist tief berührt. Einige Christinnen lösen sich von inneren Schwüren, mit denen sie sich festgelegt haben: »Niemals werde ich wieder …!« Diese schreiben sie auf ein Blatt Papier, das sie dann symbolisch in einem Mülleimer vernichten. Anstelle dieser Festlegungen nehmen sie positive Sätze, Zusagen Gottes über ihr Leben an. Zum Schluss stehen wir im Kreis zusammen, und ich spreche einen Segen über sie. Ich bin fasziniert, wie einfach es ist, wie es sich einfach ereignet. Ein Jahr später wiederhole ich diese »Methode«. Diesmal läuft es ganz anders. Alles ist schwer, wirkt aufgesetzt und verkrampft. Ich selbst bin verkrampft, stehe enorm unter Druck. Nun will ich keineswegs behaupten, dass etwas nicht richtig sein kann, nur weil es sich als schwierig erweist. Doch kann ich nichts wiederholen, nur weil es funktioniert hat. Immer der Augenblick ist entscheidend. Als ich dieses Erlebnis reflektiere, werden mir auch meine inneren »Antreiber« bewusst. In der Gruppe waren einige Christen, die ich zufriedenstellen und denen ich vielleicht sogar beweisen wollte: »Schaut mal her, so geht es auch!« Nein, so geht es eben nicht! Letztlich sind es keine Methoden, die wirken, sondern wieder einmal das Loslassen und Sich-Einlassen auf Intuition und Fügung, so wie Gott sie schenkt, selbst wenn es ungewöhnliche und herausfordernde Wege sind.

Zur richtigen Zeit am richtigen Ort

Durch den Kontakt zu den Pfarrerinnen im Theologinnenkonvent bekomme ich die Anfrage, in einen Kreis einzusteigen, der Trauerfeiern für früh- und frühestverstorbene Kinder initiiert. Wieder einmal betrete ich ein völlig neues und ungewohntes Terrain. Diese Trauerfeiern werden in Krefeld von der Krankenhausseelsorge organisiert. Zielgruppe sind Eltern, die ihre Kinder durch Fehlgeburten oder Totgeburten, aber auch durch Abtreibungen verloren haben. Häufig kommen nicht nur die Eltern, sondern auch Großeltern, andere Verwandte oder nahestehende Freunde. Es sind Menschen ohne, mit christlichem und muslimischem Glaubenshintergrund dabei.

Die Trauerfeier selbst findet in der Friedhofskapelle statt. Anschließend wird wie bei einer Beerdigung ein in weißes Seidenpapier gehülltes »Geschenk« als Symbol für das verstorbene Kind zu Grabe getragen und beerdigt. Es geht darum, den Eltern und Angehörigen einen Ort zum Abschiednehmen zu bieten, einen Ort, an dem sie ihre

Trauer lassen können. Hierzu dient auch eine kleine Insel mit einem Gedenkstein. Beschriftete Steine mit den Namen der Kinder, Spielzeug oder andere Symbole werden dort abgelegt. »Wie gut ist es, dass es so etwas gibt«, denke ich. Mir fallen meine eigenen Zwillingsbrüder ein, die ich nie kennengelernt habe, und von denen nur einer, der erst nach drei Tagen verstorbene, einen Namen bekommen hat. Der Totgeborene blieb namenlos. Es wurde auch nicht weiter darüber gesprochen. Fehl- und Totgeburten wurden früher einfach entsorgt.

Nun also bin ich hier und darf die Würdigung eines solchen Menschen erleben, selbst wenn er den Mutterleib nie lebend verlassen hat. Im Vorbereitungsteam sitzen wir zusammen: eine katholische und eine evangelische Klinikseelsorgerin, die Leiterin des Frauenreferats, eine Muslima und eine Pfarrerin der Mennoniten. So sind wir mit ganz unterschiedlichen Glaubensbekenntnissen vertreten. Was uns aber verbindet, ist die gemeinsame Überzeugung, dass jeder Mensch vom allerersten Augenblick an ein unendlich wertvolles Wesen ist, das es zu würdigen gilt.

Zum Kennenlernen sitze ich als Zuhörerin in meiner ersten Trauerfeier. Während eines ruhigen klassischen Musikstücks gehen meine Gedanken auf Wanderschaft. Wieder einmal münden sie ganz wie von selbst in ein Gespräch mit Gott. Warum bin ich hier? Habe ich mich nur breitschlagen lassen? Ist dies hier mein Platz? Plötzlich habe ich das Gefühl, nicht nur für die Anderen, sondern für mich selbst hier zu sein. Ich meine zu hören: »Nimm Abschied!« – »Von wem?«, frage ich mich, »von meinen verstorbenen Zwillingsbrüdern?« Eigentlich habe ich das schon getan. Und dann ist da plötzlich dieser Satz, so klar und deutlich, dass ich ihn nicht ignorieren kann: »Von deinem Sohn!« Ich bin sehr irritiert. Wir haben uns Kinder gewünscht, ja, wie sehr. Doch das ist lange vorbei. Wir haben uns abgefunden. Nein, es gibt keinen Sohn! Als ich irritiert meine Frage an Gott richte, kommt mir eine Erinnerung: Als wir noch in Bad Laasphe wohnten, setzte einmal meine Periode für längere Zeit aus. Ich glaubte damals, schwanger zu sein. Doch mit viel Verspätung kam die Blutung extrem stark. Sollte das der Beginn einer Schwangerschaft gewesen sein? Mir wird bewusst: Dieses

Kind gibt es. Es lebt in einer anderen Welt bei Gott, und wir werden es sehen. Überwältigt erzähle ich es meinem Mann, der ist ebenfalls sehr berührt. Was für eine Fügung in meinem und unserem gemeinsamen Heilungsprozess.

Vor einer Trauerfeier, die ich zu halten habe, bekomme ich einen Anruf von der Koordinatorin. Es geht dieses Mal nur um ein Kind. Die Eltern möchten selbst nicht an der Trauerfeier teilnehmen. Zu groß ist ihre Angst, von ihren Gefühlen übermannt zu werden. Aber sie wünschen sich eine nachträgliche Beerdigung. Ein sehr ungewöhnliches Geschehen für uns alle.

Also treffe ich mich mit dem zuständigen Sargträger allein am Grab. Nachdem ich die Beerdigungszeremonie vollzogen habe, der Mitarbeiter den Ort verlassen hat, sitze ich noch lange auf einer Bank, denke an die Eltern des Kindes und bete für sie. Alles erscheint irgendwie unwirklich. Aus der Ferne höre ich den Lärm der Stadt, sitze hier ganz allein und habe gerade ein Kind beerdigt, das nicht mal eine Sekunde auf dieser Welt gelebt hat. Und doch habe ich das Gefühl, der ganze Himmel ist genau an diesem Ort versammelt. So, als sei dies hier die eigentliche Wirklichkeit. Ein kleines Wesen, das nichts geleistet hat, nichts beigetragen zum Weltgeschehen, für die Öffentlichkeit keinerlei Rolle spielt und doch ein unendlich wertvoller Mensch in den Augen Gottes ist.

Ein besonderes Geschenk

Ich sitze vor meinem Rechner und bin hin- und hergerissen. Zwei tiefschwarze Knopfaugen, die zu einem kuscheligen, cremefarbenen Golden-Retriever-Welpen gehören, schauen mich an. Die Schwester meiner Schwägerin Gerti züchtet seit vielen Jahren Golden-Retriever und bildet sie zu Therapiehunden aus. Nun hat sie einen ihrer Schützlinge an *standUp* gestiftet, wo man ihn gegen eine Spende erwerben kann. »Nein«, sage ich mir, »ganz unmöglich, einen unpassenderen

Moment gibt es nicht.« Mein Mann und ich befinden uns nämlich vor einem erneuten Stellenwechsel, sozusagen gerade in der Warteschleife, wissen noch nicht, wo es hingehen soll. In dieser Situation wäre die Anschaffung eines Hundes und dann noch eines Welpen so ungefähr das Dümmste, sage ich mir und verbuche es unter »abgelegte Träume«.

Doch mein Mann hat Feuer gefangen. »Frag doch mal nach«, ermuntert er mich. Habe ich da richtig gehört? Tatsächlich entscheiden wir uns für Itthai, unseren »Gott ist mit mir«-Hund, das bedeutet sein Name. Ich lasse mich mit ihm zusammen zum *Therapiebegleithundeteam* ausbilden, nicht nur die Erfüllung eines Kindertraumes. Dass mich gerade ein Hund, der als Bild für die Seele in meinem eigenen Heilungsprozess eine wichtige Rolle gespielt hat, nun quasi »als Mitarbeiter« unterstützen soll, ist schon eine interessante Entwicklung.

Und jetzt ein Buch?

Auch hier habe ich lange überlegt, ob ich das Folgende wirklich schreiben soll. Immerhin war es doch nur für mich persönlich bestimmt, eine Ermutigung, eine Bestärkung, dieses Buch zu schreiben. Und doch bin ich zu dem Schluss gekommen, es zu tun. Denn es ist ein Beispiel für die Führung und Fügungen Gottes und für sein Zeitmaß, das so ganz anders ist als unseres.

Es geschieht 2004 auf einem Seminar in Lüneburg. Eine Frau betet für mich und sieht vor ihrem inneren Auge eine auf dem Rücken liegende Schildkröte. »Warum liegt sie auf dem Rücken?«, fragt sie im Stillen. In diesem Moment bekommt sie nur ein Wort: »Schreiben«. Natürlich können weder sie noch ich etwas damit anfangen. Und ich mache es so, wie es meine Gewohnheit ist, ich spreche mit Gott über den Gebetseindruck dieser Frau und bitte ihn, wenn er von ihm kommt, mir deutlich zu machen, was er mir sagen möchte. Denn nichts, was andere für mich von Gott hören, kann er mir nicht auch selbst sagen.

Am nächsten Morgen betrete ich eine Buchhandlung. Beim Bezahlen an der Kasse bekomme ich ein Heft geschenkt mit der Aufschrift: »Schreib es auf!« Das ist nun schon erstaunlich, denke ich. Soll ich meine Geschichte vom Missbrauch, seinen Folgen und der Aufarbeitung aufschreiben?

Nicht lange danach schenkt mir Marion, eine begabte Hobbykünstlerin, mit der ich so manchen Weg gemeinsam gegangen bin, ein selbst gemaltes Bild. Das ist nun nichts Ungewöhnliches. Ihre Gemälde zieren einige Wände unserer Wohnung. Dieses Bild allerdings hat es in sich. Als Marion es mir übergibt, tut sie es mit vielen Entschuldigungen. Es erinnert mich an die Art, wie ich Gästen mein Essen serviere. Sie entschuldigt sich, weil es sich um ein äußerst seltsames und ihr selbst nicht schlüssiges Bild handelt. Auf diesem Bild ist ein Strand zu sehen. Im Vordergrund liegt ein aufgeschlagenes Buch mit weißen, leeren Seiten. Direkt hinter diesem Buch steht ein Hund, der seinen Schatten auf das Buch wirft. Marions Bilder sind oft gemalte Gebete. Sie lässt sich einfach im Gebet inspirieren und malt, was ihr gerade so kommt. Diese ungewöhnliche Kombination von Strand, Hund und Buch kommt ihr allerdings seltsam vor. Sie erklärt mir, dass sie eigentlich in dieses Buch etwas habe schreiben wollen. Doch es sollte leer bleiben, das war ihr fester Eindruck. Ich verstehe dieses Bild sofort und fühle mich sehr ermutigt, tatsächlich meine Geschichte aufzuschreiben. Und so beginne ich schon bald damit. Doch ich tue mich äußerst schwer und schleppe mich nur mühsam vorwärts. Irgendwann resigniere ich und gebe auf. Habe ich mich doch getäuscht, oder ist es einfach noch nicht dran?

Bald darauf bekomme ich Post von meinem Neffen Micha, der sich zur dieser Zeit im Ausland befindet. Nun gehört Micha nicht gerade zu den schreibfreudigen Menschen. Und dass ich von ihm Post bekomme, hat es bis dahin noch nicht gegeben. Und jetzt handelt es sich nicht nur um einen Brief, sondern sogar um ein Päckchen.

Erstaunt und neugierig öffne ich es. Auf der beiliegenden Karte heißt es kurz und bündig: »Hallo Ille, magst du immer noch Hunde?

Das hier habe ich gefunden und musste an Dich denken.« Aus dem Packpapier kommt eine leere Ringbuch-Kladde zum Vorschein, auf deren Vorderseite das Gesicht eines Dackels zu sehen ist, der mich treuherzig anschaut. Darüber steht: »Love me now. Write later!« (Liebe mich jetzt, schreibe später!) Es ist schon unglaublich. Als ich das lese, muss ich laut lachen. Ich lasse das Schreiben erst einmal sein. Und jetzt im Nachhinein weiß ich, dass ich diese Zeit danach gebraucht habe. Es musste noch einiges geschehen – auch an innerer Heilung und Einsichten.

Seit zwei Jahren wohne ich mit meinem Mann in Kierspe mitten im Sauerland, einer landschaftlich wunderschönen Gegend, gleichzeitig ein Kontrast zu meinem Leben in Krefeld mit den vielen Aufgaben und Aktivitäten, einem riesigen Netzwerk, in das ich eingebunden war. Hier bin ich im wahrsten Sinne außer Gefecht gesetzt, ähnlich der auf dem Rücken liegenden Schildkröte. Doch nicht nur ich selbst bin bereit, auch der Boden, beziehungsweise das Umfeld scheint – gerade durch die Enthüllungen vieler Missbrauchsfälle in christlichen Institutionen – mehr als bereit zu sein.

Schlusswort und Dank

Während ich dieses Buch geschrieben habe, ist mir selbst noch einmal bewusst geworden, wie massiv sich sexueller Missbrauch auf ein Leben auswirken kann, wie schwer die Folgen sind, gerade dann, wenn er gepaart ist mit christlichen Inhalten. Ein äußerst giftiger Cocktail. Deshalb können und dürfen wir ihn niemals verschweigen.

Bei allem wünsche ich mir, dass mein Buch als eine Geschichte der Hoffnung auf Heilung und Versöhnung gelesen wird. Ja, ich habe mich mit meiner Geschichte versöhnt. Es ist mein Leben, so wie es ist mit all seinen Wunden, Irrwegen und Sackgassen. Es hat mich zu der Person werden lassen, die ich heute bin, und hat mir Tiefe geschenkt.

Danken möchte ich besonders meinem Mann, der an meiner Seite war und blieb – durch alle Krisen hindurch, den schweren und langen Weg meiner Aufarbeitung mitgegangen ist und während des Schreibens alle Hochs und Tiefs, die ich erlebte, ge- und ertragen hat.

Ein Dank an meine Geschwister, meine Schwägerinnen und meinen Schwager, die mich immer wieder ermutigt und unterstützt haben, dieses Buch zu schreiben.

Ich danke meinen Nichten und Neffen, die hier und da, an kleinen und großen Eckpunkten ihren Beitrag leisteten, vor allem Andrea für ihr unermüdliches Korrigieren.

Meinem Bruder Peter danke ich für sein engagiertes Vorwort, für sein offenes Ohr und seinen Rat, mir selbst treu zu bleiben, wenn Fragen und Zweifel in mir aufkeimten.

Mein Dank gilt den Frauen, die mich durch intensives Beten, interessiertes Nachfragen und kleine Aufmerksamkeiten in Form von Blumen, Schokolade oder Selbstgebackenem unterstützten.

Ich danke dem Verlag für die mutige Entscheidung, ein solches Buch herauszubringen, und besonders meiner Lektorin Uta Müller, die sehr viel persönliches Interesse zeigte und mich immer gern beraten hat. Ihr stets aufmunterndes »Sie schaffen das!«, wird mir noch lange im Ohr klingen.

Dank auch an Annette Friese, die als Leiterin des Marketings meine Bedenken ernst genommen und berücksichtigt hat.

Mein Dank gilt Reinhold Ruthe, der sich so kurzfristig bereit erklärt hat, das Manuskript gegenzulesen und zu kommentieren. Als Dozent während meiner Ausbildung zur Krankenschwester gehört auch er zu den Wegbegleitern.

Danke allen Dozenten, Therapeuten, Seelsorgern, die mit zu meiner Heilung beigetragen haben, sowie allen jenen, die mich an unterschiedlichsten Wegstrecken begleitet, an mich geglaubt und mich ermutigt haben.

Nicht zuletzt danke ich Gott, der immer schon da war, nicht weggeschaut hat, sondern auf meine Heilung bedacht war.

Danken möchte ich dem »richtigen Jesus«, der mich mit diesem väterlich-mütterlichen Gott vereint hat, und der in mir lebt.

Alles, was aufgedeckt ist,
wird vom Licht erleuchtet.
Alles Erleuchtete aber ist Licht!
Epheser 5, 13-14 a[18]

Dieser Text stand über der Todesanzeige meines Vaters.

---

[18] Einheitsübersetzung 1. Auflage der Endfassung Katholische Bibelanstalt Stuttgart 1980.

ANHANG

Beratungsstellen für Traumabewältigung

Zukunftswerkstatt *therapie kreativ*
Geschäftsstelle: Balderbruchweg 35, 47506 Neukirchen-Vluyn
Fon: 02845-944974
www.zukunftswerkstatt-tk.de
E-Mail: info@zukunftswerkstatt-tk.de
Über diese Adresse kann man sich regional nach Therapeuten erkundigen.

Der Zukunftswerkstatt angeschlossen:
Kreative Traumahilfe, Semnos-Zentrum Duisburg
Blumenstr. 54a, 47057 Duisburg
Fon: 0203-36352683
www.kreative-traumahilfe.de
E-Mail: info@kreative-traumahilfe.de

Werkstatt für Therapie und Bewegung
Anna-Schieber-Weg 20
73728 Esslingen
Fon: 0711-351 37 98
www.kreativetherapie.de
E-Mail: kontakt@kreativetherapie.de

Lebens(t)räume Raum und Zeit e. V.
Johanna Adam
Schnellenstr. 17, 73770 Denkendorf
Fon: 0711-36565581
www.lebens-traeume.com
E-Mail: lebensraeume-ja@gmx.de

Leben im Kontext
Elisabethstr. 16, 44139 Dortmund
Fon: 0231-522952
www.lebenimkontext.de
E-Mail: info@lebenimkontext.de

standUp e. V.
Karl-Haberland-Str. 20, 42699 Solingen
Fon: 0212-66746
www.standUpev.org
E-Mail: info@standUpev.de

Literaturverzeichnis

Udo Baer: »Gefühlssterne, Angstfresser, Verwandlungsbilder« – Kunst und gestaltungstherapeutische Modelle, 3. Auflage 2004. Affenkönig Verlag, Neukirchen-Vluyn 1999.

Udo Baer, Gabriele Frick-Baer: »Leibbewegungen« – Methoden und Modelle der Tanz- und Bewegungstherapie. Affenkönig Verlag, Neukirchen-Vluyn 2001.

Udo Baer, Gabriele Frick-Baer: »Schuldgefühle und innerer Frieden«, Bibliothek der Gefühle – Band 11. Beltz Verlag, Weinheim und Basel 2011.

Gabriele Frick-Baer: »Aufrichten in Würde«, Fachbuchreihe therapie kreativ, Band 9. Affenkönig Verlag, Neukirchen-Vluyn 2009.

Rick Joyner: »Die zwei Bäume im Paradies« – Im Spannungsfeld zwischen Gesetz und Gnade. Projektion J Verlag, Wiesbaden 1992.

Christopher Ofenstein: Lehrbuch Heilpraktiker für Psychotherapie, 1. Auflage. Urban & Fischer Verlag, München 2010.

Samuel Pfeifer: »Trauma – Die Wunden der Gewalt«, seelische Traumatisierung, Komplextrauma, PTSD, Ursachen, Folgen Bewältigung, Klinik Sonnenhalde, Riehen 2009.

Reinhold Ruthe: »Fass mich nicht an!« – Sexueller Missbrauch, Informieren, Erkennen, Sensibilisieren. Brendow & Sohn Verlag, Moers 2016.

Reinhold Ruthe: »Hochsensibel und trotzdem stark« Hilfen für Feinfühlige, 3. Auflage. Brendow & Sohn Verlag, Moers 2016.

Martin Schleske: »Der Klang« – Vom unerhörten Sinn des Lebens, 2. Auflage. Wilhelm Goldmann Verlag, München 2014.

Martin Schleske: »Herztöne« – Lauschen auf den Klang des Lebens«, 1. Auflage. Adeo Verlag, Aßlar 2016.

Gerti Strauch: »Das Gemeindekarussell« – Befreite Beziehungen leben. SCM R. Brockhaus, Witten 2010.

R. A. Torrey D. D.: »Der Heilige Geist – Sein Wesen und Wirken«. Herold Verlag Elmer Klassen, Frankfurt/Main 1970.

Peter Strauch

Meine Zeit steht in deinen Händen
Biografie

Gebunden, 14 x 21,5 cm, 592 Seiten
Nr. 395.608, ISBN 978-3-7751-5608-0

In seiner spannenden Biografie schreibt Peter Strauch nicht nur über seine geistlichen Wurzeln und seine wichtigsten Lebensstationen, sondern auch über schwierige Wegstrecken. Wie wenige andere hat Peter Strauch das geistliche Leben in den letzten Jahrzehnten geprägt.

Ute Horn

Als das Leben stehen blieb
Meine Erfahrungen an der Schwelle des Todes

Gebunden, 14 x 21,5 cm, 192 Seiten
Nr. 395.609, ISBN 978-3-7751-5609-7

10. Juni 2012. Ute Horn kann plötzlich nicht mehr sprechen und wird ins Krankenhaus gebracht. Zehn Tage später soll eine Gefäßgeschwulst in ihrem Kopf entfernt werden. Ute Horn nimmt uns mit hinein in existenzielle Erfahrungen und all das Positive, was daraus entstanden ist.

Bitte fragen Sie in Ihrer Buchhandlung nach diesen Büchern!
Oder schreiben Sie an: SCM Verlag, D-71087 Holzgerlingen;
E-Mail: info@scm-verlag.de; Internet: www.scm-verlag.de

MAGAZIN FÜR PSYCHOTHERAPIE UND SEELSORGE

Haupt- oder ehrenamtliche Mitarbeiter in Kirchen und Gemeinden merken, dass die Seelsorge in ihrer Arbeit an Bedeutung gewinnt. Viele Psychologen, Psychotherapeuten und Ärzte möchten das, was sie tun, auch als Christen durchdenken und verantworten. Für diese Menschen machen wir P&S. Nah am Gemeindeleben und fachlich fundiert.

Ein Abonnement (4 Ausgaben im Jahr) erhalten Sie in Ihrer Buchhandlung oder unter:

www.bundes-verlag.net

Deutschland:
Tel.: 02302 93093-910
Fax: 02302 93093-689

Schweiz:
Tel.: 043 288 80-10
Fax: 043 288 80-11

www.punds.org